Karl Lukan

Wenn die Wände steiler werden ...

Bergsteigen in der zweiten Lebenshälfte

Bruckmann München

Einbandmotiv:
An der Großen Zinne

CIP-Titelaufnahme der Deutschen Bibliothek

Lukan, Karl:
Wenn die Wände steiler werden...: Bergsteigen in der
2. Lebenshälfte / Karl Lukan. –
München : Bruckmann, 1990
(Bergsteiger-Bibliothek)
ISBN 3-7654-2288-6

© 1990 F. Bruckmann KG, München
Herstellung: Bruckmann München
Printed in Germany
ISBN 3-7654-2288-6

Inhalt

Ich – über mich

Karl Lukan, geb. 1923 in Wien. Volks- und Hauptschule. Ab 1937 Verlagslehrling und bis 1984 in Verlagen tätig als Buchhersteller und Zeitschriftenredakteur. Gebirgsjäger im Zweiten Weltkrieg (Kaukasus, Monte Cassino).

1939 wurde ich Bergsteiger (Motivation: Ausbrechen aus dem Alltag. Erst später kam die Freude an der Natur dazu). Ganz ein Kind des zu Ende gehenden »Heroischen Alpinismus« wollte ich alle berühmten Hochgipfel der Alpen ersteigen und alle der (damals) schwierigsten Felswände durchklettern – was mir größtenteils auch gelang. Zum »Charly« wurde ich gleich am ersten Klettertag. Ich kam mit meinem Sonntagshut, weil ich keinen anderen hatte und zum Bergsteiger – so glaubte ich damals – unbedingt ein Hut gehört. »Jö... der fesche Charly!« Der »Charly« bin ich bis heute geblieben.

Nach der Rückkehr aus der Kriegsgefangenschaft (1946) gab es für mich nur eines... klettern, klettern, klettern. Doch bald genügte mir dieses Nur-Klettern nicht mehr. Ich mußte auch mein Hirn ein bisserl spazierenführen...

1950 fuhren wir nach einem Bergurlaub in der Palagruppe (wobei wir als erste deutsche Seilschaft die Riesenkante des Mont Agner erkletterten) nach Rom. Der Anblick der antiken Ruinen hatte mich so beeindruckt, daß ich mich von da an auch intensiv mit der Vergangenheit zu beschäftigen begann. Viele Fahrradwanderungen in Italien. 1962 erschien mein Buch »Land der Etrusker«, 1965: »Alpenwanderung in die Vorzeit«, 1970: »Romulus oder auf den Spuren der Gründer Roms«. – Jetzt interessieren mich vor allem alte Kultrelikte im Alpenraum: 1989 erschien das Buch »Wanderungen in die Vorzeit. Kultstätten, Felsbilder und Opfersteine in Österreich.«

Schreiben! Ich schreibe zumindest ebensogerne wie ich noch immer gerne klettere. Mehr als vierzig Bücher, viele Beiträge in den verschiedensten Zeitungen und Zeitschriften und auch für den Rundfunk sind das Ergebnis. Mein erstes Bergbuch erschien 1952 mit dem Titel »Kleiner Mensch auf großen Bergen«.

Ich war viele Jahre lang beim Bergrettungsdienst und Vereinstourenführer, war Leiter von Bergsteigerschulen und Kletterkursen und habe außerdem auch eine »Familien-Bergsteigergruppe« und eine »Senioren-Bergsteigergruppe« gegründet. Ein Alleingeher war ich nie.

Ich bin auch kein Skiläufer. Ich habe keine Beziehung zum »Weißen Rausch« gefunden. Wohl hat man mir schon mindestens 9999mal gesagt, daß ein echter Bergsteiger im Winter auch Ski laufe – aber warum soll ich etwas tun, was mich nicht freut? Schnee und Eis sind mir zu kalt – darum hält sich auch die Zahl meiner Eistouren in Grenzen. Und nach den Weltbergen (mit besonders viel Eis und Schnee) gelüstete es mich schon gar nicht.

Seit tausend Jahren bin ich mit dem kleinen Fritzerl (148 cm hoch) verheiratet. Sie (Jahrgang 1929) klettert schon seit ihrem fünfzehnten Lebensjahr und ist mein liebster Kletterpartner. Wir gehen immer in Wechselführung. Jetzt ist der vierte Schwierigkeitsgrad unsere obere Grenze, da freut uns das Klettern noch, dabei müssen wir uns noch nicht plagen. Das Klettern wird uns aber auch genauso freuen, wenn einmal der erste Schwierigkeitsgrad unsere obere Grenze sein wird. Im Jahre 1984 feierten wir meinen Eintritt in den »wohlverdienten Ruhestand« mit einem »Alpenspaziergang von Wien nach Nizza«, und dabei haben wir in den fünfeinhalb Monaten – man stelle sich das nur vor – kein einziges Mal gestritten!

Wenn die Wände steiler werden...

»Weg der Jugend« nannten wir im Jahre 1947 eine Erstbegehung durch den bis dahin als unbegehbar geltenden Mittelteil der Blechmauer an der Rax. Damals habe ich voll Euphorie in jedes Gipfel- oder Wandbuch mein Sprücherl geschrieben:

> Jungsein ist schön.
> Klettern ist schön.
> Aber Jungsein und Klettern –
> das ist ein Stück vom Himmel!

In dieser Zeit nach dem Krieg bestanden die Hauptschwierigkeiten einer Bergfahrt vor allem darin, überhaupt zum Berg hinzukommen (und natürlich auch wieder zurück). Nach unserer Erstbegehung vom »Weg der Jugend« waren mein Spezl Leo Kozel und ich daher selig, daß wir von einer Gruppe älterer Bergsteiger eingeladen wurden, mit einem von ihnen gemieteten Holzgas-Lastauto zurück nach Wien zu fahren.

Mit 25 km Höchstgeschwindigkeit tuckerten wir durch die Gegend. Aber das machte den alten Herren nichts, sie hatten sich soviel zu erzählen. Die meisten von ihnen waren an diesem Tag zum erstenmal nach dem Krieg wieder an der Rax gewesen...

»Wir waren auf dem Akademikersteig!« erzählte einer der Alten. »Früher sind wir ihn in einer halben Stund' hinaufgezischt, heut haben wir schon etwas länger gebraucht. Außerdem ist's mir so vorgekommen, als ob die Wände steiler geworden sind!«

Ein Scherzchen? Niemand lachte. Etliche der alten Herren nickten sogar zustimmend.

Und da hockten wir Erstbegeher von einem »Weg der Jugend« auf dem Bretterboden des Holzgas-Lastautos und verstanden das alles nicht...

Der Abschied von der Jugend in Ferdinand Raimunds Zaubermärchen »Der Bauer als Millionär« ist voll Poesie...

> Brüderlein fein, Brüderlein fein,
> mußt mir ja nicht böse sein!
> Scheint die Sonne noch so schön,
> einmal muß's doch untergeh'n.

Die Wirklichkeit ist nicht so poetisch. Meist merkt es das Brüderlein gar nicht, wenn die Jugend ihren Abschied zu nehmen beginnt. Das Leben geht ja weiter.

Doch dann kommen Wochenenden, an denen man nicht in den Wilden Kaiser fährt, weil angeblich das Wetter schlecht werden soll. Oder man fährt nicht in den Wilden Kaiser, weil das Wetter gut werden soll und dann sicherlich alle Schutzhütten überfüllt sein werden. Und außerdem war man ja ohnehin schon so oft im Kaiser.

Ganz langsam geht eine Veränderung vor sich, von der noch jeder angenommen hat, daß sie ein »Zeichen der Reife« sei. Man fühlt sich nach wie vor aktiv, doch bei Wegkreuzungen wählt man lieber den bequemeren Weg. Und wenn man dann gar nicht mehr zu Wegkreuzungen hingeht, dann ist's bereits passiert...

Keiner meiner einstigen Bergkameraden konnte eine Antwort auf die Frage geben, warum er mit dem Bergsteigen aufgehört hat. Denn eigentlich hat er ja gar nicht aufgehört. Er geht nur nicht mehr Bergsteigen.

Aber der Traum von der Jugend bleibt dem Menschen ein Leben lang. Viele lassen es bei dem Traum, doch manche reißt dann eines Tages die Erinnerung an diese schöne Zeit wieder zu neuen Taten hin...

»Einen dritten Schwierigkeitsgrad pack ich noch immer!«

»Früher sind wir auch zehn, zwölf Stunden im Tag unterwegs gewesen!«

»So eine Viertausender-Ersteigung ist doch ohnedies nur eine längere Schneestapferei!«

Jedoch: Ein dritter Schwierigkeitsgrad ist auch im Verlauf der Zeit nicht leichter geworden und zehn, zwölf Stunden Gehzeit um nichts kürzer, und ein Viertausender ist vor allem noch immer viertausend Meter hoch. Und weil es auch heute vollkommen unwichtig ist, ob man gestern noch fast so gut geklettert ist wie der liebe Klettergott persönlich oder seinerzeit über viertausend Meter Höhe erst richtig in Form kam, weil man noch immer nur so gut ist, wie man heute gut ist – darum werden solche spontanen Comebacks zumeist zum Fiasko und führen danach in die Resignation.

Andererseits hört oder liest man immer wieder von scheinbar ewigjungen Oldtimern, die noch in den allerletzten Schwierigkeitsgraden im Fels unterwegs sind oder noch immer nach großen Höhen streben. Fast hingerissen führen sie genau an, was sie alles tun und auf was sie alles verzichten, um ihre Leistungen zu bringen (wobei freilich der Eindruck entsteht, daß sie weniger »ihr jugendliches Herz bewahrt haben«, sondern alles tun, es zu schädigen).

Viele Bergsteiger verlieren sich in der zweiten Lebenshälfte in eine grundlose Resignation oder flüchten in eine übertriebene Aktivität.

Eine ewige Jugend gibt es nicht, und die zweite Lebenshälfte ist für den Menschen insofern höchst bedeutsam, weil es seine letzte ist. Er sollte sie – so gut es nur irgendwie geht – genießen.

»Mensch, schau dir das an!« pflegte einst der urige alte »Schlernvater« Josef Mahlknecht zu sagen, wenn er sich an einem besonders schönen Stück Natur begeisterte. »A jeder ist ein Esel, der stirbt!«

Bergsteigen – in allen seinen Spielarten – kann das Leben schöner machen. Und die Empfänglichkeit für das Schöne der Natur gehört nun einmal (seltsamerweise und wunderbarerweise) zu jenen Erlebnismöglichkeiten, die sich mit zunehmendem Alter steigern...

Fürst Charles Joseph de Ligne (1735–1814) war Feldmarschall in österreichischen Diensten, Diplomat und Literat und einer der berühmtesten Männer seiner Zeit. Er war Gast bei Rousseau und Voltaire, stand im Briefwechsel mit Goethe, Casanova und Saussure, ist mit Katharina der Großen durch Rußland gefahren und hatte Marie Antoinette ein bisserl den Kopf verdreht. Er ist viel herumgereist (»Ich schätze, ich habe drei oder vier Jahre meines Lebens im Reisewagen zugebracht«), hat das Leben (und auch viele Frauen) geliebt und stand während des Wiener Kongresses stets im Mittelpunkt.

Aber hoch oben auf dem Wiener Kahlenberg hatte er ein kleines Haus erbauen lassen, und dorthin zog er sich oft zurück, wenn er in und mit der Natur allein sein wollte... »Ich besitze einen Esel, ein Schaf und eine Ziege, die mit mir frühstücken, wenn ich in meiner Zuflucht auf dem Kahlenberg bin. Sie steigen dann auf mein Bett, und ich bin froh, wenn sie das nur mit den Vorderbeinen tun, um Brot von mir zu erbetteln.«

Fürst de Ligne starb an einer Lungenentzündung, die er sich angeblich zugezogen hatte, als ihn eine schöne Frau bei einem Rendezvous zu lange in der Kälte warten ließ. An seinem Begräbnis (während des Wiener Kongresses) nahmen Minister und Marschälle aus allen europäischen Ländern teil, der österreichische Kaiser, der König von Preußen, der Zar von Rußland.

Liest man die »Erinnerungen« dieses Fürsten, den man im empirischen Überschwang jener Zeit »den frohesten Mann des Jahrhunderts« wie auch einen »Liebling der Götter« genannt hatte, so kommt man zu der Feststellung, daß dieser Mann in seiner zweiten Lebenshälfte wirklich ernsthaft und konsequent vor allem nur noch einen Kontakt gesucht hatte – den zur Natur. Dort wollte er auch seine letzte Ruhestatt finden; im kleinen, vergessenen Friedhof am Kahlenberg steht sein Grabstein unter hohen, alten Bäumen.

Als das Leben dieses Mannes endete, hatte die Bergsteigerei gerade begonnen... der Montblanc war erstiegen worden und auch der Großglockner. Heute klettert man bereits in einem elften Schwierigkeitsgrad. Auch das Bergsteigen hat sich geändert im Verlauf der Zeit. Doch eines war es jederzeit – etwas Besonderes, das aus dem Alltag weit hinausführt.

Das habe ich schon so empfunden, als ich noch als Siebzehnjähriger in die Wand- und Gipfelbücher kritzelte, daß Klettern und Jungsein ein Stück vom Himmel sei; im Bergsteigen sehe ich noch immer etwas Wunderschönes, auch wenn mir nun ebenfalls schon viele Wände zu steil geworden sind...

»Älterwerden? Wie das wohl sein würde, wenn wir einmal älter geworden sind?« – Diese Frage steht in meinem 1955 erschienenen Bergfahrtenbuch »Wilde Gesellen vom Sturmwind umweht«.

Wie ist's wirklich, wenn man älter geworden ist?

Darüber möchte ich in diesem Buch ein wenig plaudern...

Geburtstagsparty auf dem Eiger

Jänner 1979, gleich nach Jahresbeginn, rief mich mein Freund und alpiner Lehrmeister Hans Schwanda an: »Also... du weißt ja, was heuer ist?«

Im Augenblick wußte ich es nicht.

»Meinen fünfundsiebzigsten Geburtstag feiere ich heuer! Und weißt du, was ich mir als Geburtstagsgeschenk wünsche?«

Auch das wußte ich nicht.

Ich wußte nur, daß wir schon seit Jahrzehnten Schwandas Geburtstag am 3. August immer mit einer Bergfahrt gefeiert hatten. An seinem 50. Geburtstag war es die Stösserkante am Antelao gewesen, an seinem 70. Geburtstag die Nordkante der Hohen Weißenbachspitze in den Julischen Alpen.

Zu seinem 75. Geburtstag wünschte sich Schwanda den Mittellegigrat am Eiger!

Hans Schwanda (1904 in Wien geboren und 1983 in Wien gestorben) war von seinem 15. Lebensjahr an bis wenige Monate vor seinem Tod ein hochaktiver Bergsteiger, in seiner Glanzzeit einer der besten Freikletterer Österreichs. Jedoch: Er war keiner von jenen »den Bergen verfallenen« düsteren Gestalten, die ständig ein grimmiges Nordwandgesicht spazierentragen. Für den kleinen, eher zart gebauten Mann bedeutete Bergsteigen viel, aber nicht alles in seinem Leben – und er betrieb es auf sehr wienerische Art...

Was wienerisch ist?

Jedenfalls: Der leichte Sinn des Wieners ist etwas ganz anderes als Leichtsinn.

> »Zeigt sich der Tod einst, mit Verlaub,
> und zupft mich: ›Brüderl, kumm!‹
> Dann stell ich mich am Anfang taub
> und schau mich gar nicht um!«

So singt der Tischlergeselle Valentin in Ferdinand Raimunds Zauberspiel »Der Verschwender«. So schön, so romantisch und so leicht erscheint in Wien sogar das Sterben! Der Dichter Raimund pflegte (so wird berichtet) mitunter auch auf Bäumen sitzend an seinen berühmten Theaterstücken zu schreiben. Doch zuletzt hat er sich aus Lebensangst erschossen! Aber solang Raimund schrieb, solang schrieb er mit »leichter Hand«. Das ist eine urwienerische Vorstellung: Man gibt allem Schweren nicht zu viel Gewicht! »Mit leichter Hand« unterschrieb auch der Politiker Leopold Figl nach dem Zweiten Weltkrieg den österreichischen Staatsvertrag mit den Alliierten, nachdem er zuvor so manchen russischen Stadtkommandanten unter den Tisch gesoffen hatte. »Mit leichter Hand« schrieb Franz Schubert eine der schwermütigsten Symphonien, die »Unvollendete«; und »mit leichter Hand« stieg das Wiener Kind Hans Schwanda auf Berge.

Bald nach dem Zweiten Weltkrieg eröffnete Schwanda ein Sportgeschäft, und seine Spezln genossen es mit viel Behagen, den alten Bergvagabunden hinter einer Verkaufsbudl zu sehen. Und sehr oft läutete das Telefon...

»Sagen Sie, Herr Schwanda, wie kommt man am besten in Ihr Sportgeschäft?«

»Von wo aus rufen Sie an?«

»Natürlich aus der Irrenanstalt Steinhof. Ein normaler Mensch geht doch nicht zu Ihnen einkaufen!«

Schwanda wurde am Telefon gefragt, ob er schon den neuen Eispickel mit dem eingebauten Plattenspieler lagernd habe, ob es wahr sei, daß er endlich den sich selbst tragenden Rucksack erfunden hätte...

Und dann rief einmal ein Mann an, der ein bisserl unklar daherredete. Worauf Schwanda ins Telefon brüllte: »Du depperter Bua, rutsch mir doch den Buckel runter!«

Dieser Mann ist aber tatsächlich ein Kunde gewesen.

Das »Sporthaus« Schwanda war zuallererst nur ein mickriger Hofraum im Hause des »Österreichischen Touristenklubs«, und noch einen Tag vor der Eröffnung konnte man darin vor allem nur leere Regale sehen. »Das schaut ein bisserl sparsam aus!« grübelte Schwanda. »Wenn ich wenigstens einige leere Kartons hätte, mit denen ich die Regale füllen könnte!«

»Leere Kartons? Die kannst du von mir haben!« sagte daraufhin einer der Freunde. Und schon einige Stunden später wurde ein Lastauto voll leerer Kartons beim Sporthaus Schwanda abgeladen. Diese verstaute Schwanda in die Regale und versah sie mit sauberen Schildchen. Wenn nun ein Kunde kam und nach einem lilagelbblauen Anorak Größe 99 für seine Braut fragte, erklärte Schwanda voll Eifer, daß er diesen selbstverständlich lagernd habe, kletterte zu irgendeinem der leeren Kartons hinauf, kramte darin ein wenig in der Luft herum und sagte dann: »Leider, leider! Ich sehe gerade, daß die Größe 99 ausverkauft ist! Diese lilagelbblauen Anoraks gehen weg wie die warmen Semmeln! Aber heute nachmittag kommt schon wieder eine neue Lieferung!«

Und wenn der Kunde versprach, am Nachmittag wiederzukommen, dann setzte sich der Sportausrüster aufs Fahrradl, flitzte zum Großhändler und kaufte ein Stück von dem gewünschten Anorak, welchen er dann vor dem Käufer mit den Worten ausbreitete: »Sie haben Glück gehabt, das ist schon wieder das letzte Stück der letzten großen Lieferung!«

Fachleute meinten, daß Schwanda beim Start seines Geschäftes mit Hilfe von Krediten großzügiger loslegen müßte...

»Kredite? Das ist nur ein Krampf!« raunzte er. Obwohl er durch seine Blitzeinkaufsfahrten bereits Wadeln wie ein Radchampion der Tour de France bekommen hatte, sollte der Ausbau seines Sportgeschäftes »mit leichter Hand« vor sich gehen.

Auch die Eigerbesteigung an seinem 75. Geburtstag wollte er nur dann machen, wenn's »mit leichter Hand« ging...

Der Eiger ist mit seinen 3974 Metern ein Fast-Viertausender. Und sein Mittellegigrat konnte erst nach vielen vergeblichen Versuchen im Jahre 1921 (mit reichlicher Anwendung künstlicher Hilfsmittel) bezwungen werden. Auch nach Anbringung von 200 Meter Fixseilen im Jahre 1926 hat der Grat seine Bewertung als zünftige Westalpentour bis in unsere Zeit bewahrt. Dazu kommt, daß die ganze Tour recht lang ist; schon der Zustieg zu der in 3354 m Höhe gelegenen Mittellegihütte ist eine kleine Bergfahrt, und vom Abstieg über die endlos lange Südwestflanke kursieren Schauergeschichten.

Schwanda wußte genau, was ihn am Eiger erwartete. Aber weder die technischen Schwierigkeiten noch die Länge der Tour machten ihm Sorgen, sondern... »Ich habe eigentlich gar keine Erfahrung, wie es einem Fünfundsiebzigjährigen auf einer solchen Tour geht?«

Man wird auch nur einmal im Leben ein Fünfundsiebzigjähriger.

»Wir müssen uns halt vorher ein bisserl eingehen!« – Schwanda hatte sein Leben lang die Phantasie eines Staatspreis-Literaten entwickelt, wenn es darum ging, das Wort »Training« durch ein anderes Wort zu ersetzen, Training – dieses Wort mochte er nicht... »I bin ja ka tepperter Sportler!«

Schwanda stellte sich das »Eingehen« so vor... »Machen wir unterwegs zum Eiger einige Gustotouren, die uns so in die richtige Stimmung bringen!«

Gustotouren... Stimmung... kein beinhartes Aufbautraining!

In der Silvretta machten wir die Litzner-Seehorn-Überschreitung.

Im Säntisgebiet überschritten wir alle Kreuzberge von Nummero eins bis Nummero sieben.

In den Urner Alpen erkletterten wir den Gletschhorn-Südgrat.

Und dann war's August geworden und für uns damit höchste Zeit, für die Geburtstagsparty am Eiger nach Grindelwald zu fahren.

Sonntag, 3. August, Mittellegihütte, 6 Uhr früh... Aufbruch!

Wir kletterten in drei Seilschaften: Schwanda mit Hans Tuschar, Fritzerl und ich, dann Ernst, Scarpietti und Toni. Die Wettervoraussage war für diesen Tag – wie uns Schweizer gesagt hatten – optimal. Wir konnten also im »Dangl-Trott« dahinziehen (der berühmte Ortlerführer Peter Dangl hatte einmal gesagt, daß man zu einer Tour so aufbrechen soll, als ob man nirgendwo hingehen würde).

Und es war eine Freude, unserem »Fünfundsiebziger« beim Klettern zuzuschauen. Wenn er wo hingriff, dann hatte er den besten Griff weit und breit zwischen den Fingern, und auch die richtigen Tritte schienen seine Beine von allein zu finden. Routine... »Mit Routine kannst immer und überall das zunehmende Alter ein bisserl ausgleichen!« war einer seiner Lieblingssprüche. Um die Mittagszeit hatten wir die scharfe Gipfelgratschneide zwischen Südwand und Nordwand erreicht. Unter uns das Gipfeleisfeld der Nordwand. Es ist steil und – so wie alles in der Eigerwand – riesengroß. Welche Glücksgefühle müssen die Bergsteiger empfinden, die es nach der Nordwand erreicht haben?

Eine Seillänge unterhalb des Gipfels warteten wir auf Schwanda und Hans. Das Geburtstagskind sollte zuerst den Gipfel betreten. Es war ein Uhr, als Schwanda in die kleine Kuppe seinen Eispickel stieß und sagte: »Kinder... i bin glücklich!«

Unsere Dreierseilschaft fehlte noch. Dreierseilschaften brauchen mehr Zeit. Wir setzten uns in eine kleine Mulde unterhalb des Gipfels und bauten auf einem Rucksack das Geburtstagsbuffet auf... Schokolade, Traubenzukker und ein Stück Speck. Den Speck haben wir extra für Schwanda mitgenommen. Sein ganzes Bergsteigerleben lang hatte er – über alle Gesundheitsapostel nur verzeihend lächelnd – stets Speck, Wurst, Käs und Brot als einzig mögliche Bergsteigernahrung gelten lassen.

Doch am Eiger schmeckte ihm der Speck nicht recht. Immer wieder schaute er in die Tiefe... »Wenn i da abischau, tun mir jetzt schon die Knie weh!«

Es ist ein Irrtum, zu glauben, daß Bergsteigen ein kerngesunder Sport sei! Da gibts im Alter Abnützungserscheinungen in den Kniegelenken, da sticht's und zwickt's dann bei jedem Schritt nach unten.

Unsere Dreierseilschaft war zwar noch immer nicht da, aber um diese zünftigen Westalpengeher machten wir uns keine Sorgen, die würden uns beim Abstieg bald einholen. Schwanda wollte nimmer länger rasten und zitierte einen seiner alten Sprüche: »Jede Bergfahrt ist erst dann zu Ende, wenn alle wieder gut unten angekommen sind!«

Da oben auf dem Eiger im Gipfelglück unter einem strahlend blauen Himmel dachte noch keiner von uns vier, wie sehr bald dieser Spruch unsere Gedanken beherrschen würde...

Der Normalweg auf den Eiger – die Südwestflanke – ist berüchtigt wegen der verwickelten Wegführung, ist aber auch gefürchtet wegen des Steinschlags und der Eislawinen. Auf ihm gab es schon mehr Tote als in der Nordwand. Von ihm ist auch einer meiner Kameraden aus der Bergsteigergruppe nicht mehr zurückgekehrt. Engelbert Titl wollte 1958 vor seiner Durchsteigung der Nordwand noch allein diesen Normalweg erkunden. Und verschwand spurlos...

Damals wollten wir alle von der Bergsteigergruppe spontan eine Suchaktion starten. Allerdings: Keiner von uns kannte den Eiger. Nur Erich Waschak kannte ihn von seiner vierten Begehung der Eigerwand. Wir hielten ihn für brutal, als er sagte: »Da könnt ihr suchen, bis euch ein Bart wächst. Den Engerl findet ihr nicht!«

Spurlos verschwanden in dieser Riesenflanke nach einer Durchsteigung der Eigernordwand im Jahre 1957 auch die beiden Deutschen Franz Mayer und Günther Nothdurft. Erst im Jahre 1961 wurden durch Zufall ihre Leichen gefunden. Und darauf auch die von unserem »Engerl«.

Es ist bezeichnend für den Eiger-Normalweg, daß uns alle Bergsteiger, denen wir unterwegs von unserer geplanten Mittellegigrat-Geburtstagsparty erzählten, keine guten Tips für den Grat gegeben hatten, sondern immer nur für den Abstieg. Ganz konkret hatte uns ein Schweizer in der Albert-Heim-Hütte gesagt: »Wenn Sie den Grat verlassen, dann sehen Sie tief unten einen Felsblock, der wie ein riesiger Tisch aussieht. Merken Sie sich diesen Tisch! Wenn Sie den erreicht haben, dann können Sie den Abstieg nicht mehr verfehlen!«

Also: Zu Tisch, bitte!

Schon nach wenigen Metern wußten wir es: Jetzt mußten wir für die vergangenen Schönwettertage teuer bezahlen. Unser Abstiegsweg war eine spiegelglatte Blankeisflanke. Auch wenn wir die Steigeisen noch so wuchtig gegen das Eis stießen, brauchten wir viel Gottvertrauen für jeden Tritt. Und steil war dieser aufgestellte Eislaufplatz, grausig steil. Tja, und da fiel mir ein, daß über diese Eigerflanke im Winter 1970 schon ein Mann mit Skiern abgefahren war...

»Du mußt halt immer daran denken, Fritzerl, daß du nur auf einer Skiabfahrt dahinspazierst!«

»Mach keinen blöden Witz! Schau lieber, wo anständige Felsen sind!«

Fritzerl hätte auch unanständige Felsen ohne mit einer Wimper zu zucken akzeptiert. Sie mag kein Eis. Ich auch nicht. Uns beiden war schon immer der mieseste Fels in der Hand lieber als das allerbeste Eis unter den Zehen. Wie die Motten zum Licht, so zog es uns zu einer Felsrippe hin.

»Dort verhungert ihr!« rief Schwanda.

Lieber verhungern als auf dem glatten Eis ins Rutschen kommen! Wir mußten auf den mit einer dünnen Eisschicht überzogenen Felsen wohl verdammt vorsichtig klettern, kamen aber wesentlich schneller tiefer als Schwanda und Hans auf dem Glatteis. Und dann sahen wir ihn – wohl noch weit und tief unten, aber deutlich erkennbar – den Tisch!*

Der Tisch steht in halber Höhe der 1650 Meter hohen Eiger-Südwestflanke. »Ein bisserl rasten darf ich jetzt schon!« sagte Schwanda und streckte sich genüßlich auf den Steintisch hin. Noch lagen 800 Höhenmeter unter uns.

Um neun Uhr abends erreichten wir die Jungfraubahnstation »Eigergletscher«. Im Hotel daneben bekamen wir noch ein Touristenlager. Während unserer letzten hundert Schritte hatte plötzlich ein heftiger Sturm begonnen, und als wir das Haus betraten, fielen die ersten Regentropfen.

»Unsere Dreierseilschaft wird jetzt wohl ein bisserl Dampf draufgeben müssen, um dem Biwakhansl davonzulaufen!« sagte Schwanda.

Es regnete und stürmte die ganze Nacht. Am Morgen war der Eiger in schwarze Wolken gehüllt.

Ich hatte fast nicht geschlafen in dieser Nacht. Immer hatte ich so im

---

*Wir waren noch eine der letzten Seilschaften gewesen, welche die Südwestflanke im Urzustand erlebt hatten. Einen Monat später – im September 1979 – wurde sie mit 15 rotbemalten Sicherungsstangen an den entscheidenden Stellen entschärft! Fünftausend Schweizer Franken hatte man sich das kosten lassen. Natürlich fragten wir dann Schwanda: »Warum bist du Malheurbaby nicht erst im September geboren worden?«

Halbdahindämmern auf das Hereinpoltern unserer drei Freunde gewartet, hatte sogar Steigeisengeklirr, Stimmen gehört... aber dann war es doch wieder still.

»Karl...«, murmelte Schwanda. »Sind sie schon da?«

»Noch nicht!« Ich schaute auf die Uhr. Drei Uhr früh.

Auch um sieben Uhr früh waren unsere Freunde noch nicht da.

Also: Der Scarpietti und der Ernst und der Toni (die Kraftlackln!) haben nicht einmal daran gedacht, ins »Hotel Eigergletscher« hineinzuschauen und sind vom Eiger direkt nach Grindelwald in unser Quartier abgestiegen.

»Vielleicht sitzen sie jetzt schon dort beim Frühstück?« sagte Schwanda.

Oder? Oder... vielleicht sind sie noch oben am Berg?

Schwanda fuhr mit dem nächsten Zug der Jungfraubahn nach Grindelwald. Zwei Stunden später kam sein Anruf: In Grindelwald sind unsere Freunde nicht. Wir rannten hinunter nach Scheidegg: In keinem der Häuser hatten in dieser Nacht drei Wiener übernachtet. Jetzt wußten wir es genau: Sie mußten noch am Eiger sein. Wir fuhren wieder hinauf zur Station »Eigergletscher«.

Mittagszeit... Die Sonne war wieder gekommen, und vom Eiger lösten sich langsam die Wolken.

Einer der Bergführer begann mit dem großen Fernrohr die Eigerflanke systematisch abzusuchen. Lange, unsagbar lange, sagte er nichts, zog nur an seinem Zigarillo, murmelte nur monoton: »Niemand zu sehen... Nichts ist zu sehen...«

Ich spürte, wie mein Mund trocken wurde, wollte etwas sagen, konnte es nicht.

Da wurde der Mann hinter dem Fernrohr plötzlich lebhaft... »Hoppla... da ist doch etwas... noch ganz oben... drei Leute... sie bewegen sich... ja, und jetzt marschieren sie geradewegs in die Schuisse hinein!«

Was der Schweizer Bergführer so herzerfrischend brutal »Schuisse« (Scheiße) genannt hatte, ist das verlockend aussehende leichte Schrofengelände neben der Eigerschulter, das weiter unten in wilde Abbrüche übergeht und schon vielen Bergsteigern zum Verhängnis geworden ist. Wir mußten unsere Freunde aus der »Schuisse« herausholen.

Zwei Stunden später standen wir in halber Wandhöhe – und waren nun wieder in einer ganz anderen Welt. Der Rummelplatz Scheidegg lag tief unter uns, und ein scharfer Wind wehte uns die Worte vom Mund weg. Trotzdem bildeten wir einen Sprechchor. Laut schrieen wir auf eins, zwei, drei... »Hal-looo!«

Niemand antwortete.

Und wir sahen auch keinen Menschen. Die Südwestflanke des Eigers ist so riesig, daß ein Mensch darin nur so klein ist wie eine Ameise auf einer Auslagenscheibe. Irgendwo hinter der Felsrippe dort weit drüben, dort mußten unsere Freunde herumirren... wenn sie noch in Bewegung waren. Es war jetzt schon drei Uhr nachmittag, und die große Angst in uns wurde immer größer.

Wieder mußte ein Entschluß gefaßt werden. Hans sollte absteigen zur Station Eigergletscher und durchs Fernrohr erkunden, was mit der verlorenen Seilschaft los ist. Im Notfall: Bergrettung verständigen. Fritzerl und ich wollten in der Wand noch weiter aufsteigen...

Der Sturm wurde immer stärker. Vom Eigergipfel fetzte es die Schneefahnen weit in die Luft. Fritzerl kletterte hinaus auf eine Gratrippe, um eine bessere Übersicht zu gewinnen. Ich stieg weiter nach oben. Alle zwanzig, dreißig Meter blieb ich stehen, um wieder einmal zu rufen, um wieder einmal zu schauen...

Und da sah ich etwa einen halben Kilometer von mir entfernt auf einem Felsabsatz sich etwas bewegen. Eine Täuschung der vom vielen Schauen schon überanstrengten Augen? Keine Täuschung! Scarpietti!

»Hallooo! Halloooo!« brüllte ich wie verrückt und winkte, winkte!

Der schwarze Punkt tappte weiter die Felsen hinunter.

Fritzerl hatte mich gehört, kam sofort zu mir zurück. Dann riefen wir zu zweit...

Jetzt hatte uns Scarpietti endlich gehört. Langsam breitete auch er die Arme aus. Jetzt hatte er uns auch gesehen. Und wir sahen, daß auch Ernst und Toni hinter ihm über die Felsen herabgestiegen kamen. Mein Gott, waren wir jetzt froh!

Wir kletterten den Freunden entgegen. Und kaum, nachdem wir die richtige Route verlassen hatten, begannen wir kleine Steinmänner zu errichten, um in diesem unübersichtlichen Gelände wieder den Weg zurück zu finden. (Natürlich haben wir diese Steinmänner nachher sofort wieder zerstört.)

Unser Anblick hatte den dreien neuen Auftrieb gegeben. Sie kletterten jetzt flott in unsere Richtung... Bald hörten wir das Klirren ihrer Steigeisen und Eispickel immer lauter. Ich kletterte um eine Ecke. Fünf Meter vor mir stand Scarpietti...

»Charly!«

Wir fielen uns in die Arme.

Scarpietti hatte schon seit Tagen Anzeichen einer Grippe in sich gespürt, hatte aber nichts gesagt, um nicht die Geburtstagsstimmung zu stören. Am Eiger war dann die Krankheit zum Ausbruch gekommen. Seine Füße waren »schwer wie Blei« geworden, die Dreierseilschaft war nur langsam vorangekommen. Außerdem hatte Ernst vor dem Abstieg ein Steigeisen verloren. Biwak noch hoch oben am Berg. In der Nacht hatte ein Gewitter das andere abgelöst.

Am Morgen tobte am Eiger noch immer ein schrecklicher Sturm, erst um neun Uhr früh hatten sich unsere Freunde dazu aufraffen können, den schützenden Biwaksack zu verlassen...

Jetzt war die Welt wieder in Ordnung. Ende gut – alles gut! – So glaubten wir zumindest.

Zickzackklettern durch den großen Wandabbruch, dann Abfahrt über das große Schneefeld. An seinem Fuß hielten wir eine kurze Verschnaufpause.

Die Station »Eigergletscher« mit dem Hotel daneben war nun schon zum Greifen nahe. Es war bereits halb sechs Uhr abends geworden. Unsere Freunde wollten in dem Hotel übernachten. Alles, was sie sich nach dem langen Biwak ersehnten, gab es dort... warmes Essen und weiches Lager, Duschen – und vor allem: Bier!

»Kinder, ich freu mich schon...«, weiter konnte Scarpietti nicht sagen, worauf er sich freute.

Denn in diesem Augenblick zerriß ein lauter Knall die Stille und automatisch riß es unsere Blicke hinauf zu dem Hängegletscher, der wie ein Damoklesschwert über dem unteren Teil der Eiger-Südwestflanke schwebt. Und wir sahen mit Schrecken, wie ein Teil der Eiswand langsam, ganz langsam nach vorne kippte, noch in der Luft auseinanderbarst und in unzählige Eisblöcke zerfiel, die über das Schneefeld direkt auf uns zu herabgedonnert kamen!

Rennen, rennen, rennen...

Wir rannten, hetzten auf die Seite, um aus der Fallinie des Eissturzes zu kommen. Und dort standen wir dann und schauten mit leisem Herzklopfen zu, wie die Eismassen die breite Spur – auch unsere Spuren – auf dem großen Schneefeld immer mehr unter sich begruben. Wenn der Eissturz zwei, drei Minuten früher erfolgt wäre? Oder wenn wir alle miteinander zwei, drei Minuten später noch auf dem Schneefeld unterwegs gewesen wären?

»Die große Kunst beim Bergsteigen ist, daß man dabei auch alt wird!« – auch das war einer von den Sprüchen unseres Geburtstagskindes Schwanda.

Ein besonders großer Eisbrocken war erst kaum zweihundert Meter vor der Station »Eigergletscher« zum Stillstand gekommen. Er war so groß, daß wir fünf Mannsbilder auf ihm stehen konnten. Fritzerl hat uns darauf fotografiert, das Bild hat sie dann betitelt: »Letzter Gruß vom Eiger«.

Am nächsten Tag fuhren wir hinab nach Grindelwald. Dort trafen wir Schwanda wieder. Wir hatten ihn zwar schon am Vorabend nach unserer Rückkehr angerufen, aber erst jetzt, da er uns alle wieder sah, erst jetzt konnte er sich an seinem Geburtstagsgeschenk richtig freuen.

In Grindelwald schien die Sonne, aber der Gipfel des Eigers war schon wieder in dicke, dunkle Wolken gehüllt. Schwanda: »Höchstwahrscheinlich komme ich in meinem Leben nie mehr auf diesen Zapfen hinauf. Aber gesehen hätte ich ihn schon noch gern, bevor wir nach Hause fahren!«

Wir sahen den Gipfel des Berges an diesem Tag nicht mehr und auch nicht am nächsten, an dem wir Grindelwald verließen.

Die Geburtstagsparty auf dem Eiger war zu Ende.

»...wenn wir einst woanders stehn«

Lange hatte mich der Mann in der Straßenbahn angestarrt, dann sagte er: »Du bist es!«

»Natürlich bin ich es!« (Was hätte ich denn sonst sagen sollen?)

»Und ich bin der Robert... kannst du dich noch an mich erinnern?«

1949 hatte ich eine Vereins-Klettertour geführt: Raxalpe, Nibelungensteig (nebenbei bemerkt eine Bruchwand, die man nur zweimal im Leben macht: zum ersten- und zugleich zum letztenmal!). Robert war einer der Teilnehmer dieser Führungstour gewesen... »Kannst du dich nicht mehr an mich erinnern?«

Robert konnte sich noch an alles erinnern, was an diesem Sonntag im Jahre 1949 passiert war... auch daran, daß ich ihm gesagt habe, daß es rechts draußen an der Kaminkante einen guten Griff gäbe und daß wir alle – bis auf die Rosi – nachher im Weichtalhaus eine Bohnensuppe gegessen haben (Erbsen und Bohnen waren damals unsere Kraftnahrung).

Ich fragte Robert, was er seither noch alles gemacht habe.

»Am Berg eigentlich nix mehr!«

Das Übliche: Heirat – Kinder – Wohnung – Geld verdienen... »Du weißt ja, wie es so ist!« ...Älterwerden, Bequemwerden, Resignation... »Von den Schwiegereltern haben wir ein Schrebergartenhäusl geerbt in Purkersdorf, dort haben wir eine herrliche Luft!«

Die Bergsteigerzeit des Robert war also recht kurz. Aber trotzdem, oder vielleicht gerade deswegen, hatte sich jede Stunde am Berg unvergessen in seiner Erinnerung erhalten. Und da mußte ich an das Bergzigeunerliedl vom Rauscher Ernst denken...

> »Ist es nicht ein wunderbares Leben,
> frei wie Zigeuner wir sind.
> Einmal hier und einmal dort zu leben,
> hin und her zu ziehen wie der Wind.«

Auch dieses Liedl klingt in Resignation aus...

> »...die Erinnerung wird uns begleiten,
> wenn wir einst woanders stehn.«

Der Herr Reif stand einmal ganz woanders...

Rudolf Reif zählte zwischen den beiden Weltkriegen zu den besten Bergsteigern Wiens. Der »Reifweg« in der Haindlkarturm-Nordwand im Gesäuse (Erstbegehung im Jahre 1920) gilt heute bereits als eine klassische Route; der »Reifweg« in der Wachthüttelwand an der Rax (Erstbegehung im Jahre 1936) ist die große Modetour im Wiener Klettergebiet. Herr Reif war Jude. Im Jahre 1938 mußten er und seine Frau (sie war seine Partnerin bei der Erstbegehung der Haindlkarturm-Nordwand) emigrieren. Über diese Jahre der Emigration in Shanghai hatte der Herr Reif später nie gesprochen. Nur einmal hatte er mir nach einer Klettertour erzählt, wie er es geschafft hatte, mit dem unsagbar großen Heimweh nach den Bergen fertig zu werden... Herr Reif ist im Geiste viele seiner Bergwege nachgegangen. Er hat sich irgendwohin zurückgezogen und hat versucht, eine ganze Tour – wie einen Film – im Geist abrollen zu lassen.

»Da habe ich sogar schon mit der Straßenbahnfahrt zum Wiener Süd-bahnhof angefangen!« Nachher das Treffen mit den Spezln in der Bahn-hofshalle, die vielen bekannten Gesichter. Die Bahnstationen... Gun-tramsdorf, Gumpoldskirchen (»Wissen Sie, wie exotisch diese Namen klin-gen, wenn man so weit davon entfernt ist?«). Die Wanderung ins Höllental. Die Nächtigung im Weichtalhaus. Und dann am nächsten Morgen das Klet-tern... (»Wissen Sie, daß ich mich in Wirklichkeit im Büchlriß vom Wiener Neustädter-Steig nie so geplagt habe wie bei diesen Phantasiekletttereien?«)

Herr Reif ist in der Phantasie nicht nur an der Rax geklettert, sondern auch im Gesäuse, am Dachstein, im Wilden Kaiser, in den Dolomiten.

Aber dabei hatte er im Verlauf der Zeit eine recht sonderbare Feststellung machen müssen... seine Träume sind sozusagen immer blässer geworden, so, als hätten sie sich durch die ständigen Wiederholungen abgenützt. (»Gelt, das klingt alles ein bisserl verrückt?«) – Herr Reif hatte seine Konse-quenzen gezogen: Er ist dann nur noch alle drei oder vier Wochen auf seine Traumbergfahrten losgezogen – und bald wurden diese wieder bunt und schön... (»Meschugge, total meschugge!«)

Und dann war der Herr Reif wieder da! Am Peilstein, an der Rax, in seiner Heimat.

Ein kleiner, drahtiger Mann. Augengläser, hinter denen lebhafte Augen funkelten. Am Kopf stets ein sogenanntes »Pülcherkappl« (wienerisch für Schirmmütze), damit nicht – wie er sagte – »jemand bei Sonnenschein von meiner Glatze geblendet wird!« Ein Mann, der sofort Kontakt mit uns Jun-gen fand und als »Herr Reif« auch zu uns gehörte.

Herr Reif war so um die sechzig Jahre alt bei seiner Rückkunft in der Heimat. Und als er wieder am Fuß des Peilstein-Cimone stand und die Steilwände vor sich sah, da wußte er, daß er mit dem Bergsteigen ganz neu anfangen mußte. Das tat er dann auch.

Bald nach dem Krieg war es für uns von der Bergsteigergruppe des Öster-reichischen Gebirgsvereins klar, daß eine Neuauflage des alten (1928 erst-mals erschienenen) Peilstein-Kletterführers notwendig sei.

Unser Capo Hubert Peterka (500 Erstbegehungen in den Alpen) hatte von dieser Neuauflage seine eigenen Vorstellungen: »Wir machen den Klet-terführer für alle Zeiten! Alles, was am Peilstein noch an Neutouren zu machen ist, das machen wir selber, damit nicht nachher noch ein Herr Gschisti oder Gschasti irgendeine Erstbegehung macht und unser Führer nimmer auf dem letzten Stand ist!«

Im Sommer 1947 war dann die ganze Bergsteigergruppe Sonntag um Sonntag in den Peilsteinwänden unterwegs. Jeder Anstieg wurde begangen,

*Hahnenkamm und Kleine Zinne.
Zeichnung von Hubert Peterka
(1896–1961) für den ersten (1928 erschienenen) »Peilstein-Kletterfüh-
rer«. Fotografieren war einst sünd-
teuer, darum haben damals sehr viele
Bergsteiger zum Zeichenstift gegrif-
fen, um ihre »geliebten Berge im Bild
festzuhalten«.*

von jedem eine exakte Wegbeschreibung verfaßt. Und außerdem organisierte Hubert die Resterschließung des Peilsteins: »Der Pfeiler zwischen Duett-
kamin und Schindeltalerkamin muß auch noch gemacht werden... Charly,
das übernimmst du!« – So wurde ich zum Erstbegeher des Duettpfeilers.

Im darauffolgenden Winter dauerten die wöchentlichen Zusammenkünf-
te unserer Bergsteigergruppe oft bis Mitternacht. Große Diskussionen über
die Schwierigkeitsbewertung der Anstiege. Vegetariersteig III oder III+?
Einmal stand eine Freundin vom Franzl vorm Vereinshaus. Sie hat es nicht
glauben wollen, daß er dort wirklich bis Mitternacht nur über den sex-ten
Schwierigkeitsgrad diskutierte.

Natürlich war dieser »Kletterführer für alle Zeiten« nur eine Illusion, und
zuallererst wurde sie zerstört vom wieder heimgekehrten Herrn Reif. Dieser war als Neubeginner bald wieder »der alte«, das heißt, er kletterte flink
wie ein Wiesel die Wände hinauf, sogar alleingehend noch Routen bis zum
fünften Schwierigkeitsgrad.

Als Pensionist hatte er viel Zeit. Und so in aller Muße und Beschaulich-
keit entdeckte er da und dort in den Peilsteinwänden tatsächlich noch etliche Felsfleckchen, die bisher noch »von keines Menschen Fuß betreten
worden waren«. Herr Reif betrat sie. Und die genauen Wegbeschreibungen
seiner Erstbegehungen schickte er dem Hubert Peterka. So etwa zwanzig

Neutouren sind's gewesen. Unser Hubert ist vor Grimm fast die Wände des Gebirgsvereinshauses in der Wiener Lerchenfelderstraße hinaufgeklettert. Aus war der Traum vom »Kletterführer für alle Zeiten«.

Ganz woanders stand auch einmal der Doktor Frankl...

Er verbrachte einige Jahre in Konzentrationslagern des Dritten Reiches und stand ständig an der schmalen Schneide zwischen Leben und Tod. In seinem Buch »Ein Psychologe erlebt das KZ« erzählt er: »Schon in Auschwitz legte ich mir ein Prinzip zurecht, dessen Richtigkeit sich bald erweisen sollte: Was man mich fragte, beantwortete ich im allgemeinen wahrheitsgemäß, worüber ich aber nicht befragt wurde, darüber schwieg ich. Fragte man mich nach meinem Beruf, dann sagte ich Arzt – verschwieg aber, Facharzt zu sein, wenn man sich nicht ausdrücklich nach meinem Fach erkundete.«

Als der Doktor Frankl wieder in der Heimat war, kletterte er wieder – so wie vorher – auf die Berge. Sein Lieblingsberg war die Rax. Und seine Kletterpartner waren Leute, deren Lieblingsberg ebenfalls die Rax war. Für diese war Frankl einfach »der Doktor«, und die meisten sahen in ihm einen Doktor, der in der Ordination zwischen zwei und sechs Uhr Bauch- und Kopfwehpulver verschreibt. Unter Bergsteigern wird ja nie viel gefragt, was einer ist, sondern wie er ist, und »der Doktor« galt als ein »klasser Bursch« (der nur eine Schwachstelle hatte: kraftraubende Risse!).

Die Zeit verging. »Der Doktor« wurde ein Siebziger und war in ein Alter gekommen, in dem das Abenteuer des Unbekannten nicht mehr so sehr reizt, sondern das Erleben und Wiedererleben von Altbekanntem wesentlich mehr Freude und Genuß bereitete. Kurzum: Der »Drei-Enzian-Steig« an der Rax (eine kurze, hübsche Kletterei mit einer Dreierstelle) ist seine Lieblingstour geworden, die er immer und immer wieder beging. Wenn damals am »Drei Enzian« eine Seilschaft zu sehen war, dann war es für alle Raxkletterer klar, daß der Doktor wieder einmal unterwegs war.

Aber dann kam eine Zeit, in der schon seit längerem niemand in der hellen Plattenwand zu sehen war... »Wo ist der Doktor? Was ist mit dem Doktor?«

Viktor E. Frankl, Jahrgang 1905, Dr. med., Dr. phil., Professor für Neurologie und Psychiatrie der Universität Wien, Inhaber von Professuren an einigen amerikanischen Universitäten, Begründer der Logotherapie, Verfasser von 27 Büchern, die in 20 Sprachen erschienen sind, international berühmter Gelehrter, der schon in allen Erdteilen Vorlesungen gehalten hat – dieser Doktor Frankl war wiederum auf einer längeren Vortragsreise in den USA unterwegs.

Nach seiner Rückkehr kletterte er natürlich sofort wieder seinen »Drei-Enzian-Steig«. Die Vortragsreise war sehr anstrengend gewesen, der Doktor nicht so ganz in Form. Sein Seilkamerad sagte nachher im Ottohaus zu einem Spezl: »Wir müssen uns jetzt ein bisserl mehr um den Doktor kümmern... es wär schad' um ihn, wenn er so ganz verkommen tät!«

Der Remerl ist bis zu seinem dreiundsechzigsten Lebensjahr ganz woanders gestanden – erst in seinen letzten Lebensjahren auf Bergen.

Dr. Franz Remenovsky, Facharzt für Haut- und Geschlechtskrankheiten in Wien, hatte bis zu seinem Eintritt in den Ruhestand ein, wie es damals noch hieß, bürgerliches Leben geführt, ist gern in gute Konzerte gegangen und war selber ein ausgezeichneter Pianist. Und erst als seine Arbeit getan und seine Familie versorgt war, beschloß er das zu tun, was er bisher aus Rücksicht auf seine Familie unterlassen hatte – er wollte auf die Berge klettern.

Er absolvierte einen Kletterkurs, fühlte sich sauwohl unter all den Jungen und hatte bald den Wagemut und Unternehmungsgeist eines Siebzehnjährigen gewonnen.

Bei einer Führungstour kletterten wir einmal sechs Stunden lang in den Peilsteinwänden herum. Dann wollte ich Schluß machen. Da fragte er mich ehrlich besorgt: »Charly, bist du krank? Fehlt dir was?« – Seiner Meinung nach hatten wir »doch eben erst mit dem Klettern angefangen«!

Remerl, wie er bald genannt wurde, war am Berg mit der Unbekümmertheit eines jungen Hundes unterwegs. Bei einer Führungstour durch die Haindlkartum-Nordwand im Gesäuse richtete ich vor der Schlüsselstelle eben den Standplatz zurecht als ich von oben, vom Überhang, den Remerl fragen hörte: »Lieber Charly, muß ich jetzt nach links steigen oder gerade hinauf?«

Ohne Sicherung war er allein hochgeklettert!

Bald waren sich alle Vereinsbergführer darüber einig: »Diesem narrischen alten Teufl gehört eine Bremse eingebaut!«

Einmal wollte Remerl bei einer Führungstour Schwandas unbedingt als Seilerster gehen. Debatte. Schwanda beendete diese mit dem Götzzitat. Auf dem Gipfel: herzlicher Händedruck, Bergheil!

Und dann sagte Remerl mit milder, leiser Stimme: »Und jetzt, bitte, lieber Hans, zieh deine Hose runter!«

Schwanda: ???

Remerl: »Du hast doch gesagt, ein Seilzweiter muß dem Seilschaftsführer stets folgen. Deiner Aufforderung von vorhin in der Wand kann ich aus begreiflichen Gründen erst jetzt nachkommen!«

So war Remerl. Er hatte Witz. Er war auch der »gute Geist« vieler Bergfahrten: Jeden Zornigen konnte er durch einige sanfte Worte sofort wieder beruhigen. Da wirkte er durch sein Alter, wenn er leise sagte: »Aber das ist doch alles nicht so schlimm!«

Der zum Tod verurteilte Sokrates sagte zu seinen Richtern: »Keinem guten Menschen kann etwas Schlimmes geschehen, weder im Leben noch im Tod. Doch für mich ist es jetzt Zeit, von hier wegzugehen, um zu sterben, für euch, um weiterzuleben. Was davon besser ist, wissen nur die unsterblichen Götter; daß es ein Mensch weiß, glaube ich nicht.«

»Remerl! Mach keinen Blödsinn!« habe ich oft gerufen, wenn der junge alte Mann manchmal zu leichtsinnig war.

»Habe ich etwas falsch gemacht?« fragte Remerl dann immer mit leiser Stimme.

Im Alter von einundachtzig Jahren ist Remerl auf einem an sich harmlosen (allerdings durch ein Steilgelände führenden) Wanderweg an der Hohen Wand tödlich abgestürzt. War ein Herzversagen die Ursache seines Sturzes? Oder war er gestolpert? Hatte er »etwas falsch gemacht«?

»Du willst also wirklich morgen auf die Mütze?« fragte die Frau leise den Mann.

Es war sehr laut an diesem Abend in der vollen Hofpürglhütte, aber soviel bekam ich doch mit, daß die Frau und der Mann an unserem Tisch nicht einer Meinung waren.

Also: Der Mann wollte unbedingt am nächsten Tag mit der Frau die Große Bischofsmütze ersteigen, doch die Frau war nicht ganz davon überzeugt, daß das auch gelingen werde... »Du bist ja schon so lange nix mehr gegangen, Franzl!«

»So einen lausigen Zweier geh i noch immer!« sagte der Mann. Er saß bereits vor seinem vierten Bier. Und wars das Bier oder waren es die Zweifel der Frau... immer lauter und lebhafter begann er zu erzählen, wo er schon überall oben war, auf dem Großglockner und auf dem Großvenediger, und seinerzeit sind er und sein Spezl an der Großen Bischofsmütze so flott unterwegs gewesen, daß sie zu Mittag schon wieder bei der Hütte waren.

Doch am nächsten Morgen gab es am Einstieg in die Mützenschlucht einen Stau, und der Franzl war die Ursache. Er war schon lange nicht mehr im Fels gewesen – und das war jetzt zu merken. An seinen Beinen schienen Zementsäcke zu hängen, seine Finger spielten nervös auf dem Fels Klavier.

»Mann! Beweg dich, beweg dich!« rief unten ein Junger.

»Franzl! Komm wieder zurück!« sagte leise die Frau.

»Da muß etwas ausgebrochen sein!« murmelte der Franz.

Der Junge begann ebenfalls die Wand hochzuklettern. Doch als er an dem schwitzenden Franzl mit dem hochroten Gesicht vorbeikam, muß das doch sein Gemüt bewegt haben, denn er sagte: »Da fehlt tatsächlich ein Griff! Aber wissen Sie, wir Jungen sind Hasardeure und riskieren mehr!«

Worauf der Franzl zu seiner Frau rief: »I bin kein Hasardeur! I riskier nix!« – und sich dann wieder die Wand hinunterzitterte.

Bernd Arnold ist nicht nur als erster Kletterer in den Felsen des Elbsandsteingebirges bis zum zehnten Schwierigkeitsgrad vorgestoßen, er denkt auch viel über das Bergsteigen nach. In drei Phasen hat er die Entwicklung des Bergsteigers eingeteilt, die dritte ist der körperliche Abbau... »Die Einheit von Wollen und Können ist gestört.«

Das war auch beim Franzl. Und der Junge war ein wirklicher Bergkamerad, als er dem älter gewordenen Mann sozusagen das Stichwort geliefert hat, sich, ohne das Gesicht zu verlieren, aus der Wand zurückzuziehen.

Der Herr Reif und »der Doktor« haben die Berge nie vergessen – auch wenn sie »woanders gestanden« sind, der Remerl hat sie erst als alter Mann gefunden.

Für den Robert waren die Berge ein großes Erlebnis in seinem Leben, aber er fand nimmer in sie zurück. Der Franzl hatte zurückgefunden, aber es war ein Fiasko geworden. Und diese Begegnung ist für mich dann auch der Anlaß gewesen, eine »Senioren-Bergsteigergruppe« zu gründen.

»Senioren-Bergsteigergruppe«

»Das kleine Sitzungszimmer wird genügen!« – Die Herren unserer Vereinsleitung waren skeptisch. Sie meinten, daß zur ersten Zusammenkunft meiner geplanten »Senioren-Bergsteigergruppe« höchstens zwei, drei Leutln kommen werden.

Damals, im Jahre 1973, hatte man von den Aktivitäten älterer Menschen noch die alten Vorstellungen... ein bisserl Spazieren im Park, ab und zu eine kleine Wanderung. Aber Bergsteigen, Klettern?

Ich war stur, verlangte den Vortragssaal. Und an dessen Tür stand ich dann – mit einem etwas flauen Gefühl – und wartete. Die Zeit verging, niemand kam. Also haben die alten Vereinshasen doch recht gehabt!

Aber dann... Stimmen, Schritte, Tritte... und ein ganzer Schwarm von Menschen kam die Stiegen herauf.

»Vielleicht bin ich doch schon zu alt für diesen Verein?« hatte der zuallererst gekommene Senior an der Schwelle des Vereinshauses gedacht und dann beschlossen, sich vorerst einmal die anderen Leute anzuschauen. Sollte er der Älteste sein, dann wollte er stillschweigend wieder verduften.

Dann kam noch ein Senior, blieb ebenfalls vor dem Vereinshaus stehen. Alle, die noch kamen, blieben vor dem Eingang stehen – während ich oben vor dem leeren Vortragssaal stand.

Es waren an die fünfzig Personen, die dann doch über die Stiege heraufgekommen sind. Der »Jüngste« war fünfundfünfzig Jahre alt, der Älteste zweiundsiebzig.

Fürs Bergsteigen wird man nicht so schnell zu alt!

Hans Schwandas Eigerbesteigung an seinem 75. Geburtstag ist nur einer der Beweise dafür, daß auch noch ein älterer Mensch am Berg Respektables vollbringen kann. Eine Liste von Alt- und Uraltbergsteigern wäre erstaun-

Klettern an der Hohen Wand. Im Hintergrund der noch weiße Wiener Schneeberg, im Vordergrund der Pensionist Franzl, seinerzeit ein Extrembergsteiger. Nach seinem Eintritt in den Ruhestand hat er wieder mit dem Klettern begonnen.

lich lang. Dazu muß allerdings gesagt werden, daß diese Leute ihr ganzes Leben lang stets am Berg unterwegs waren.

Das ist aber nicht jeder. Es gibt viele Gründe dafür, warum auch ein vom Bergsteigen begeisterter Mensch damit aufhört. Es ist aber auch erwiesen, daß es schwer ist, mit dem Bergsteigen wieder anzufangen, wenn man einmal damit aufgehört hat.

Die »Senioren-Bergsteigergruppe« sollte so eine Art Startloch für einen Neubeginn sein, sollte ältere, in eine Isolation geratene Bergsteiger zusammenbringen und wieder aktivieren. Ich wollte nur für den Anfang der Organisator sein.

In der Gruppe sollten aber auch ältere Leute Aufnahme finden, welche noch nie »richtig bergsteigen« waren und das einmal probieren wollten...

Das wäre bald schiefgegangen!

Denn, kaum waren die Altbergsteiger ein bisserl warm geworden, haben sie auch schon losgelegt, so drastisch von ihren wilden Bergabenteuern in vergangenen Zeiten zu erzählen, daß den Neulingen das Gruseln kam und sie am liebsten sofort wieder nach Hause gegangen wären.

Irgendwer hat gesagt, daß Erinnerungen das Brot älterer Leute seien. Demnach hätten älter gewordene Bergsteiger besonders viel zu beißen...

Als ich als vierzehnjähriger Lehrling in den Geographischen Verlag Ed. Hölzel eingetreten war, da lernte ich auch meinen ersten »echten« Bergsteiger kennen. Das war der Verlagsleiter, ein schon weißhaariger Herr mit dreiundsechzig Jahren. Von Montag bis Freitag kam er in dunklem Anzug ins Büro, am Samstag im Bergsteigergewand. Nach Arbeitsschluß (um 1 Uhr) fuhr er ins Gebirge. Ich bewunderte ihn.

Alle bewunderten ihn. »Unser Herr Erhart ist sogar schon einmal abgestürzt!« erzählte man ehrfurchtsvoll (»Nur ein bisserl ausgerutscht bin ich halt...«, sagte er selber).

Herr Erhart zog immer allein ins Gebirge. Alle seine Freunde seien bequem geworden (»und lange verheiratet sind sie auch schon alle!«), die hocken nur zu Hause und wiederkäuen ihre Erinnerungen. Davon hielt er nichts. »Karl, eine frische Semmel ist eine frische Semmel. Und ein frisches Erlebnis ist mehr wert als eine wiederaufgebackene Erinnerung!«

Das habe ich mir gemerkt.

Die Leute von der »Senioren-Bergsteigergruppe« sollten sich am Berg auch wieder frische Erlebnisse holen.

Ich wurde gefragt, ob das Bergsteigen für einen älteren Menschen nicht schon zu gefährlich sei?

Ich habe darauf geantwortet, daß das Bergsteigen sowohl für einen Sieb-

Bergsteigen erhält jung! Der Wiener Bergsteiger Hans Schwanda feierte seinen 75. Geburtstag am Mittellegigrat des Eiger (3974 m).

zehnjährigen wie für einen Siebzigjährigen gleich gefährlich sein kann, wenn er sich vor der Tour nicht mit den zwei für jeden Bergsteiger überlebenswichtigen Fragen auseinandersetzt:

- Wie ist der Berg?
- Wie bin ich?

Natürlich muß sich ein älterer Mensch wesentlich mehr als ein jüngerer mit den Grenzen seiner Leistungsfähigkeit befassen, darf also keineswegs mehr »bis zum letzten Achterl« gehen...*

Ich wurde gefragt, ob ein älterer Anfänger noch Chancen habe, ein selbständiger Bergsteiger zu werden?

Ich habe darauf geantwortet, daß er – in seinen Grenzen – diese Chance habe. Ich sagte aber auch, daß kein Schnellsieder-Kurs (wie es der unsere sein würde), auch nicht der gründlichste Grundkurs, der fortschrittlichste Fortgeschrittenen-Kurs und kein Lehrbüchl aus einem Anfänger einen selbständigen Bergsteiger machen kann. Ihm kann alpine Technik und Allgemeines über das Verhalten am Berg vermittelt werden, Erfahrungen sammeln muß er selber. Denn die sind das wichtigste beim Bergsteigen.

Von Mathias Zdarsky, dem Skipionier, stammt der Ausspruch: »Würde jeder Fehler im Gebirge dem Menschen den Tod bringen, würde es keinen einzigen lebenden Alpinisten geben.« Ich habe schon unzählige Fehler am Berg gemacht, habe aber dabei das Glück gehabt, sie zu überleben. Glück – das braucht jeder Bergsteiger. Obwohl ich schon recht lange ein selbständiger Bergsteiger bin, möchte ich mich niemals als einen erfahrenen Bergsteiger bezeichnen. Meine große Erfahrung ist nur die, daß man am Berg niemals auslernt.

Ich wurde gefragt, wie ein älterer Mensch für Bergtouren trainieren soll?

Ich habe darauf geantwortet, daß ich (so wie mein alpiner Lehrmeister Schwanda) das Wort Training nicht mag, weil es wie Dressur klingt. Und daß ich sogar in meiner guten Zeit als Extremkletterer das Liegestützmachen oder die Klimmzüge am Türrahmen immer bald aufgab, weil ich mich dabei stets wie ein Hampelmann gefühlt habe.

Das Beste, was ein älter gewordener Bergsteiger für seinen Körper tun kann, ist, möglichst viel in Bewegung zu sein. Viel gehen, schwimmen oder radfahren... Bewegung, Bewegung. Je älter der Mensch wird, desto mehr muß er sich bewegen, sonst wird er steif und unbeweglich.

Der älter gewordene Kletterer muß sich möglichst oft im Fels bewegen, auch wenn das nur auf kleinen Felsen geschieht, wo er zehn, zwanzig Zentimeter über dem Boden Quergänge macht. Eine alte Erfahrung: Wer längere

---

* Das ist eine wienerische Redensart, die erklärt werden muß. Also: Der echte Wiener geht nicht zum Heurigen, um sich dort zu betrinken, sondern um vor allem den Wein zu genießen. Der eine verträgt mehr, der andere weniger. Und es gibt eine Grenze: Ein Achtelliter-Glasl mehr genügt dann schon, um den bisherigen angenehmen Zustand zu zerstören, und gerade das will ein echter Weinbeißer nicht und verzichtet daher auf dieses »letzte Achterl«. – Redensartlich steht also das »letzte Achterl« für »Nicht bis zum Äußersten gehen!«

Zeit nicht geklettert ist, der sucht nach Griffen und Tritten; wer viel geklettert ist, bei dem finden die Hände und Beine die Griffe und Tritte wie von alleine. Dieses Vertrautsein mit dem Fels läßt sich durch kein Fitneß-Programm gewinnen. Darum kann ich mich auch heute noch nicht zu einer Morgengymnastik – Eins-zwei-drei-hopp-hopp – aufraffen. Aber dafür...

...mache ich viele Bewegungen bewußt übertrieben: Ich bücke mich tief beim Schuhbandlbinden. Ich strecke mich gerne nach hoch oben oder weit entfernt befindlichen Dingen.

...trete ich beim Stiegensteigen nur mit den Zehenspitzen auf und lasse oft eine oder zwei Stufen aus.

...mache ich beim Gehen (natürlich, wenn mich keiner sieht) ganz besonders weite Schritte.

...und ich habe als alter Kletterer stets in jeder Rock-, Mantel- oder Anoraktasche einen Stein oder eine Kastanie oder einen Föhrenzapfen, die ich spielerisch zu zerdrücken versuche.

Ich wurde gefragt, ob man beim Bergsteigen auch an Körpergewicht abnehmen kann?

Ich mußte darauf antworten: Leider nicht!

Die erste Ausfahrt der »Senioren-Bergsteigergruppe« zu den kleinen Felsen am Rande unserer Stadt verlief zunächst anders, als ich geplant hatte...

Nachdem das ganze Kletterzeug auf dem Boden ausgebreitet vor uns lag, wollte ich mit dem Tagesprogramm (Seiltechnik, Kletterübungen) beginnen, konnte das aber nicht, weil die Leute bereits anderweitig beschäftigt waren. Sie hatten das Kletterzeug aufgenommen und ließen es von Hand zu Hand gehen...

»Zu unserer Zeit waren die Karabiner noch aus solidem Eisen!« sagte einer der Männer. »Dieses Leichtmetall? Da kannst ebensogut ein Ohrringerl zum Sichern verwenden!«

»Ich hätte nie gedacht, daß ich einmal ein echtes Kletterseil in den Händen halten werde!« sagte eine Frau.

Bald wurde über den Wert oder Unwert jedes einzelnen Stückes palavert wie auf einem Basar. Mein Tagesprogramm?

So mußte zuallererst ich etwas lernen: Ältere Menschen sind gemächlicher, lassen sich nicht antreiben, leben (wie Kinder) oft ganz im Augenblick...

Zur Seiltechnik gehört auch das Abseilen. Das gefiel den Senioren! Im Abseilsitz in die Tiefe zu gleiten. Sie wollten gar nicht aufhören damit...

Erst am Nachmittag konnten wir »Hand an den Fels« legen. Große Überraschung: Alle der bejahrten Damen und Herren – Altbergsteiger und Anfänger – waren besser im Fels, als sie selber (und auch ich im stillen) angenommen hatten. Nachdem die Anfänger sich daran gewöhnt hatten, daß im Fels ausgerechnet an den schwierigeren Stellen die notwendigen Griffe und Tritte fehlen, waren sie vor allem sehr erstaunt darüber, daß das Klettern eigentlich so leicht ist...

Ihr ganzes bisheriges Leben hatten unsere Anfänger-Senioren nämlich die Vorstellung gehabt, daß ein Kletterer nur an den Fingerspitzen hängt und sehr oft böse Über-Überhänge ihm den Weg zum Gipfel versperren. Das zeigen die Fotos in den Bergsteiger-Zeitschriften und in den Bergbüchern. Und so sieht man das Klettern auch im Bergfilm (da bricht außerdem noch stets ein Griff aus!)...

Ich war etwas betroffen von dieser Vorstellung. Aber dann dachte ich daran, wie das so ist, wenn Fritzerl und ich auf einem wunderschönen Genußkletterweg etwa des zweiten Schwierigkeitsgrades unterwegs sind...

Fritzerl will ein Foto machen.

Ich stelle mich in Positur.

Fritzerl schaut durch den Sucher... »Das wird kein Bild!«

Ich baue einen weiten Spreizschritt (obwohl der Fels so schön gestuft ist wie die Spanische Treppe in Rom).

Fritzerl: »Das ist noch immer nix! Geh rechts hinaus an die Kante!« Nur ein Volldepp würde diese gestuften Felsen verlassen und an der Kante klettern. Aber – ich klettere hinaus.

Fritzerl: »Ja – das schaut jetzt gut aus!«

Klick – und wieder einmal ist auf einem wunderschönen leichten Kletterweg ein Steilfelsfoto entstanden!

Die Pose!

Auf dem Wiener Heldenplatz steht das Reiterdenkmal von Erzherzog Carl, der im Jahre 1809 in der Schlacht von Aspern die Armee Napoleons geschlagen hatte. Das Denkmal gilt als Meisterwerk des Bronzegusses, Anton Fernkorn hat's geschaffen; die Fremden, vor allem die Japaner, fotografieren es mit Entzücken.

Das Denkmal zeigt den Erzherzog, wie er mit hocherhobener Fahne auf einem Roß dem Feind entgegenstürmt. Der Erzherzog selber soll über diese Heldenpose gesagt haben: »Ich bitt' Sie, schauen Sie mich doch an! Ich schwaches Manderl hätte so eine schwere Fahne gar nicht heben können!«

Fritzerl versuchte die Klimmzug-Psychose bei unseren Kletter-Anfängern zu verscheuchen, indem sie sagte: »Ich habe schon etliche Tausendmeter-Wände gemacht!« Dann zeigte sie ihre hendlzarten Hände. »Glaubt ihr, daß ich mit diesen Händen mit Klimmzügen nur zehn Meter in einer Wand hochgekommen wäre?«

Die Comeback-Kletterer der Senioren zog es dann bald hin zu dem steileren Teil des Übungswandls. Leo wollte es als erster wissen, ob er nun schon ganz eingerostet sei oder nicht. Am Ausstieg stellte er fest, daß er es nicht sei, denn... »Das war jetzt schon ein Dreier!«

Das war er nicht. Es war eine Kletterstelle im Schwierigkeitsgrad II+. Hätte ich jetzt dem Leo seine Freude lassen und ihm bestätigen sollen, daß er einen Dreier derpackt hatte?

Ich tat das nicht. Die Comebackler sollten ja wieder selbständig im Fels werden – und dazu gehört auch das Bewerten von Kletterstellen.

Und außerdem ist der dritte Schwierigkeitsgrad der heikelste, weil es um ihn die größten Mißverständnisse gibt...

»Mittlere Schwierigkeiten« – das klingt eher harmlos. »Einen Dreier gehe ich noch immer!« sagen daher auch viele Exbergsteiger, welche schon weiß Gott wie lang keinen Fels zwischen den Fingern gehabt haben; seinerzeit seien sie einen Dreier »mit einer Hand im Hosensack hinaufspaziert«. Auch wenn das nur bildlich gesprochen ist, so zeigt es doch eine gefährliche Unterschätzung gerade dieses Schwierigkeitsgrades. Denn auf einem Dreier mußte man schon immer und muß man noch immer recht herzhaft mit beiden Händen zugreifen.

Wir haben dann noch auf einem Übungswandl einen »echten« Dreier gemacht. Jeder hat ihn gut derpackt, aber jeder war der Meinung, daß dieser schon »ein guter Dreier, ein Drei plus« sei. Den Glauben an den derpackten »guten Dreier« habe ich den Senioren dann doch nicht nehmen wollen.

Die erste gemeinsame Kletterei in Seilschaften machten wir auf der Hohen Wand. Kanzelgrat, Schwierigkeitsgrad II. Ich führte die erste Seilschaft, Fritzerl die letzte. Alle anderen sechs oder sieben Seilschaften dazwischen wurden bereits von Teilnehmern der Gruppe geführt.

Es hatte eine Weile gedauert, bis ich den Burschen die alte markige Schultersicherung (»Mit der haben wir schon in unserer Zeit ordentlich gesichert!«) ausreden konnte. Sie haben aber dann doch erkannt, daß die neuen Sicherungsmethoden tatsächlich wesentlich sicherer sind. Was zur Folge hatte, daß jeder Standplatz am Kanzelgrat zu einem Spinnennetz von ineinander verschlungenen Seilen, Seilschlingen und Selbstsicherungen wurde, aus denen es nur sehr schwierig war, zum Höherklettern zu entkommen.

Der Kanzelgrat ist ein uralter (konkret: schon seit Ende des 19. Jahrhunderts begangener) Klettersteig an der Hohen Wand. Schlüsselstelle ist das »Testamentwandl« (auch die Alten waren schon recht originell bei ihren Namensgebungen!). Seinerzeit war das Wandl für die Bergsteiger am Alpenostrand eine ebenso berüchtigte Kletterstelle wie es später etwa ein »Hinterstoisser-Quergang« in der Eiger-Nordwand geworden ist. In dem ersten Kletterführer über die Hohe Wand heißt es: »Das drei Meter hohe Testamentwandl wird am besten genommen, indem man mit dem rechten Fuß in dem schrägen Rißchen sperrt, mit dem linken aber auf dem glatten Trittchen immer höher hüpft.«

Sperren und hüpfen... sehr konkret ist das nicht.

Verfasser dieses im Jahre 1919 erschienenen Führers war der damalige Pfarrer von Grünbach und spätere Domprälat zu St. Stephan in Wien Dr. Alois Wildenauer (1877–1967). Der »Hohe-Wand-Pfarrer« – wie man ihn bald nannte – war ein begeisterter Kletterer und Bergsteiger bis ins hohe Alter. Er hatte auf »seinem« Berg unzählige (darunter einige auch heute noch als nicht leicht geltende) Erstbegehungen gemacht. Sein Hohe-Wand-Führer wird nunmehr wegen der im milden Kanzelpredigerton verfaßten Wegbeschreibungen bereits als eine alpinliterarische Kostbarkeit gehandelt.

Der Hohe-Wand-Pfarrer Dr. Alois Wildenauer war ein kühner Kletterer. Ein Kletterer muß manchmal fluchen, ein Pfarrer darf aber nicht fluchen. Der Hohe-Wand-Pfarrer hatte sich für diesen Notfall einige, wie er sagte, »unschuldige Kraftausdrücke« zugelegt wie »Ei Potztausend!« oder »Donnerwetter!«.

»Stolz blicken wir hinab in den besiegten schwarzen Schlund, vor dem so manches Menschenkindlein, hierher an den Rand gestellt, in Angst und Beben sich bekreuzen würde, und steigen freudegeschwellter Brust die letzten Schrofen noch empor«, so der hochwürdige Herr Pfarrer über den Ausstieg des Turnerbergsteigerkamins.

Also: sperren und hüpfen am Testamentwandl. Nachher: Großer Jubel allerseits, weil nun die Schlüsselstelle (vor der jeder im stillen ein leicht flaues Gefühl im Magen gehabt hatte) überwunden war. Es war ein wunderschöner Maientag, und jeder fühlte sich »wie einst im Mai«.

Nur einmal hatte es Schrecksekunden gegeben. Eine Seilschaft über uns hatte Steine gelöst, und als ich das feine Surren hörte, hatte ich nur noch schnell:

»Achtung! Steinschlag!« rufen können. Dann schlugen auch schon die ersten Brocken rechts von uns auf.

In der Theorie hatten wir das Verhalten bei Steinschlag besprochen: Deckung suchen! Aber wie und wo deckt man blitzschnell seinen Schädel, wenn die Steine pfeifen? Eigentlich – so habe ich nachher gedacht – müßte man bei Kletterkursen auch praktisch das Verhalten bei plötzlichem Steinschlag einbeziehen.

Meine Seilgefährtin war an diesem Tag jene Frau, welche sich nie gedacht hätte, daß sie einmal ein echtes Kletterseil in den Händen halten würde. Sie hieß Maria und war zweifache Großmutter. Beim Ausstieg sagte sie: »Das war so lustig, wie die Steine herabgeflogen und nach dem Aufschlagen hin und her geschwirrt sind!«

Ich erhoffte mir für unsere nachfolgenden Kletterfahrten etwas weniger solcher Lustbarkeiten.

In dieser Zeit wurde ich abends oft von den Senioren angerufen...

»Charly, ich hab' heut auf der Langerwand das Große Dreieck bezwungen!«

»Charly! Wir waren heut auf dem Teufelsgrat. Acht Leute. Herrlich war's! Und die Sonne hat so schön geschienen!«

Ich bin den ganzen Tag im Verlag gehockt, habe Manuskripte redigiert und Fahnenabzüge korrigiert, habe Layouts gemacht – und der Hintern tat mir weh vom stundenlangen Sitzen... »So ein Pensionist müßte man sein!«

Damals habe ich an vielen sonnigen Wochentagsmorgen immer zu den Straßenbahnlinien geschaut, die hinausführen zum Rand unserer Stadt. Wenn du da jetzt einsteigst, dann könntest du in einer Stunde schon im Wald sein und weit weg vom Büro...

Andererseits habe ich mir damals, ich war fünfzig Jahre alt, meine Gedanken darüber gemacht, wie das wohl in Wirklichkeit sein wird, wenn man einmal ein Pensionist ist und tun und lassen kann, was man will. Ob einem nicht dann im Überfluß der Freizeit das Beste des Lebens fehlen wird – die Sehnsucht nach dem Freisein?

Man sagt, daß es jedem Konditorlehrling am Beginn seiner Tätigkeit erlaubt sei, so viel an Torten, Cremeschnitten und Schaumrollen zu verschlingen wie er nur kann. Hat er dann diese erste Freßperiode hinter sich, dann ist er an dem süßen Zeug vollkommen uninteressiert und wird zum guten Arbeiter. Kann immerwährende Freizeit ebenfalls uninteressant werden?

Oder der Witz von der Mitzi Nowak...

Eine Freundin fragt die Mitzi, wie es ihr nach einem halben Jahr Ehe gehe. Die Mitzi: »Weißt du, vorher habe ich mich den ganzen Tag lang darauf gefreut, daß ich heute den Nowak treffe, daß ich heute mit dem Nowak ausgehe. Aber jetzt... jeden Tag Nowak, Nowak... nur Nowak!«

Nur Freizeit?

(Jetzt weiß ich es ganz genau, daß es herrlich und wunderschön ist, mit dieser immerwährenden Freizeit zu leben!)

»Wünscht euch was!«

Zum Abschluß dieses Bergsommers wollten wir noch eine große Bergtour unternehmen. Am Hochschwab? Im Gesäuse? Am Dachstein?

Die Senioren wünschten sich die Planspitze-Nordwand im Gesäuse. Alle kannten sie vom Anschauen von unten her, sie ist ihnen zum Inbegriff der großen Felswand im Hochgebirge geworden. Eigentlich hätten sie nie daran gedacht, selber einmal durch diese Wand zu klettern. Aber jetzt, nach den vielen gemeinsamen Touren...

»Glaubst, können wir diese Wand derpacken?«

Der Pichlweg (Erstbegehung im Jahre 1900) ist der klassische Wanddurchstieg. Schwierigkeitsgrad II, zwei Stellen Schwierigkeitsgrad III. Also:

eine eher leichte Kletterei. Technisch waren die Senioren der Wand gewachsen, aber die Wand allein ist nicht die ganze Tour.

Die Planspitze-Nordwand ist – mit Zustieg und Abstieg – eine lange Bergfahrt. Vom Ausgangsort Gstatterboden (577 m) bis zum Gipfel (2117 m) sind stolze 1540 Höhenmeter zu überwinden, davon 660 Meter Wandkletterei. Auch die 1540 Höhenmeter Abstieg sind nicht ganz einfach: zuerst Kletterei im unangenehmen, brüchigen Fels (einige Stellen zweiter Grad), dann der versicherte, aber sehr steile Wasserfallweg (durchaus kein Bummelweg).

Das große Erlebnis Planspitze-Nordwand: Da ragt eine Riesenmauer in den Himmel, von der man nie und nimmer glauben möchte, daß sie so (verhältnismäßig) einfach zu durchsteigen ist. Und dann klettert man in dieser Wand, und oben und unten und links und rechts ist alles schrecklich steil – aber gerade dort, wo man klettert, dort gibt es gutgriffigen Fels oder schmale und breite Felsbänder, auf denen man stellenweise ganz gemütlich dahinspazieren kann. Der Pichlweg ist deswegen einer der faszinierendsten Wanddurchstiege der ganzen Alpen, weil er ein Meisterstück in der Kunst der Wegführung ist.

Diese Wand wollten die »Extremen« unter den Senioren (immerhin neunzehn) durchsteigen.

Worauf ich einen Zeitplan machte. Er ergab: Wir mußten um zehn Uhr vormittags die sogenannte Krummholzstufe im ersten Wanddrittel erreicht haben; schafften wir das nicht, dann konnten wir wieder heimgehen.

Schon um halb acht Uhr früh waren wir am Wandeinstieg. Herzhaftes Schmausen. Nach einer Weile drängte ich sanft zum Aufbruch.

Wir kletterten nicht schnell, aber zügig. Eine Menschenschlange in Bewegung. Keine Seilschaft sollte den Kontakt zur nachfolgenden verlieren. Immer wieder schaute ich auf die Uhr. Der Zeitplan!

»Burschen, klettert! Der Herr Charly schaut schon ganz bös!« rief da einer...

Am Vorabend hatte ich eine Geschichte aus meiner amerikanischen Kriegsgefangenschaft in Italien erzählt.

Wir waren auf Arbeitseinsatz, Neger unsere Bewacher. Die Neger und wir Kriegsgefangenen hatten etwas Gemeinsames... »Ihr seid genauso arme Schweine wie wir!« sagten sie immer wieder. Sie zeigten uns Fotos ihrer Angehörigen, wir ihnen die der unseren. Sie wollten schon wieder daheim sein, wir auch. Und überdies wachten wir über unsere Bewacher. Diese pflegten sich nämlich von den anstrengenden Nächten untertags zu erholen, und wenn sie friedlich unter einem Baum schliefen und es nahte einer ihrer Offiziere, dann weckten wir sie blitzschnell.

Eines Tages kam ein Neuer zu unserem Arbeitstrupp. Ein Wiener. Wir Wiener sind schon seit den Zeiten Kaiser Maximilians des Heizbaren Weltmeister im Unterwürfigsein. Als unser neuer Wiener an dem Loch für eine Latrine (an dem wir schon tagelang nur so pro forma herumhackten) mitwerkte, sah er, daß einer der Neger (der Joe war es) wach geworden war, sich dehnte und streckte und uns dann freundlich zugrinste, wobei er sein komplettes Gebiß zeigte. Unser Neuer machte vor Schreck fast in die Hose und flüsterte: »Burschen, arbeitet! Der Herr Neger schaut schon ganz bös!«

Das hatte ich also den Senioren erzählt. Wenn ich nun in der Planspitze-Nordwand auf meine Uhr blinzelte (der Zeitplan!), dann ging auch schon der Ruf durch die ganze Seilschaften-Schlange: »Burschen, klettert! Der Herr Charly schaut schon ganz bös!«

Ohne Verspätung erreichten wir den Gipfel. Dieser ist schon ein ganz besonderer Gipfel: Nur drei Meter sind's vom Gipfelkreuz zum Rand der Nordwand. Die Enns, die Eisenbahn, das Stationsgebäude, das »Hotel Gesäuse« – das alles liegt tief, tief unten und winzig klein unter den Schuhspitzeln. Das gibt ein herrliches Gefühl: »Da bin ich heraufgekommen!«

Händeschütteln, Gipfelbussi, Gruppenfoto. Einer der Senioren wußte auch schon eine Bildunterschrift dafür: »Jahrtausende blicken dich an!« Wirklich? Lebensjahre wurden zusammengerechnet, wofür sogar die Damen echte Zahlen angaben... da oben auf dem Gipfel der Planspitze stand man über der Zeit.

Dennoch schaute ich wieder auf die Uhr.

Für das Abklettern über die Wandstelle an der Ostflanke brauchten wir länger, als ich angenommen hatte. Abklettern über geröllbedeckte Felsen verlangt Routine – die fehlte einigen Leuten. Wir legten wieder die Seile an, obwohl alle sagten, das sei nicht notwendig.

Glückwunsch zu Großvaters Geburtstag. Holzschnitt von Ludwig Richter (1803–1884) für das 1853 erschienene Werk »Familienlieder und häusliche Gelegenheitsdichtungen«. Solche biedermeierlichen Vorstellungen von älteren Leuten haben sich auch bieder bis in unsere Zeit erhalten.

»Was ihr an Touren macht, ist unwichtig. Wichtig ist nur, daß ihr die Leute wieder gut nach Hause bringt!« hatte seinerzeit der alte Führerobmann unseres Vereines immer wieder zu uns jungen Führern gesagt. Das hatte ich mir gemerkt.

Als wir Gstatterboden erreichten, war die Sonne im Untergehen. Einzig der Gipfel der Planspitze war noch hell im Sonnenglanz, aber nur noch kurze Zeit, und dann war auch er dunkel geworden. Jetzt mußte der Herr Charly nimmer bös schauen...

Nach einem Jahr übernahm, so wie es von Anfang an geplant war, einer der Senioren die Leitung der Gruppe, und wandernd und kletternd sind die Leute dann an den Wochentagen unterwegs gewesen.

Übers Wochenende jedoch waren viele von ihnen für ihre Enkel als Babysitter engagiert. Den Großvätern und Großmüttern, die am Sonntag mit den Kleinen schön gemütlich in den Parks spazierengingen, sah man es freilich nicht an, daß sie sich werktags noch immer im steilen Fels herumtrieben.

Dann starb der Capo plötzlich und unerwartet; es fand sich kein rechter Nachfolger, und – »jünger werden wir alle auch nicht!« – so löste sich allmählich der Haufen auf.

»Steppenwolf« in den Dolomiten

Wir waren erst um die Mittagszeit in die Jahnroute am Dritten Sellaturm eingestiegen. Da war der Rummel schon vorbei, die ganze Südwand gehörte Fritzerl und mir allein, nur uns zwei.

Die Drei Sellatürme schauen auf den Fotos gut aus, und es gibt an ihnen auch guten Fels und gute Klettereien. (Übrigens: Bei den Drei Sellatürmen ist's genauso wie mit den Drei Zinnen – in Wirklichkeit sind es fünf!) Zu den Drei Sellatürmen kann man fast bis zum Einstieg mit dem Auto fahren, die Drei Sellatürme sind daher überlaufen.

Die Lauferei beginnt schon im Morgengrauen: Jeder rennt, um vor allen anderen in den Felsen zu sein. Und in den frühen Vormittagsstunden entsteht bereits an den Schlüsselstellen der Modetouren ein Stau. Vom Sellajoch aus sind dann mit freiem Auge die Menschentrauben auf allen Standplätzen davor zu sehen.

Der Fünfundzwanzigmeter-Quergang vom Jahnweg ist nicht die schwierigste Stelle, aber die luftigste und eindrucksvollste. Querung an lotrechter Wand an einem, wie einst ein Bergsteiger formulierte – »höchst reizvollen, schmalen Gesimse«. Wer will schon auf einem höchst reizvollen Gesimse in Kolonne dahinziehen?

Allein saßen wir in der warmen Nachmittagssonne lange auf dem Gipfel; ohne »Achtung Steinschlag!-Chöre« kletterten wir den Normalweg ab. In der Nordwand vom Zweiten Sellaturm hörten wir Stimmen. Da schau her! Es gibt noch andere kluge Kinder.

Zwei Kletterer in der Messnerroute. Sie gehört zu jenen Erstbegehungen des jungen Reinhold Messner, die eine Renaissance des Freikletterns einleiteten (und ich erinnere mich noch an die ersten Kommentare damaliger Extremer, die etwas fassungslos vor der prallen Wand gestanden sind: »Das soll eine Route sein? Da stecken ja keine Haken!«) Jetzt ist diese Messnerroute ebenfalls schon eine vielbegangene Modetour.

Fritzerl wollte die zwei Kletterer fotografieren, stellte die Kamera ein...

»Komm daher, da kriegst den Ersten als Silhouette gegen den Himmel!«

Fritzerl kam, richtete die Kamera wieder gegen die Wand... aber dort gab's keine Silhouette gegen den Himmel... der Kletterer war inzwischen zwanzig Meter ins Seil gestürzt.

Angeknackster Knöchel. Also Rückzug. Leider hatten die zwei nur ein Fünfundvierzigmeter-Seil. Sie wollten ein Stück abklettern, bis sie damit das von uns angebotene Seil hochziehen konnten. Mit den beiden Seilen konnten sie dann die überhängende Einstiegswand in einem abseilen.

Der Knöchel des Abgestürzten sah schlimm aus. Für die zwei jungen Kletterer aus Deutschland hätte die Messnerroute die erste Urlaubstour sein sollen.

Im Schutzhaus am Sellajoch gab es Debatten, wohin man den Abgestürzten bringen soll. Der Wirt war für das Spital in Bozen. Dort hätte der Bursche nach Verpassung eines Gipsverbandes viel mehr Möglichkeiten, sich zu amüsieren. Ein Grödnertaler Bergführer war für das Spital in Brixen... »Wie kann sich ein Mensch im Gipsverband schon amüsieren?« Außerdem sei das Spital in Brixen für »solchene Sachen« das bessere Spital.

Also: Brixen.

Der Abgestürzte saß vor dem Haus im Sonnenschein. Er hatte noch eine Bitte: In dem Zelt und unter seinem Pullover läge ein Buch, und das wolle er gern ins Spital mitnehmen... »Der Steppenwolf« von Hermann Hesse.

»Der Steppenwolf«...

Als ich siebzehn oder achtzehn Jahre alt war – so wie der Abgestürzte im Sonnenschein –, ist dieses Buch für mich das Buch aller Bücher gewesen. Zweimal, dreimal hatte ich es gelesen.

> »Ich Steppenwolf trabe und trabe,
> Die Welt liegt voll Schnee,
> Vom Birkenbaum flügelt der Rabe,
> Aber nirgends ein Hase, nirgends ein Reh!«

Ich hatte mich damals ebenfalls als ein Steppenwolf gefühlt und nur bedauert, daß ich noch nicht so alt, so weise, so voller Erinnerungen und noch nicht so grauhaarig war.

Ich las dann alles von Hermann Hesse. Jedoch, als ich viele Jahre später wieder den `»Steppenwolf« zu lesen begann, konnte ich nicht mehr weiterlesen. Ein innerer Widerstand gegen diese manierierte Art des Schreibens war plötzlich da... das ist doch nur ein dürrer Spießer, der seine Empfindungen und Wunschträume geistig hochkarätig zu formulieren versucht, kein Mensch aus Fleisch und Blut!

Viele Jahre später. Der älteste meiner drei Söhne, Thomas, sagte zu mir: »Du, ich lese jetzt ein ganz tolles Buch. Steppenwolf von Hermann Hesse. Kennst du es?«

Ich bin seit meinem vierzehnten Lebensjahr im Buch- und Verlagsgeschäft tätig gewesen. In der Buchhändlerschule hatte man uns Lehrlingen eingetrichtert: Sag nie, ein Buch ist schlecht! Es gibt immer Leute, denen es gefällt!

Drei, vier Jahre später schenkte Thomas die gesammelten Werke von Hermann Hesse seinem Bruder Martin. Thomas: »Ich kann diesen Schmus nimmer lesen!« – Jetzt erzählte mir Martin begeistert die Geschichte vom Steppenwolf. Aber schon drei, vier Jahre später verscherbelte er den gesammelten Hermann Hesse um einige Schillinge einem Antiquar.

Dritter Sohn Felix: »Vati, ich lese jetzt ein tolles Buch. Steppenwolf von Hermann Hesse. Kennst du es?«

Ich wußte jedoch schon, daß dieser Steppenwolf auch in Felix' Bibliothek kein langes Leben führen würde. Tatsächlich endete er auf einem Altpapierhaufen.

Das Faszinierende an diesem »Steppenwolf« von Hermann Hesse ist jedenfalls, daß ihm anscheinend jeder junge, lesende Mensch einmal begegnet, ihn zuerst liebkost und ihm bald darauf einen kräftigen Tritt in den Hintern gibt. Und auch das hatte man uns in der Buchhändlerschule gesagt: Jedes Buch ist gut, das begeistern kann oder Ablehnung provoziert.

Ich zog über die weiten Wiesen des Sellajochs, um dem Jungen seinen »Steppenwolf« zu holen.

In diesem Sommer wurde der graue Steppenwolf Charly 60 Jahre alt, und diesen Geburtstag wollte er in den Dolomiten feiern.

Die Grasleiten-Gruppe (zur Rosengartengruppe gehörig) kannten wir noch nicht. Ich kannte überhaupt nur einen einzigen Bergsteiger, der dort schon einmal geklettert ist, den Erich Waschak (der seinerzeit mit Leo Forstlechner als erste Seilschaft die Eigernordwand in einem Tag durchstiegen hat). Waschaks höchst originelle Meinung über die Grasleiten-Gruppe habe ich seit damals nicht vergessen: »Das sind genau die richtigen Berge, wenn man mit einem Mädchen unterwegs ist oder mit so etwas Ähnlichem!«

Von Tiers stiegen wir auf zur Grasleitenhütte, und als wir darin unsere Rucksäcke abstellten, wußten wir: Das wird unser Stützpunkt für die nächsten acht Tage. Ein urgemütlicher Gastraum mit holzgetäfelten Wänden, freundlichen Südtiroler Wirtsleuten, und rundum in dem wilden Felsenkessel herrlich anzuschauende Dolomitentürme. Sie alle wollten wir ersteigen, einen nach dem anderen.

Nur wenige Gäste nächtigten in der Hütte. Und im Hüttenbuch fanden wir überhaupt keine Klettertouren eingetragen. Der Herdentrieb! An den Vajolettürmen steigen sich die Kletterer gegenseitig auf die Finger…

Der schönste Berg der Gruppe ist der Grasleitenturm, und der schönste Anstieg auf diesem Turm – so lasen wir im Führer – ist die Kombination von Mühlsteigerkamin und Marsonerkamin… »sehr schöne und sehr elegante Kaminkletterei«.

Nun: Die Kletterei im Mühlsteigerkamin riß uns keineswegs vor Begeisterung aus den Schuhen. Und der Marsonerkamin ist sehr eng.

Das dünne Fritzerl kletterte voran, war schon hoch oben: »Soll ich gleich grad hinauf?«

Natürlich, grad hinauf! Also war Fritzerl grad hinauf durch ein winziges Loch geklettert. Das kleine Fritzerl! Ich bin etwas größer (auch um die Mitte herum). Nie wieder gebe ich par distance Klettertips!

Oberhalb des Kamins begann der Horror…

Es gibt festen, es gibt brüchigen Fels. Fast an jedem größeren Berg wird in Gipfelnähe der Fels brüchig – so ist es eben, und der Kletterer muß den Berg als Ganzes akzeptieren. Am Grasleitenturm ist jedoch die ganze Gipfelzone in vollkommener Auflösung… jedes Stück Fels, jeder kleinste Zakken rieselt selbst bei sanftester Berührung dahin.

Auf dem Gipfel wagten wir kaum zu husten aus Angst, der ganze Gipfel könnte durch diese Erschütterung mitsamt uns in die Tiefe rumpeln. Und wohin wir schauten… Westliche Grasleitenspitze, Mittlere Grasleitenspitze… überall splittriger, morscher Fels.

Wohin waren wir gekommen auf unserer Suche nach einem stillen Geburtstags-Kletterparadies?

Unser Problem: Sollen wir angeseilt abklettern oder seilfrei?

Bis zum zweiten Schwierigkeitsgrad klettern Fritzerl und ich am liebsten noch seilfrei ab. Aber was besagt in einem solchen Bruch noch ein Schwierigkeitsgrad? Es ist saugefährlich, ohne Seil zu klettern, und ebenso gefährlich mit Seil, weil jede Berührung des Seils mit einem der vielen morschen Zacken sofort Steinschlag zur Folge hat. Wir haben uns doch fürs Seil entschieden. Wagenladungen von Steinen setzten wir in Bewegung, der Grasleitenturm ist seit unserer Besteigung merklich schlanker geworden.

Du lieber Himmel, waren wir froh, als wir wieder an seinem Fuß standen.

»Fritzerl«, sagte ich, »Du, ich glaub…«

»Das glaub ich auch!« sagte sie, ohne mich ausreden zu lassen.

»Du, ich glaub…«, hatte ich sagen wollen, »wenn das der schönste Anstieg auf den schönsten Berg der Gruppe war, dann wollen wir besser auf den Individualismus pfeifen und doch wieder Herdenmenschen werden und dort klettern, wo es guten Fels gibt!«

Und so sind wir aufs Sellajoch gekommen.

Auf dem Sellajoch fühle ich mich immer wie in einem Spiegelkabinett des Wiener Wurstelpraters: Alles stimmt nicht.

Die Sellatürme erscheinen imponierend. In Wirklichkeit sind es nur Stuhlzapferl mit etwa hundert bis kaum dreihundert Meter Felshöhe. Der Langkofel wirkt wie ein behäbiger größerer Felsklotz. In Wirklichkeit sind seine Abstürze nach allen Seiten um die tausend Meter hoch, und die Ersteigung dieses »größeren Felsklotzes« ist heute noch ein erregendes Bergabenteuer, weil man den richtigen Weg, vor allem beim Abstieg in dieser Felsenwildnis, suchen und finden muß. Die Fünffingerspitze erscheint als lieblich – aber nur die wenigsten Bergsteiger von heute wissen, daß eine Ersteigung dieses »lieblichen Berges« einst zu den schwierigsten Klettereien der ganzen Alpen zählte.

Eine Ersteigung der Fünffingerspitze war vor allem einst wesentlich mühsamer. Man mußte zuerst über ein endlos langes Schuttfeld die Felsen des Daumenballens erreichen und dann über diese (in ebenso endlos scheinender Schrofenkletterei) zur Daumenscharte hochsteigen. Dort – am Beginn der eigentlichen Kletterei – krochen die meisten Kletterer schon auf dem Zahnfleisch dahin. Jetzt schweben sie mit dem Lift zur Langkofelscharte hinauf, dann hundert Schritte (vielleicht sind's hundertzwei) – und sie stehen am Felseneinstieg.

Jetzt gibt es an der Fünffingerspitze auch eine neue Modetour: die Daumenkante. In Wirklichkeit ist es eine alte Tour aus dem Jahre 1917. Damals war der Alpenmaler und Bergsteiger Gustav Jahn Instrukteur bei einer Bergführerkompagnie im Grödnertal; bei der Gesamtüberschreitung aller Finger ist er auch über diese Nordkante des Daumens hochgestiegen. Danach geriet die Tour vollkommen in Vergessenheit. Erst vor zwei, drei Jahrzehnten wurde sie als Genußkletterei, als eine der schönsten Kanten der Dolomiten, wiederentdeckt. Diese Kante kannten wir noch nicht.

»Wie anders ist das Besteigen der Alpen geworden!« – so lautete der Titel einer sogenannten Kampfschrift, die der berühmte Bergsteiger Eugen Guido Lammer im Jahre 1937 veröffentlichte. Lammer war damals vierundsechzig Jahre alt, also auch nicht mehr der »jugendlich-flammende Feuerkopf«, der er (laut Geleitwort) einst war. Natürlich ist für Lammer alles in den Alpen sowie jegliches Bergsteigen in den Alpen nur schlechter geworden. Der ewig alte Glaube alter Leute, daß nur das, was sie einst gemacht haben, und so wie sie es gemacht haben, gut und schön und richtig war. Und natürlich darf eine solche »Abrechnung« nie ohne Zukunftsvision enden. Eugen Guido Lammer: »Wie die Ehrfurcht vor der alten, hohen Kunst wieder erwacht ist (kleine Anmerkung: Die ist doch nie verloren gegangen!), so wird auch Ehrfurcht vor dem schönsten Kunstwerk Gottes, dem Alpenödland in seiner ursprünglichen Reine, die öffentliche Meinung durchdringen. Und so um 2000 herum – es kann aber auch viel früher kommen, denn seelische Revolutionen reiten schnell – wird man nach und nach alles Menschenwerk aus dem Ödland oberhalb der Almhütten und Almsteige austilgen, wohlgemerkt: alles bis auf's letzte.«

Im Jahre 1983 war der Lift zur Langkofelscharte noch nicht »ausgetilgt«. Und zehn Minuten später, nachdem wir aus ihm gehüpft sind, stiegen wir

So (nur um den Bauch angeseilt) waren die Kletterer lange Zeit im Fels unterwegs. Dieser Holzschnitt (aus dem »Bergsteiger«, Jahrgang 1940) stammt von dem zeichnenden und malenden Südtiroler Arzt Erwin Merlet (1886–1939), der im Jahre 1920 mit Gunther Langes die berühmte Schleierkante in den Dolomiten erstmals erkletterte.

auch schon in die Felsen ein. Das Seil und einige Sicherungsschlingen hatte ich während der Liftfahrt in einem Plastiksack getragen (weshalb Fritzerl stocksauer war... Seil im Plastiksackerl, wie unalpin!). Aber dafür nachher: Unbeschwertes Klettern an der Daumenkante und am Daumenschartenweg. Über die Abseilpiste wieder hinunter (solide, verläßliche Abseilhaken) zur Langkofelscharte und von dort wieder mit dem Lift aufs Sellajoch. Wie anders ist das Besteigen der Alpen geworden...

Es ist auch sonst anders geworden. Als wir im Jahre 1953 auf der Fünffingerspitze waren, standen wir auf einem versauten Gipfel... überall zersplittertes Glas, rostige Konservendosen. Entschuldigung für die Zeitgenossen von damals: Es gab noch kein Umweltbewußtsein. Selbst in den Schriften hochverehrter Klassiker können wir lesen, wie sie auf den Gipfeln fröhlich ihre geleerten Spumanteflaschen gegen die Felsen geschleudert haben. Nur der »ordentliche Bergsteiger« (wie es damals hieß) hat seine leeren Konservendosen in Felsspalten gesteckt und versteckt (und niemand hatte damals auch nur daran gedacht, sie wieder ins Tal mitzunehmen). Doch nun zeigen die Parolen »Saubere Berge« und »Saubere Gipfel« ihre Wirkung: Der Gipfel der Fünffingerspitze war blitzsauber!

An der Fünffingerspitze lernten wir vier junge Kletterer aus Deutschland kennen, die uns von noch einer in den letzten Jahren berühmt gewordenen Modetour erzählten – die Südkante (»Via Maria«) der Pordoispitze. Auch diese Kante wurde bereits in den zwanziger Jahren erstbegangen (und zwar von dem Dolomitenführer Tita Piaz); erst nach der Erbauung der Pordoi-Seilbahn wurde sie zur Modetour.

Schlüsselstelle ist der Ausstieg: Das Überklettern des Geländers der Aussichtsterrasse neben der Bergstation. Als Fritzerl sich als Seilerste hinüberschwang, waren ein Dutzend Kameras auf sie gerichtet.

Einige Leute, welche ebenfalls diese Aufnahme machen wollten, baten sie das noch einmal zu tun. Grazie!

Und dann waren da noch einige sehr nette höfliche Venezianer... »ancora una volta, prego!«

Herauf aus dem Abgrund und über das Geländer... hinüber über das Geländer und zurück in den Abgrund... und wieder herauf aus dem Abgrund und über das Geländer... Die Schlüsselstelle!

Als Bezwinger der Südkante durften wir dann mit der Seilbahn (die hoch über dieser Kante dahinzieht und für deren Passagiere der Anblick von echten Kletterern ein Gruselerlebnis ist) gratis zum Pordoijoch abfahren. Siebenhundert Höhenmeter in sieben Minuten. Ein Halleluja von unseren Kniegelenken! Manchmal tut's richtig wohl, daß das Besteigen der Alpen anders geworden ist.

An der Pordoi-Südkante waren wir mit den vier jungen Kletterern aus Deutschland unterwegs und haben miteinander eine Riesengaudi gehabt. Und wieder einmal erlebten wir, daß Altersunterschiede verschwinden, wenn alt und jung gemeinsam etwas unternehmen.

Daß es zwischen alt und jung Unterschiede gibt, das ist natürlich. Daß es zwischen ihnen oft Auseinandersetzungen gibt, wird – meiner Meinung nach – zumeist von den Alten provoziert.

Konkret: Bergsteigen. Ich habe noch keinen Jungen getroffen, der sich als Erfinder des Bergsteigens aufgespielt hätte; ich kenne aber viele alte Kameraden, die heute so tun, als wären sie diese Erfinder gewesen (wobei sie vergessen, daß auch sie bereits nur Nachfolger von Vorgängern waren!).

Tatsache ist, daß die Jungen von heute von allen Alten viel gelernt haben. Tatsache ist aber auch, daß wir Alten von heute schon viel von den Jungen lernen durften.

Älter gewordene Bergsteiger freut's, wenn auch ihre erwachsenen Kinder das Bergsteigen freut. Wir sind mit Sohn Martin auf dem »Moro-Klettersteig« am Monte Albano unterwegs.

Konkretes Beispiel: Sicherung. Warum haben wir jahrzehntelang geglaubt, daß mit der bloßen Schultersicherung der Sturz eines Seilersten gehalten werden kann? (Ich danke heute noch allen damals verantwortlichen Schutzengeln dafür, daß sie es nie dazu kommen ließen, das Fragwürdige dieser wohl fotogenen Sicherungsmethode zur letzten Bergerfahrung meines Lebens werden zu lassen!)

Die Differenzen zwischen alt und jung haben vor allem ihre Ursache in der Methusalem-Vorstellung, daß Alter zu respektieren sei. Diese stammt aber aus uralten Zeiten, in denen das Lebensalter des Menschen noch kurz war und ein Vielbejahrter als besonderer Liebling der Götter galt. Aber warum soll heute ein Mensch, der schon mit dreißig Jahren als ein kompletter Volltrottel galt, nur deswegen respektiert werden, weil er sechzig Jahre alt geworden ist? Alter ist kein Verdienst, das wird jeder Mensch von alleine.

Unbestritten ist, daß jeder ältere Mensch mehr Erfahrungen gemacht hat – gute und böse – als ein Junger. Ob aber alle diese eigenen Erfahrungen auch immer für andere etwas taugen?

»Die Alten wissen alles besser!« sagen die Jungen.

»Die Jungen lassen sich nichts sagen!« sagen die Alten.

Dieses Ratschlag-Erteilen führt oft zu Differenzen zwischen jung und alt und treibt jede Generation in den Schmollwinkel. An der Pordoispitze-Südkante gab es für die vier Jungen die gleichen Tritte und Griffe wie für uns zwei Alte. Und weil keiner die Tour kannte, konnte auch keiner etwas besser wissen. Sechs Menschen sind miteinander geklettert.

Im alten Dolomitenführer von Gunther Langes ist über den 2828 m hohen Piz de Ciavázes in der Sellagruppe noch zu lesen: »Genau genommen ist er nur eine Anschwellung der Felsenhochfläche und entbehrt damit eigentlich einer schärferen Gipfelbildung. Durch die großartigen Wände des Piz de Ciavázes gibt es eine Reihe sehr schwieriger Felsklettereien, deren Wert jedoch durch den geringen Bergcharakter des Gipfels verliert.«

Tatsächlich galt der Piz de Ciavázes noch bis in unsere siebziger Jahre als eine Null unter allen Dolomitengipfeln. In den Dolomitenbüchern schien er überhaupt nicht auf, in alpinen Erschließungsgeschichten wurden die Kletterrouten durch die Südwand nur knapp unter »ferner liefen« erwähnt. Außerdem galt diese als eine Wand mit Schönheitsfehler: Sie wird in ihrer Mitte von einem breiten Band – dem »Gamsband« – durchzogen.

Fotos aus vergangenen Zeiten: Oben rechts: Weil ich glaubte, daß zu einem echten Bergsteiger ein Hut gehört, bin ich (1940) stets nur mit meinem schönen Sonntagshut geklettert. Oben links: 1947 – nach der Erstbegehung der Südwestwand auf dem Gipfel des Kleinen Schneeklammkopfs. Links unten: 1951, am Einstieg der Südwand der Cima d' Ambiez (vierte Begehung). Rechts unten: 1951, nach der Badilekante (die Jacke, die ich anhabe, ist ein von meiner Mutter abgeschnittener alter Wintermantel meines Vaters).

Mag diese breite Klotzwand auch noch so imponierend aussehen – eine Wand, in der man in der Mitte auskneifen kann, ist keine Wand! Als wir kurz nach dem Zweiten Weltkrieg zum erstenmal in den Dolomiten herumstreiften, hatte keiner von unserer Bergsteigergruppe auch nur eine Sekunde lang daran gedacht, in eine solche Wand einzusteigen. Richtige Wände waren damals eine Civettawand, eine Pelmo-Nordwand, eine Saß-Maor-Ostwand... Wände, in denen man auch B sagen muß, wenn man einmal A gesagt hat und eingestiegen ist.

Die Zeit ist eine große Verwandlerin. Sie brachte mit der Renaissance des Freikletterns nicht nur einen neuen Schwung in den Alpinismus, sondern auch ganz andere Schauplätze der Handlung. Einer ist die Südwand des Piz de Ciavázes geworden.

Von allen Routen durch die Ciavázeswand ist die von Luigi Micheluzzi und Ettore Castiglione aus dem Jahre 1935 die berühmteste und beliebteste. Sie hat alle Direttissimas an den Drei Zinnen vergessen lassen, Kletterrouten, die noch vor wenigen Jahrzehnten Schlagzeilen in der Presse machten. »Die Micheluzzi«, wie sie heute nur noch genannt wird, ist zu einem Kultweg für die jungen Freikletterer geworden.

»Am Ciavázes können Sie den besten Kletterern der Welt beim Klettern zusehen!« verrät der Würstlbudenbesitzer am Sellajoch seinen Kunden. »Da sehen Sie Italiener und Deutsche, Amerikaner und Japaner...«

»Auch Eskimos?« fragte ich unschuldig.

»Auch Eskimos!«

Einen Vormittag lang haben Fritzerl und ich den Seilschaften in der »Micheluzzi« zugeschaut... wie sie die grauen Steilplatten hinaufturnten, aber dann am berühmten 90-Meter-Quergang oft nur zögernd vorwärtskamen.

»Der Quergang muß himmlisch sein!« sagte Fritzerl.

»Die ganze Tour muß ein Traum sein!« Jetzt tat es mir aus ganzem Herzen leid, sie seinerzeit und in der Jugendzeit nicht gemacht zu haben. Aber was gestern ein Traum gewesen wäre, könnte heute vielleicht ein Alptraum sein. An diesem Tag, am 12. September 1983, feierte ich meinen 60. Geburtstag, und das verdankte ich nicht nur der Tatsache, daß ich am 12. September 1923 geboren worden war, sondern sicherlich auch der, daß ich am Berg (fast) immer nur das getan habe, was ohne Dampf und ohne Krampf zu machen gewesen ist.

Die leichteste Kletterroute in der Ciavázeswand ist die »Rampenführe«. Steiler, fester Fels im vierten Schwierigkeitsgrad, alle vierzig Meter ein einzementierter Standhaken, dazwischen einige Sicherungshaken. In diese Genußkletterei stiegen wir ein.

Fast jeder Begeher der »Micheluzzi« macht heute nur ihren unteren Teil bis zum »Gamsband«, verzichtet auf den zweiten (brüchigen und oft nassen) Teil der Wand und somit auch auf den Gipfel. So etwas erregt bei manchen meiner alten Bergspezln große Entrüstung...

»Das sind doch keine Bergsteiger! Ein echter Bergsteiger geht auf den Gipfel!«

»Im Gebirge kann es überall schön sein. Warum muß ein echter Bergsteiger auf einen Gipfel gehen?« – Diese Frage stellte ein echter Jugendlicher.

Auch die »Rampenführe« hat vom »Gamsband« eine zum Gipfel führende Fortsetzung. Wir haben sie bloß angeschaut und uns dabei bildhaft vorgestellt, was das für eine Bruchkletterei und grauslicher Schlauch obendrein sein muß.

Wir sind ebenfalls das »Gamsband« hinausgegangen. Über dieses hat Gunther Langes in dem bereits erwähnten alten Dolomitenführer geschrieben: »Ungewöhnlich origineller Felsenspaziergang, mit einmalig schönen Felsszenerien und Ausblicken.«

So war ich zwar an meinem 60. Geburtstag kein echter Bergsteiger, habe aber einen wunderschönen Bergtag erlebt.

Sommer 1953. Auf dem Sellajoch fanden wir Unterkunft in einem Heustadl unterhalb der Paßhöhe; wir fühlten uns als Fürsten dieser Welt...

Doch dann bekam einer dieser Fürsten Durchfall, dann noch einer... am Samstag war ich dran. Ausgerechnet an diesem Samstag sollten die Teilnehmer meiner Kletterführungstour eintreffen.

1953: Eine Fahrt in die Dolomiten galt damals noch als eine Reise in die große weite Welt. Dauer einer Bahnfahrt von Wien ins Grödner Tal: etwa zwanzig Stunden. Jedoch: Wenn die am Freitagabend von Wien abgereisten Teilnehmer meiner Führungstour am Samstagabend aufs Sellajoch kamen, dann hatten sie nicht nur endlich die Dolomiten, »das Bergland ihrer Sehnsucht«, erreicht, dann waren sie auch wild entschlossen, bereits am Sonntag den ersten Gipfel zu stürmen...

Dort am Sellajoch tappte ich den ganzen Tag mit weichen Gummibeinen immer wieder aufs Häusl, und zwischendurch betete ich in meinem Schlafsack zum Lieben Gott... »Bittebittebitte, laß irgend etwas geschehen, daß die Leute heute nicht kommen! Es muß ja nicht unbedingt ein Eisenbahnunglück passieren... aber so eine kleine Zugverspätung von zehn oder gleich lieber von zwanzig Stunden...«

Um acht Uhr abends waren die Hansln noch nicht da. Um neun Uhr immer noch nicht. Bevor ich auf meinem weichen Heulager die Augen schloß, dankte ich noch dem Lieben Gott für seine große Güte, mein Wunschgebet angenommen zu haben.

Um zehn Uhr kam der ganze Verein dahergepoltert. »Servus, Charly! Da sind wir! Im letzten Tageslicht haben wir noch einige von den herrlichen Zapfen gesehen. Welchen reißen wir morgen an?«

Natürlich haben wir damals über die Ursachen unseres Übels gegrübelt. Das Essen? Von Haferflocken und Nudeln kriegt man keinen Durchfall. Die andere Luft? Da müßten alle Bergsteiger nur in Windelhosen herumrennen. Das Wasser? Also das Wasser keinesfalls... dieser silberhelle Bergquell, der aus dem geschnitzten Baumstamm vor unserem Heustadl heraussprudelte, der war frisch und klar.

Bis wir dann eine recht grausige Entdeckung machten!

Unser schöner Brunnen bekam sein Wasser durch eine sauber gearbeitete Holzrinne zugeleitet, die etwa fünfzig Meter oberhalb in einem kleinen Bächlein begann. Wir folgten dem Bächlein, in dem sehr oft das Wasser über riesige Kuhdreckfladen dahinfloß, bis zu seinem Ursprung. Dieser befand sich in der großen Mulde unterhalb vom Sellajochhaus, in der die trüben und stinkenden Abwässer des Hauses versickerten. Unser silberheller, klarer Bergbach!

Als wir im Jahre 1983 mit unseren vier Kletterkameraden aus Deutschland beisammensaßen, erzählten sie uns begeistert von ihrem Bergzigeunerleben in ihren Zelten unterhalb vom Sellajochhaus. Nur etwas bedrückte sie: Alle Leute leiden dort unter Durchfall, keiner weiß, wieso und warum...

Worauf wir wiederum den schönen Brunnen visitierten. Noch immer quoll das Wasser silberhell heraus. Die Holzrinne von einst war durch einen Plastikschlauch ersetzt worden. Aber auch der Plastikschlauch führte zu dem kleinen Bächlein. Ein Kugelsieb sollte verhindern, daß der gröbste Dreck in diese Wasserleitung floß. Und das kleine Bächlein entsprang noch immer in der großen Mulde unterhalb vom Sellajochhaus. Die Zahl der Bergsteiger und die Frequenz des Schutzhauses hatten von 1953 bis 1983 zugenommen, dementsprechend groß war auch der Abwassersumpf geworden, dementsprechend verstärkt mußte sich auch die verheerende Wirkung des silberhellen, klaren Bergquells haben...

In diesen vergangenen dreißig Jahren sind um das Sellajoch die letzten und allerletzten Felsprobleme gelöst worden, die Paßhöhe hat sich in einen Rummelplatz verwandelt, viel hat sich geändert. Aber ein bisserl etwas aus unserer »guten alten Zeit« haben wir dort doch noch gefunden...

Eisenwege – »Solo per esperti di roccia«

Von den Steiner Alpen in Jugoslawien wird erzählt, daß sie ein sehr einsames Berggebiet seien. Und weil das schon sehr oft erzählt worden ist, ist es jetzt nimmer so ganz einsam dort.

Daß die Steiner Alpen mit ihrem brüchigen Fels kein ideales Klettergebiet sind, hat sich ebenfalls schon herumgesprochen. Aber dafür gibt es dort ganz prachtvolle Eisenwege in einer wilden Felslandschaft – und wegen diesen kommen die Bergsteiger hauptsächlich hin.

Einer der am meisten begangenen Eisenwege ist der Klettersteig durch die etwa 500 Meter hohe Nordwand unterhalb des Mlinarsko Sedlo. Sedlo heißt Sattel. Wer diesen Sattel erreicht hat, kann von ihm, ebenfalls über sehr schöne Eisenwege, einen oder zwei oder auch alle drei höchsten Gipfel der Steiner Alpen ersteigen: den Grintavec, die Skuta und die Kožna. Diese Gipfel sind alle etwa 2500 Meter hoch. Der Mlinarsko Sedlo ist also ein sehr wichtiger Punkt im Hauptkamm der Steiner Alpen, und der Klettersteig durch die Nordwand unter ihm hat auch eine recht interessante Geschichte:

Diese steile und recht abschreckend aussehende Wand ist nämlich bereits am Anfang des 18. Jahrhunderts durchstiegen worden!

In jener Zeit, in der die vornehmen Damen noch gewaltige Reifröcke trugen und die Herren gepuderte Perücken auf ihre Häupter stülpten, als Mozart und Goethe noch nicht geboren waren und Jean-Jacques Rousseau als werdender Jüngling scheu seinen ersten zarten Bartflaum betrachtete und noch nicht ausgerufen hatte »Zurück zur Natur!« – in jener Zeit also lebte im heutigen Jezersko die Familie Mlinar, welche Weidegründe für Schafe in dem Kar unterhalb des Grintavec und der Skuta besaß. Beim Auftrieb der Tiere konnte diese Schafalm Veliki podi nur in einem langen Tagesmarsch über einen großen Umweg erreicht werden. Doch ab und zu mußte auch nach den Tieren geschaut werden, und dafür war den Mlinars der lange Umweg zu lang. Wenn es gelänge, aus dem Kar – wo heute die Česka Koča, die Tschechische Hütte, steht – einen Weg durch die Nordwand zu finden, dann wäre das für die Kontrollgänge zu den Schafen nur ein Halbtagesweg...

Ein Mlinar fand einen Weg – und unsere Hochachtung vor dem kühnen Erstbegeher ist groß! Denn noch immer wirkt die etwa fünfhundert Meter hohe Nordwand recht beeindruckend auf jeden, der darunter steht. Steil und glatt zeigt sich ihre Mittelzone. Es muß ein recht mutiger Mann gewesen sein, der sich zu dieser Zeit schon in diese Wand hineingewagt hat. Im Mlinarsko Sedlo – Mlinars Sattel – ist sein Name verewigt.

Als 1875 der Grazer Universitätsprofessor Johannes Frischauf in die Steiner Alpen kam, erzählte man ihm Schauergeschichten von diesem Weg. Gegangen ist ihn aber – Gott behüte! – schon lange kein Mensch. Der Universitätsprofessor war ein sehr unternehmungslustiger Mann – Frischauf wollte diesen Weg gehen. Zuerst mußte er aber wieder gefunden werden. Das gelang dann tatsächlich zwei jungen Burschen aus dem Seetal. In kaum drei Stunden hatten sie den Sattel erreicht.

Nachdem auch der wackere Universitätsprofessor die Wand durchstiegen hatte, wollte er den Weg durch eine Markierung der Nachwelt erleichtern.

Frischauf berichtet, daß jede bedenkliche Stelle zunächst mehrmals auf- und auch wieder abgestiegen wurde und erst dann, wenn sie wirklich machbar erschien, ihre Farbtupfen verpaßt bekam. Als Heinrich Heß zwanzig Jahre später vom Sattel in die – wie er schrieb – »schwindelnde Tiefe des Nordabsturzes« hinabschaute, sah er diese Farbzeichen schon sehr verblaßt. Heß berichtet, daß dieser äußerst schwierige Anstieg nur äußerst selten begangen wird.

Das änderte sich nach der Erbauung der Tschechischen Hütte im Jahre 1900. Die Herren aus Prag, welche ihr Herz an dieses wilde Felsland verloren hatten, waren sehr aktiv. Sie haben den Nordwandanstieg zum Mlinarsko Sedlo nicht nur neu markiert, sondern bald darauf auch an den schwierigsten Stellen mit Drahtseilen gesichert. Und sie taten noch viel mehr: Alle Jahre im Frühsommer kamen einige würdige Herren vom Verein – darunter Ärzte, Rechtsanwälte, hohe Staatsbeamte – und reinigten mit Besen und

Bürsten den Klettersteig vom im Winter herabgeschwemmten Geröll! »Mit Herz und Hand fürs Alpenland!« war damals noch mehr als nur eine Parole.

Als wir in die Češka Koča kamen, saß darin ein älterer Salzburger vor seinem Bier, der diesen Weg im Auf- und Abstieg begangen hatte und davon noch sehr geschockt wirkte... »Da gibt es eine Stelle, wo nix zum Anhalten und absolut nix zum Drauftreten ist. Dort habe ich das Letzte aus mir herausholen müssen, um drüberzukommen!«

Worauf wir beschlossen, doch lieber und für alle Fälle auf diesem Weg das Seil mitzunehmen. Das hat sich dann sehr gefreut, daß es einen ganzen Tag lang unstrapaziert in der frischen Luft spazieren getragen worden ist.

Dem Salzburger (»I war ja nie ein großer Bergsteiger!«) ist von Bekannten (»Alles erfahrene Bergsteiger!«) dieser Weg empfohlen worden (»Den derpackst auch du noch leicht!«). Nun, irgendwie hatte er ihn auch derpackt – aber leicht nicht.

Um die versicherten Steige oder Klettersteige oder Eisenwege besteht allgemein ein großes Mißverständnis. Diese sind nämlich durchaus keine Jedermannswege...

Solo per esperti di roccia
Nur für Bergerfahrene

Das ist am Einstieg vom Pößneckersteig in der Sellagruppe zu lesen. Esperti di roccia = Felsexperten... wie das klingt! Fritzerl und ich haben uns dann gegenseitig nur noch so angesprochen... »Herr Experte! Steigen Sie mir, bittschön, nicht auf die Finger!«

Der Pößneckersteig (Baujahr 1912) ist sozusagen der Urahn aller Dolomiten-Klettersteige. Die Alpenvereinssektion Pößneck (Thüringen) wollte sich mit ihm zu ihrem 25jährigen Bestand ein Denkmal setzen.

Bereits zwei Jahre vorher war der Ausschuß der Alpenvereinssektion Villach anläßlich des 40jährigen Bestands darüber einig geworden »an Stelle rauschender Festlichkeiten, die nur vorübergehenden Wert haben, und anstatt der Herausgabe einer kostspieligen Festschrift ein monumentales alpines Werk zu schaffen, das der Sektion ein Denkmal setzt und zahlreichen Bergsteigern Freude und Genuß bereitet«. Es wurde beschlossen, den von Dr. Julius Kugy mit Führern im Jahre 1902 erstmals begangenen Weg durch die Montasch-Nordwand mit Sicherungen zu versehen.

»Dafür wurden 340 Meter Drahtseile mit Holzgriffen und 870 Eisenstifte angebracht und ungefähr 500 Stufen in den Fels getrieben. Diese Arbeiten konnten an vielen Stellen nur bewerkstelligt werden, indem die Arbeiter frei in der Luft an einem Seil hingen, an dem ein Holzprügel als Sitzgelegenheit angebracht war. Unendlich schwierig gestaltete sich das Hinaufbringen der Seile und Stifte in die oberen Partien der Wand. Die Eisenstifte hatten zusammen ein Gewicht von 620 kg, die Seile wogen 326 kg, und dieses Gewicht mußte allmählich zur Höhe gebracht werden«, heißt es in einem Bericht. Fast unglaublich erscheint die Arbeitszeit: Drei Steinmetzen haben diese Steiganlage in nur zwei Monaten (!) fertiggestellt. Wer denkt da nicht an die Arbeitszeiten der Handwerker von heute?

Dr. Julius Kugy hat dieser Weg weder Freude noch Genuß bereitet. Er sah in ihm eine Entweihung des Berges... »Man fesselt den Riesen, reißt ihn nieder und sagt zur Menge: So, da habt ihr ihn, jetzt könnt ihr ihn treten. Sie stürzt sich über ihn, verhöhnt ihn. Und jeder aus der Menge bildet sich ein, er habe ihn besiegt.« Nun: Die biederen Villacher haben den Montasch weder fesseln, niederreißen, treten noch verhöhnen wollen. Kugys Ablehnung war wahrscheinlich darin begründet, daß er im Bergsteigen etwas Elitäres für wenige Auserwählte sah und durch die Erbauung solcher Weganlagen einen Einbruch »der Menge« in seine Welt der Privilegierten befürchtete.

Jedenfalls: Die »Versicherten Wege« (wie man damals noch sagte) wurden auch von den Bergsteigern in der sogenannten »Heroischen Zeit des Alpinismus« zwischen den beiden Weltkriegen abgelehnt... »Eselsbrücken für Schwache!« Nicht so grimmig-ernst war der Hohe-Wand-Pfarrer Wildenauer, der solche Steiganlagen mit einem Kinderspielzeug verglich, »das bisweilen auch Erwachsene gerne zur Hand nehmen«.

Als wir im Sommer 1949 in der soeben wiederhergestellten Coldaihütte hausten, zogen jeden Morgen zwei Arbeiter zu den Felsen der Punta Civetta und hämmerten dort Löcher in den Fels. Das war der Beginn der Arbeiten an der dann erst 1966 fertiggewordenen »Via ferrata degli Alleghesi«.

»Wer soll und wird schon diesen Weg begehen?« fragte ich den Hüttenwirt.

»Die Deutschen ganz bestimmt nicht, aber die Italiener!«

Was ein Irrtum war. Die (angeblich spielerisch veranlagten) Italiener haben wohl nach dem Zweiten Weltkrieg mit dem Bau von neuen Eisenwegen begonnen, die (angeblich so ernsten) Deutschen haben aber diese Renaissance hochgetragen.

Jetzt gibt es schon einige hundert Eisenwege in den Alpen. Man spricht von einem »Klettersteigfieber«. Die schwierigsten dieser Eisenwege (wie z. B. die Via ferrata Cesare Piazetta am Piz Boè) können tatsächlich nur noch von Klettersteigspezialisten begangen werden... wirklichen »esperti di roccia«!

Hätte damals im Jahre 1949 jemand diese Entwicklung vorausgesagt, so hätte man ihn als verrückten Spinner ausgelacht. Als wir in dieser Zeit den Hüttenwirt vom Sellajochhaus nach dem »Pößneckersteig« fragten, da wußte er wohl, daß es da irgendwo in der Gegend so einen alten Drahtseilsteig geben soll, aber wo, das wußte er nicht...

Wie schon gesagt, um die Eisenwege oder Klettersteige gibt es Mißverständnisse. Nach der allgemeinen Meinung sind sie das Richtige für Leute...

- die noch etwas unsicher am Berg sind,
- die noch zu jung oder schon zu alt sind, um richtig klettern zu können,
- die zuwenig Ausdauer und Armkraft oder Gelenkigkeit und Geschicklichkeit für den reinen Fels haben.

In Wirklichkeit ist das ganz anders, denn...

- so mancher Klettersteig ist ebenso ausgesetzt und steil wie so manche Kletterroute des fünften, sechsten Schwierigkeitsgrades,
- auf Klettersteigen muß man schon als Junger oder als Alter noch immer klettern können, denn die Drahtseile, Eisenstifte oder Eisenklammern sind ja nur als Steighilfen gedacht,
- viele Klettersteige verlangen auch viel Armkraft und Ausdauer, außerdem große turnerische Fähigkeiten.

Die Bilder in den jetzt schon recht zahlreich erschienenen Klettersteigführern gaukeln eine heile Klettersteigwelt vor. Die Wirklichkeit ist wirklich anders.

Es gibt heute Bergsteiger, die an sich gerne Klettersteige gehen, die es aber vermeiden, an einem Wochenende oder in der Sommerhochsaison einen solchen zu begehen, weil sie sich vor den Klettersteigbegehern fürchten, die sich auf den Klettersteigen fürchten und...

- welche die vielgepriesene Klettersteig-Selbstsicherung nur dort handhaben können, wo sie ohnedies unnötig ist, und an den entscheidenden Stellen damit in wahre Panik geraten (Mensch will höhersteigen, kann aber nicht, weil er in der Aufregung vergessen hat, die Sicherung unten auszuhängen),
- welche an Stellen, an denen die Eisenstifte etwas weiter auseinander sind, hilflos herumzipfen, weil sie es nicht für möglich halten, daß man den Fuß auch auf den Fels stellen kann,
- welchen die zittrigen Beine schon etwas außer Kontrolle geraten sind, daß sie kaum noch auf solche Kleinigkeiten wie herumliegende Steine achten und dadurch alle unter ihnen Kletternden in eine Achtung-Steinschlag-Gruselstimmung versetzen.

Dem älter gewordenen Bergsteiger sei daher auf jeden Fall empfohlen, anspruchsvolle Klettersteige mit Seilsicherung zu begehen. Außerdem: Es ist in Wirklichkeit gar nicht so, daß Bergsteiger mit der Klettersteig-Selbstsicherung schneller sind.

Die »Via ferrata degli Alleghesi« zählt zu den langen Eisenwegen; allein der Höhenunterschied vom Wandfuß bis zum Gipfel beträgt mehr als neunhundert Meter. Wir sind den Weg zu dritt mit Seilsicherung gegangen. Hinter uns stiegen zwei Bayern ein, welche mit der Klettersteig-Selbstsicherung gingen. Sie beherrschten diese Technik perfekt, waren gute Leute. Trotzdem haben sie nur wenige Minuten vor uns den Gipfel erreicht.

Im Jahre 1970 wurde an der Kleinen Laserzwand in den Lienzer Dolomiten ein Eisenweg ganz neuer Art eröffnet – die »Bügeleisenkante«. Ein Weg, an dem man wohl klettern muß, an dem aber auch in gewissen Abständen etwa

60 Haken stecken, die zum Anhalten und Draufstehen sowie zum Einhängen des Seils – ohne Karabiner! – benützbar sind.

Diese Fifty-fifty-Kombination von Kletterweg und Eisenweg wurde von den Bergsteigern begeistert aufgenommen. In den Lienzer Dolomiten baute man daher bald darauf einen zweiten Weg in derselben Art an der Kleinen und Großen Teplitzerspitze – den »Haspingerweg«. Als am Stüdlgrat des Großglockners eine Erneuerung der (aus dem Jahre 1869 stammenden!) Versicherungen höchst notwendig geworden war, entschloß man sich auch dort diese neue Art der Sicherung anzubringen.

Diese originellen Mehrzweckhaken haben eine längere Entwicklung hinter sich. Die ersten davon sahen noch aus wie geringelte Sauschwänze (weshalb man die »Bügeleisenkante« auch zunächst »Sauschweiferlkante« nannte). So wie sich diese Haken jetzt präsentieren, erscheint das Einhängen des Seils – theoretisch – höchst einfach. In der Praxis kann es Verwicklungen geben...

Der Klagenfurter mit seinem zwölfjährigen Sohn war bald zum Star der Stüdlhütte geworden. Immer wieder und allen Leuten hatte der Vater erzählt: »Morgen führe ich meinen Buam auf den Großglockner! Damit er sieht, wie schön unsere Heimat ist. Das wird eine besinnliche Glocknerfahrt!«

Ein Vater, der seinen Buben auf den Großglockner führt – wie schön! Schön, daß es noch solche Väter gibt. Schön, daß es für einen Buben mit einem solchen Vater einen Großglockner gibt. Als wir am nächsten Morgen die Felsen des Stüdlgrates erreichten, hörten wir schon von weitem lautes Fluchen... »Scheißglumpert, lausiges!«

Der Vater von dem Sohn hatte seine Schwierigkeiten mit den Sicherungshaken. Man muß in diese das Seil ganz hineinschlingen. Tut man das nur halb oder schlampig, dann kann es klemmen. »Das hab i dem Vater eh schon dreimal erklärt, aber er kapierts net!« sagte der Bub leicht verzweifelt.

»Vor zwanzig Jahren hat es dieses moderne Zeugs noch nicht gegeben, und wir sind trotzdem den Stüdlgrat hinaufgekommen!« sagte grimmig der Vater.

Wir zeigten es ihm noch einmal, wie er das Seil einfädeln muß und gingen weiter. Bald darauf hörten wir wieder ein heftiges Fluchen... Wieder einmal hatte der Vater falsch eingehängt, war etwa zehn Meter weitergeklettert, wieder einmal hatte sich dann – schwuppdiwupp – das Seil verklemmt, und er mußte zurück, um es zu richten...

»Scheißglumpert, lausiges!«

Besinnliche Glocknerfahrt.

Sooft wir von oben auf Vater und Sohn tief unten am Grat hinabschauten, sahen wir den Vater meist immer wieder zurückklettern, um das Seil zu richten. Hören konnten wir ihn auch... und wie!

Einer von der nachkommenden Seilschaft sagte: »Der Alte will das Einhängen in die Hakln einfach nicht begreifen, weil das was Neues ist. Wenn der so weitermacht, dann ist der Bua, wenn er endlich den Glocknergipfel erreicht, bereits ein alter Mann mit einem Vollbart!«

Wie sicher sind Versicherungen?

Im Jahre 1920 bauten (oder mußten bauen) italienische Alpinisoldaten einen Eisenweg in den Westlichen Julischen Alpen. Er führte im Mangartmassiv zur Sagherzascharte (2149 m) hinauf und wurde damals – dicht an der jugoslawischen Grenze – aus strategischen Gründen befohlen.

Viele Alpinis, durchaus nicht alle Berglandbewohner, sondern auch junge Männer aus Rom und Neapel, aus der Poebene und von Sardinien, fürchteten sich bei der Arbeit an diesem Weg fast zu Tode... weshalb sie diesen Eisenweg zur Sagherzascharte auch »Via della morte« benannten.

Doch dann konnten einmal mit Benützung dieses Eisenweges in Not geratene Bergsteiger gerettet werden, worauf das italienische Oberkommando – Militärs lieben es, sich als nützlich für die Menschheit zu präsentieren – diesen Eisenweg sofort in »Via della vita« umbenannte.

Als ich an diesem »Weg des Lebens«, mehr als ein halbes Jahrhundert später, unter einem arg verrosteten Drahtseil stand, war ich natürlich sehr mißtrauisch.

Ich zog kräftig daran. Es hielt.

Ich zog noch einmal daran. Das Drahtseil schien fest zu sein.

Aller guten Dinge sind drei. Also noch einmal...

Nur so rein aus Übermut habe ich dann noch ein viertes Mal daran gezogen... ein leises Schnalzen über mir und gleich darauf wirbelten auch schon mindestens zwanzig Meter Drahtseil in hohem Bogen durch die Luft herab!

Am Mont Aiguille haben die Drahtseile eine Dicke von Tauen, wie sie sonst zum Verankern von Ozeanriesen verwendet werden. Aber dieser Berg ist auch etwas ganz Besonderes. Es ist jener wahrhaft imponierende Felsturm im französischen Bergland südlich von Grenoble, der bereits im Jahre 1492 – im Jahr der Entdeckung Amerikas – erklettert worden war, was auch gleichzeitig die »Geburtsstunde des extremen Bergsteigens« gewesen sein soll.

An die dreihundert Meter hoch sind die Steilwände, mit denen der Turm nach allen Seiten abbricht. Doch König Karl VIII. von Frankreich wünschte, daß dieser »Unersteigbare Berg« (wie er genannt wurde) erstiegen wurde, und sein Kammerherr Antoine de Ville hatte mit einem Dutzend Gefährten (darunter auch ein königlicher Leiterbauer) diesen Wunsch-Befehl befolgt. Erst im Jahre 1834 wurde dieser Berg zum zweitenmal erstiegen, und in unserem Jahrhundert wurde vom Französischen Alpenklub eine Route (es ist nicht der Anstieg der Erstersteiger) mit Sicherungen versehen. Und das sind eben diese zentimeterdicken Drahtseiltaue.

Daran würde kein Kletterer drei- oder viermal probeweise ziehen, bevor er sich einmal daran hochzieht. An diesem Felsturm, der für die Franzosen so etwas wie ein alpines Nationaldenkmal darstellt, kann ein versicherter Weg nur sicher sein...

Gibt es einen sicheren versicherten Weg?

Beim Abstieg über den Normalweg vom Mont Aiguille (wir hatten die Nordwandkamine im Aufstieg gemacht) sah ich etwas, was ich nachher nie mehr vergessen habe: Kurz unterhalb der massiven Verankerung des dicken soliden Drahtseiltaues war dieses geborsten! Nur eine dünne Litze hielt noch. Steinschlag? Oder Folge einer Materialalterung? Egal – mein Vertrauen selbst zu allerdicksten Drahtseilen ist seither vollkommen dahin.

Ein großes Rätsel wartet noch auf seine Lösung...

Wo immer es in Mitteleuropa Eisenwege gibt, wundern sich die Männer von den Bergrettungsdiensten, daß auf diesen nicht mehr Unglücksfälle passieren. Auf (sogenannten) harmlosen Schneefeldern, im leichten Felsgelände, sogar auf steilen Wanderwegen purzeln die Leute hinunter. Auf Eisenwegen fast nie.

Auf Eisenwegen sind auch Leute unterwegs, die weder trittsicher noch schwindelfrei sind und beim Blick in die Tiefe Todesängste ausstehen. Für manch Zartgebaute wird zuletzt schon das Hochgreifen an einer Eisenleiter zum Kraftakt, der die letzten Reserven verlangt (Eisenwege sind kraftraubend!). Schwere Burschen greifen kraftvoll in die herabhängenden Seile und vertrauen diesen bedenkenlos ihr volles Lebendgewicht an...

...und trotzdem – die alpine Unfallstatistik beweist es klipp und klar – passieren auf den Eisenwegen die wenigsten Bergunfälle!

»Ich hab dafür nur eine Erklärung«, meinte ein alter Bergrettungsmann. »Diese Leut müssen einen ganz besonderen Schutzengel haben!« Dieser Meinung bin ich auch, und ich habe darüber sogar meine ganz besondere Vorstellung.

Wie alle Christenmenschen wissen, hat der Herrgott im Himmel seinen Heiligen für diese Erde ganz bestimmte Aufgaben zugeteilt... St. Leonhard kümmert sich um das Vieh, St. Bernhard um die Bergsteiger. Und so wie auf Erden mußte es auch im Himmel zu einer personellen Ausweitung der Ämter gekommen sein. St. Bernhard hatte einfach alle Sparten des Bergsteigens nicht mehr im Griff und Ressortchefs ernennen müssen...

Für das Ressort Eisenwege hat er wahrscheinlich den Wiener Kunstschlossermeister August Čepl erwählt. Das ist zwar kein kanonisierter Heiliger, war aber ein Mensch, der zeitlebens als sonderbarer Heiliger gegolten hat. August Čepl, der um die Jahrhundertwende eine Kunstschlosserwerkstatt im fünften Wiener Gemeindebezirk besaß, war ein wohlhabender Bürger. Gelebt hatte er jedoch wie ein armer Sandler von Brot, Powidl (Pflaumenmmus) und Brimsen (Schafkäse), weil das damals die billigsten Nahrungsmittel waren. Seine ganzen Einnahmen verwendete er zur Finanzierung seiner großen Leidenschaft – das Bauen von Eisenwegen an der Rax. Sonntag für Sonntag und Jahr für Jahr bohrte er dort im Seil hängend seine Löcher in den Fels. Ein von ihm im Jahre 1903 eigens dafür erfundener »Kletterapparat« (ein Klemmschloß) ermöglichte es ihm, beide Hände frei zum Arbeiten zu haben.

Kletter-Apparat

mit absoluter Sicherheit für alle erdenklichen Klettereien sowie für alle freihängenden Arbeiten, seit acht Jahren im Gebrauch. Preis 36 *K*.

Aug. Čepl

Kunstschlosser

Wien, V., Zentagasse 30.

Inserat aus dem Jahre 1911. Der »Kletter-Apparat«, mit dessen Hilfe der Kunstschlossermeister August Čepl damals etliche Steilfelsanstiege an der Rax geschaffen hat, die auch neben den extremsten heutigen Eisenwegen bestehen können.

Im Jahre 1909 schrieb Fritz Benesch in seinem Raxführer, daß Čepls Steige »für den ernsten Alpinisten als Produkte einer pathologischen Bergsteigerei nur historisches Interesse haben«, und um des lieben Friedens willen mit den »ernsten Alpinisten« hat Čepl dann selber einige dieser Steige wieder eliminiert. Die noch erhalten gebliebenen Čepl-Wege haben bis heute etlichen Generationen viel Freude und Glücklichsein beschert.

August Čepl – »der narrische Čepl«, wie man ihn genannt hat – war seiner Zeit voraus. Im Bergsteigerhimmel betreibt er nunmehr mit dem gleichen Eifer, mit dem er seinerzeit Eisenwege gebaut hat, auch die Überwachung all dieser Wege durch einige Legionen Schutzengel. So – und nicht anders – kann ich mir nur das große Wunder erklären, daß darauf nicht mehr passiert!

Nahurlaub

Es war ein wunderschöner Herbsttag, an dem wir wieder einmal über das Wiederband durch die Mittelspitze-Ostwand auf den Watzmann kletterten. Als wir dort faul und friedlich in der Sonne saßen, meinten wir, daß es eigentlich auch wunderschön sein müßte, einmal einen ganzen Urlaub lang in den Ostalpen so von einer Genußkletterei zur anderen zu ziehen.

Im darauffolgenden Frühling plauderte ich mit einem Weltberge-Bergsteiger, der große Probleme hatte: Keine der in den Prospekten und Inseraten angebotenen »Abenteuerreisen 1988« konnte ihn noch reizen – er hatte bereits alle mitgemacht.

»Und was macht ihr heuer?«

»Ostalpen... Hochkönig, Loferer Steinberge, Wilder Kaiser...«, antwortete ich.

»Ich meine im Urlaub. Nicht übers Wochenende!«

»Wir machen Urlaub in den Ostalpen!«

Da wurde der Weltberge-Bergsteiger nachdenklich: »Urlaub in den Ost-alpen... sozusagen ein Nahurlaub. Einmal etwas ganz anderes... originell!«

Als wir am Watzmann waren, hatte sich mein Bergspezl Ernst wieder ein-mal für sein altes Projekt »Königsee-Serenade« begeistert...

Am Königsee finden bekanntlich Königsee-Rundfahrten statt. Am Kö-nigsee gibt es auch einen Echowinkel. Dort nimmt einer der Bootsleute ein Horn und bläst einige Takte des Liedls »In-die-Berg-bin-i-gern...« – Gro-ßes Echo, allgemeine Begeisterung... Schööön!

Ernst meinte nun schon seit langer Zeit, daß es doch eine Riesengaudi sein müßte, das berühmte Echo zu manipulieren. Er nimmt seine Trompete mit, wir verstecken uns irgendwo an dem Echoufer und sooft der Mann auf dem Schiffl sein »In-die-Berg-bin-i-gern...« erschallen läßt, bläst der Ernstl den »Radetzkymarsch«...

»Alter!« sagte er zu mir. »Jetzt als Pensionisten haben wir doch Zeit. Gönnen wir uns diese Gaudi!«

Schon vor mehr als vierzig Jahren, als ich Ernstl am Peilstein kennenlern-te, hatte er im Bergsteigen vor allem mehr oder weniger eine Gaudi gesehen. Ernstl und Christl, Fritzerl und ich wollten auch in diesem Nahurlaub möglichst viel Gaudi haben...

In unseren siebziger Jahren gelang dem bekannten Kletterer Albert Precht am Östlichen Schoberkopf (Hochkönigsmassiv) eine Neutour, die sehr bald als hervorragende Genußkletterei gerühmt und wegen der Ausstiegsplatte mit den Wasserrillen – ein Stück Kletterhimmel auf Erden! –, als »Wasser-rillenweg« bekannt wurde.

Als wir ebenfalls in diesen Himmel schweben wollten, lagen am Morgen vor der Mittenfeldalm fast zehn Zentimeter Neuschnee. Wir kommen wie-der!

Als wir wiederkamen, schüttete es schon am Samstag beim Aufstieg zur Alm und am Sonntag noch immer. Genauso war es auch bei unserem drit-ten Anlauf zum »Wasserrillenweg«. Und dann sind wir einmal volle drei Tage lang auf der Mittenfeldalm herumgehockt, und es hat diese drei Tage und drei Nächte lang geregnet, geregnet, geregnet. Jetzt wurden wir allmäh-lich besorgt: Sollte einmal das uns fast schon unwahrscheinlich Scheinende eintreten und wir am Hochkönig gutes Wetter haben, dann wird's am »Wasserrillenweg« keine Rillen mehr geben, sondern bereits tiefausgewa-schene Kamine.

Die Jahre vergingen. Fast alle unsere Freunde und Bekannten hatten schon den »Wasserrillenweg« gemacht, für uns war er noch immer ein Wunschtraum. Ich setzte ihn für unseren »Nahurlaub« auf die Wunschliste als Nummero eins.

»I freu mich, daß ich euch wiederseh!« begrüßte uns der Peter Kreuzberger von der Mittenfeldalm. »Aber daß es morgen wieder regnen wird, paßt mir gar nicht!«

Es regnete nicht. Es war ein wolkenloser Sonnentag. Und der »Wasserrillenweg« war noch viel schöner als wir ihn uns vorgestellt hatten. Aber ebenso ein großes Erlebnis wie das Kennenlernen dieser Traumkletterei war für mich diesmal die Wiederbegegnung mit den Brüdern Peter und Paul Kreuzberger...

Schon seit vielen Jahren bewirtschaften diese mit ihren Angehörigen die Mittenfeldalm. Sie betreuen etwa 120 Stück Vieh auf der Weide und ein Dutzend Milchkühe, die gemolken werden müssen. Außerdem bewirtschaften sie den Einkehrgasthof, in dem von frühmorgens bis spätabends etwas los ist, weil – erstens – der Hochkönig ein schöner und daher vielbesuchter Berg ist, und – zweitens – weil von dem unendlich langen Hochkönigauf- und -abstieg jeder Gipfelstürmer auch einen unendlich großen Durst und Hunger mitbringt. Und so nebenbei gibt's auf der Mittenfeldalm auch noch Zimmer und Lager zum Übernachten, die sauber gehalten werden müssen. Für die Familie Kreuzberger beginnt der Tag um vier Uhr früh und endet in der Hochsaison – wenn's gut geht – um zehn Uhr nachts.

Kurz nach vier Uhr hörte ich jemanden – war's der Peter, war's der Paul? – in den Kuhstall gehen. Er pfiff leise ein Liedl vor sich hin. Um sechs Uhr war die Gaststube voll Frühstücksgäste. Der Peter freute sich mit jedem Gast über das herrliche Wetter. Außerdem servierte er Tee, Kaffee und Butterbrote. Und einem Ehepaar aus Bremen erklärte er exakt, was sie auf dem Weg zum Hochkönig alles beachten müssen. Der Paul war in der Küche, formte Mohnstangen (eine Spezialität des Hauses) für die Durchzugsgäste.

Mittags sollen an die hundert Gäste dagewesen sein und gegessen haben. Das erzählte uns Peter, als wir von der Tour zurückkamen. Peter freute sich über und mit jedem Gast, der von einer Tour zurückkam. Und das war keine gespielte Freude. Peter: »In der Saison kann ich halt selber nit auf den ›Kini‹ steigen...«

Der »Kini« – das ist der Hochkönig.

Und Peter weiter: »Und so freue ich mich mit jedem, der aufgestiegen ist!«

Und der Paul? Der schaute um diese Zeit nach den Viechern!

Achtzehn Uhr, neunzehn Uhr, Abendruh... keine Abendruh für die Leute von der Mittenfeldalm. Gäste wollten einen Schlafplatz, wollten etwas essen und trinken. Zwei jungen Leuten aus Linz erklärte diesmal der Paul ganz exakt, was sie morgen auf dem Weg auf den Hochkönig alles beachten müßten.

Einundzwanzig Uhr: Einige Leute meinten, daß es in einer Almhütte auch eine richtige Hüttengaudi geben müßte... »Herr Wirt, eine Flasche Rotwein!« – Der Peter brachte die Flasche und sagte, daß diese, frisch aus dem Keller geholt, wohl noch etwas zu kühl sei... die Herren mögen sie daher zum Aufwärmen noch einige Minuten stehenlassen. Peter – kultiviert wie ein Weinkellner in einem Nobelrestaurant! Paul haute indessen für zwei

Spätkommende noch schnell Schinken mit Ei in die Pfanne. Wie das Wetter morgen sein wird? Hellauf begeistert sagte er: »G'freuts euch, Leute, morgen haben wir alle das herrlichste Wetter!«

Peter und Paul und ihre Frauen erschienen mir fast als exotische Menschen, weil sie eine solch unbändige Lebensfreude und zugleich eine tiefe innere Gelassenheit ausstrahlten. Streß, Selbstverwirklichung, Kreativität, Chancengleichheit, Arbeitsverteilung, Fünfunddreißigstundenwoche... alle diese Schlagworte hatten sie wohl irgendwo und irgendwann einmal gehört, waren aber für sie nur Worte aus einer anderen Welt geblieben.

Kurz vor zehn Uhr abends fragte ich Peter und Paul, wie sie das so hinkriegen, den ganzen Tag lang von vier Uhr früh bis zehn Uhr nachts so voll und ganz dazusein? Die beiden schwiegen zunächst... so, als hätten sie die Frage nicht verstanden. Dann sagte der Peter bedächtig: »Tja... man muß halt eines nach dem anderen machen!«

Auch jetzt wollte der Peter etwas machen... »Heut ist's euch endlich gelungen, bei schönem Wetter den Wasserrillenweg zu machen. Da muß ich euch doch noch etwas auf meiner Zither spielen!«

Und der Peter spielte eines seiner Stückln. Für uns. Vielleicht auch für ihn selber. Weil er sich mit uns freute, weil er sich selber freute. Weil es schön ist, daß es Sehnsüchte gibt. Und weil es schön ist, daß manchmal eine solche Sehnsucht in Erfüllung geht... bei sich selber oder bei einem Mitmenschen. Aber es war eigentlich eine recht schwermütige Melodie, die der Peter gespielt hatte. Und darum sagte er, daß er jetzt auch noch etwas Lustiges spielen muß...

...und da sah ich mich wieder an der Ausstiegsplatte vom Wasserrillenweg klettern. Linker Fuß, linke Hand in eine Rille gepreßt, rechter Fuß, rechte Hand in eine andere. Rillen gibt's in rauhen Mengen, Sicherungsmöglichkeiten so gut wie keine... keine Hakenritzen, keine Spalten für die Klemmkeile. Aber der Fels ist so rauh, daß die Sohlen der Kletterschuhe fast an ihm kleben. Und hat man sich auf diese Art des Hochsteigens einmal eingestellt, dann... Juchhui!

Als der Bergführer Hubert Asch noch die alte Haindlkarhütte im Gesäuse betreut hatte, tröstete er alle, die wegen Schlechtwetter ihre Tour nicht machen konnten, mit dem Spruch: »Ein Berg ist kein Frosch, der hupft nicht davon!«

Ein Berg ist tatsächlich kein Frosch.

Für einen älteren Bergsteiger werden Fahrten ins Gebirge meist auch zu Reisen in die Vergangenheit. Sentimentalität? Warum nicht? Gehört doch jede schöne Erinnerung zum Besten, was wir haben.

Als wir von der Mittenfeldalm wieder hinunter zum Arturhaus wanderten, schaute ich recht oft hinauf zu dem markanten Felsturm an der Mandlwand – dem Kleinen Schneeklammkopf –, dessen Südwestwand wir im Jahre 1947 erstbegangen haben.

Damals war der berühmte Sepp Brunhuber der Capo unserer Bergsteigergruppe. Für das traditionelle Wochenend-Herbsttreffen schlug er das Arturhaus am Hochkönig vor. Entfernung Wien–Bischofshofen etwa dreihundertfünfzig Kilometer, für die damaligen Verhältnisse eine Weltreise. Brunhuber: »Wir müssen wieder Anschluß an die große Welt gewinnen!«

Abfahrt schon am Freitag Nachmittag. Problem: Damals wurde noch an Freitagen bis abends und an Samstagen bis Mittag gearbeitet. Für Brunhuber kein Problem: »Grippewelle! Vergeßt nur nicht, Burschen, schon am Donnerstag ab und zu ein bisserl zu husten!«

Fahrt in einem vollkommen überfüllten Zug von Wien nach Bischofshofen. Kein Sitzplatz, Stehen oft nur auf einem Bein. An der Enns war die Demarkationslinie. Auf der östlichen Seite kontrollierten die Russen mit umgehängten Maschinenpistolen den Zug – großes Bangen (denn immer wieder geschah es, daß Menschen aus dem Zug geholt wurden und dann verschwunden blieben). Auf der westlichen Seite kamen die Amerikaner mit den großen Läusepulverspritzen, und die Boys hatten ihre kindische Freude daran, jeden Reisenden aus dem angeblich total verlausten Osten damit zu bestäuben (das tat zwar nicht weh, war aber ein Tritt ins Gemüt).

Um vier Uhr morgens erreichten wir Bischofshofen. Vom Bahnhof weg sofort Aufstieg zum Arturhaus. Morgensonne über dem Hochkönig.

Ich fragte den Hüttenwirt Peter Radacher, was es noch an undurchstiegenen Wänden und Problemen an der Mandlwand gäbe. Das waren die Wände vom Fahnenköpfl und vom Schneeklammkopf. Die Schneeklammkopfwand gefiel mir... »Die machen wir!« sagte ich.

»Da haben wir nur auf euch goscherten Wiener gewartet, daß die Wand gemacht wird!« sagte darauf der Peter.

Nach kurzer Frühstücksrast schnappten wir uns das Kletterzeug und zogen den Steilhang hinauf zur Wand. Ohne bis dahin von ihr etwas gewußt zu haben, ohne sie vorher gesehen zu haben, durchkletterten Hilde, Hansl und ich sie in viereinhalb Stunden. Mit zerfetzten Kletterschuhen, die noch eine Filzsohle hatten, und mit morschen Seilen, an denen eine heutige Hausfrau kaum ihre Wäsche aufhängen würde.

»Ihr seid damals arm gewesen!« sagen jetzt oft die Jungen, wenn sie auf Fotos unsere Ausrüstung von anno dazumal sehen.

Arm? Wir haben uns nicht arm gefühlt, weil wir nichts Besseres kannten.

Auch über die heute so oft zitierten »Wilden fünfziger Jahre« gibt es Mißverständnisse. Diese waren gar nicht so wild. Das Berauschende dieser Zeit war nur, daß nach der Not des Krieges alles von Tag zu Tag besser wurde, daß es nur gute Neuigkeiten gab... daß man wieder irgendwo Bergsocken kaufen konnte, daß da oder dort wieder ein Autobus verkehrte, daß die Zapfenkogelhütte wieder offen und bewirtschaftet war – das alles waren für uns Bergsteiger Jubelnachrichten.

»Möchtest du heute deinen Weg am Schneeklammkopf nocheinmal machen?« fragte der Ernst.

Als Seilerster würde ich ihn kaum noch sicher derpacken, als Seilzweiter würde ich mich sicherlich plagen. Und dabei an die Zeit vor mehr als vier

Jahrzehnten denken, wo ich unbeschwert wie ein Eichkatzl an der gleichen Stelle hochgeklettert bin. Solche Erinnerungen soll man in späteren Zeiten besser nicht aufwärmen. Nein! Ich möchte heute meinen Weg am Schneeklammkopf nicht mehr machen.

Weißt du, wieviel Sterne stehen
An dem blauen Himmelszelt?
Weißt du, wieviel Wolken gehen
Weithin über alle Welt?
Gott der Herr hat sie gezählet,
Daß ihm auch nicht eines fehlet
An der ganzen großen Zahl.

Wilhelm Hey (1789–1854)

Kein Mensch hat bisher alle Berge auf dieser Welt gezählt. Der Alpinist Willi Rickmer-Rickmers schätzte einmal die Zahl aller ersteigenswerten Berge dieser Welt auf eine halbe Million. Aber diese Zahl ist nicht mehr als nur eine Hausnummer. Was ist ein ersteigenswerter Berg?

Der Bregenzer Augenarzt Karl Blodig (1859–1956) ist berühmt geworden, weil er seinerzeit erstmals alle Viertausender der Alpen erstiegen hat. Jeder ein ersteigenswerter Berg? Zuletzt hat Blodig wohl doch nur noch viertausend Meter hohe Berge der Vollständigkeit halber gesammelt. So wie später Reinhold Messner seine Achttausender.

Ein bisserl sammelt ein jeder. Die Fünf- bis Achttausender der Weltberge haben mich überhaupt nie gereizt... mir genügen die Alpen. Aber in diesem Gebirge wollte ich und will ich noch immer (da haben wir schon den Sammler!) möglichst viele Berggruppen kennenlernen.

Die Loferer Steinberge kannten wir bisher nur vom Vorbeifahren und Hinaufschauen. 1300 Höhenmeter über dem Tal ist am Rande der Hochfläche, klein wie ein Spielzeug, die Schmidt-Zabierow-Hütte zu sehen... da muß jeder hinauf, der Bergfahrten in diesen Steinbergen unternehmen will... ein langer Weg. Von einem Jahr aufs andere haben wir es verschoben, ihn zu gehen. In diesem »Nahurlaub« packten wir ihn endlich.

Das letzte Stück vom Hüttenzustieg führt über riesige Felsplatten dahin, die von tiefen Einrissen durchfurcht sind. Das ergibt die Vorstellung, über einen wildzerklüfteten versteinerten Gletscher dahinzuwandern...

Lange Zeit wurden solche Kalkgebirge wie die Loferer oder Leoganger Steinberge oder das Steinerne Meer von den Bergwanderern nicht sonderlich geschätzt. Man empfand sie als öd, man vermißte das Grün der Wiesen als lieblichen Kontrast. Erst jetzt erkennt man, daß diese verkarsteten Steinlandschaften ein ganz eigenartiges Stückchen unserer an sich recht vielfältigen Welt sind...

...wo plötzlich am Boden dunkle Höhlungen aufklaffen, die in eine scheinbar (und oft wirklich) unergründliche Tiefe führen und aus denen kalte Eisesluft heraufweht...

…wo diese hellen Platten mit ihren tiefen Rillen ahnen lassen, wie alt der Zahn der Zeit sein muß, der sie geschaffen hat…

…und überhaupt diese phantastischen Erosionsbildungen, denen man auf Schritt und Tritt gegenübersteht…

Ein junger Norddeutscher hatte einen ganzen Tag damit verbracht, solche Gebilde in der Umgebung der Hütte zu fotografieren. Nach seiner Meinung soll das ein wesentlich anregenderes und aufregenderes Erlebnis gewesen sein – »Bedenken Sie nur diese Vielfalt abstrakter Formen!« –, als der Besuch einer Ausstellung moderner Plastik.

Vor einigen Jahren mußte wegen der steigenden Besucherzahlen die Schmidt-Zabierow-Hütte ausgebaut und erweitert werden. Das ist – so paradox es klingt – die Folge der zunehmenden Sehnsucht der Menschen nach einem urtümlichem Gebirge.

Ein Kuriosum: Da ist der Hüttenberg – das Breithorn, 2413 Meter hoch, ein großer Berg, ein mächtiger Berg –, und auf diesem Hüttenberg gibt es keine Markierung zum Gipfel, nur Steinmandln weisen den Weg.

Wir erkletterten das Große Reifhorn über den Nordgrat, nach dem Verfasser des AV-Führers »eine der schönsten Klettertouren mittleren Schwierigkeitsgrades in den Ostalpen« (was eine leichte Übertreibung ist). Aber immerhin gibt es auf diesem Grat eine höchst originelle Kletterstelle. Ein hausgroßer Felsblock liegt in einer Scharte und dieses Ungetüm kann nur mit einem weiten Spreizschritt erreicht werden, für den sich natürlich jeder Kletterer (und vor allem jede Kletterin) zunächst als zu klein gewachsen fühlt.

Und ausgerechnet an dieser Spreizstelle begann es zu hageln!

Fünf Minuten vorher hatte noch hell die Sonne geschienen. Bis wir alle vier die Spreizstelle hinter uns und unter dem Riesenblock Schutz gefunden hatten, waren wir bereits klatschnaß. Als der Hagel aufhörte und es nur noch regnete, kletterten wir weiter. Weit konnte es nicht mehr bis zum Gipfel sein. Da fing es zu blitzen und donnern an!

Wir fanden eine kleine Höhle. Sie gab uns das Gefühl der Geborgenheit, aber nur das Gefühl und keine wirkliche Geborgenheit. Auf einem Grat gibt es keine Geborgenheit gegen Blitzschlag. Also weg vom Grat. Um am schnellsten vom Grat wegzukommen, mußten wir über den Gipfel mit dem Gipfelkreuz, den Drahtverspannungen und sonstigem Eisenzeug.

Als dann nur noch alle zwei, drei Minuten ein Donnerschlag in den Wänden widerhallte, standen wir vor einer Entscheidung: Noch warten, bis sich das Gewitter verzogen hatte – oder gleich jetzt lospreschen (alte Regel: Wenn's Wetter umgeschmissen hat, sollst du nie zu lange auf Schönwetter warten!).

Wir zogen los. Nachher lachten wir darüber, weil jeder den Kopf eingezogen hatte wie ein Uhu, als er an dem Gipfelkreuz vorbeiflitzte. Die Angst im Nacken! Erst nachher lachten wir darüber.

Während wir den Normalweg abkletterten, kam wieder die Sonne. Schade, wir hätten doch noch länger in der Höhle unter dem Gipfel warten sollen. Falsche Entscheidung oder richtige – diesmal war's also die falsche gewesen.

Das nächste Donnerwetter überfiel uns zehn Minuten vor der Schutzhütte. Und wieder waren wir innerhalb kürzester Zeit klatschnaß. Unsere Entscheidung unter dem Gipfel war doch die richtige!

Was ist richtig, was ist falsch? Nachher weiß man es, aber vorher sollte man es wissen. Doch wüßte man es, wäre das Bergsteigen nur noch ein schaumgebremstes Abenteuer.

Schon beim Aufstieg zur Hütte war uns aufgefallen, daß der Hüttenzustieg gehegt und gepflegt wird, als wär's ein Weg ins Paradies. Größere Steinbrocken sind darauf kaum zu finden, und wo der Pfad über steinigen Grund führt, sind liebevoll weiche Grasbüschel eingesetzt, um jede Härte zu vermeiden. Und das abfließende Regenwasser hat kaum Chancen, den Weg zu zerstören, weil es von unzähligen sauber ausgearbeiteten Rillen abgeleitet wird. Von seinem Anfang bis zu seinem Ende ist auf diesem langen Weg die pflegende Hand eines fleißigen Heinzelmännchens merkbar.

Als wir den Weg wieder abstiegen, sahen wir das Heinzelmännchen bei der Arbeit... einen älteren Mann, dessen Hobby es ist, den Weg zur Schmidt-Zabierow-Hütte in Schuß zu halten. Mögen andere Pensionisten ihre Wehwehchen pflegen, so pflegt dieser einen Hüttenzustieg (und bewahrt sich bei dieser Arbeit in der frischen Luft gewiß noch längere Zeit seine Gesundheit). Alle reden heute von der großen Umweltzerstörung. Ist es nicht wundervoll, daß auch noch von solchen Menschen erzählt werden kann?

Wilder Kaiser. Scheffauer-Nordwand (Ostlerplatte).

»Hawedere!* Da hast du mich in etwas hineingehetzt, Bua! Über diese Wuchtel** kommen wir nie aufi!« sagte mein alpiner Lehrmeister Schwanda, als wir seinerzeit auf der Ostlerplatte kletterten und über uns nur gewaltige Dachüberhänge sahen.

»Da kommen wir aufi!«

Aber das hatte ich nur gesagt, um irgendetwas zu sagen. Auch mir war mulmig zumute. Der Ostlerweg sollte laut Kaiserführer nur eine »sehr schwierige« Kletterei sein. Doch die Überhänge schauten einfach unbegehbar aus.

Große Überraschung, als wir dann unter dem von tiefer unten nicht erkennbaren Rißchen standen, das einen verblüffend leichten Durchstieg zwischen den Riesenüberhängen ermöglichte.

Christl und Ernstl kannten den Ostlerweg noch nicht.

---

* Altwiener Dialekt für »Ich habe die Ehre!« – Wird in Situationen gebraucht, wo der Mensch vor etwas Unbegreiflichem steht.

** Wiener Bergsteigerdialekt für Überhang. Eine Buchtel oder Wuchtel ist ein Germteiggebäck. Kommt aus dem tschechischen »bubniti« = anschwellen.

»Du lieber Himmel! Hast du nicht diese Tour mit einer anderen ver-
wechselt, Charly? Über diese Überhänge kommen wir doch nie hinauf!«
sagte Christl, als wir auf der Ostlerplatte kletterten und über uns nur gewaltige Dachüberhänge sahen. Erstaunlich viel wiederholt sich in einem Men-
schenleben.

»Da kommen wir aufi!« sagte ich auch diesmal.

Doch diesmal wußte ich von dem versteckten Rißchen zwischen den Riesenüberhängen. Schon einigemale habe ich den Ostlerweg gemacht und jedesmal war es wunderschön – aber so, wie beim erstenmal damals mit
Schwanda, so war es nie mehr. Die innere Spannung um das Ungewisse war
nicht mehr da, der »Nervenpfeffer«, wie das Eugen Guido Lammer genannt
hat.

Und darum beneidete ich Christl und Ernstl ein wenig, die immer wieder
mit etwas bangen Augen hinaufschauten zu den Riesenüberhängen über
uns...

Nach der Scheffauer-Nordwand fuhren wir mit dem Sessellift auf die Hohe
Salve, auf einen heiligen Berg.

Der Begriff »Heiliger Berg« ist lange Zeit in der Alpinliteratur wie auch
von alpinen Festrednern als Metapher mißbraucht worden... »unsere heiligen Berge«. Jedoch: Schon seit frühester Zeit wurden auf der ganzen Welt
gewisse Berge oder Höhen – im wahrsten Sinne des Wortes – als heilig
verehrt. Und diesem uralten Bergkult nachzuspüren, ist für mich zu einem
faszinierenden Abenteuer geworden. Manchmal gibt's dabei sogar richtige
Detektivprobleme. Auf die Hohe Salve sind wir gefahren, um einen Lokal-
augenschein vorzunehmen.

Der Berg: Er ist ein Grasmugel, daher heute ein Skiberg. Sein Gipfel
(1829 m hoch) ist ein schöngeformtes Dreieck, das weithin sichtbar ist. Das
Wallfahrtskirchlein auf ihm geht auf einen Bau aus dem Jahre 1589 zurück,
ist aber im Verlauf der Zeit mehrmals vom Blitzschlag arg beschädigt worden. Besondere Sehenswürdigkeit: In einem Schrein auf dem Hochaltar eine
Plastik vom Haupt des hl. Johannes des Täufers auf einer Schüssel (eine
sogenannte »Johannesschüssel«).

Die Sage: In alter Zeit wurde der einzige Sohn einer frommen Witwe zum
Räuberhauptmann. Einmal sah die Mutter im Traum das Haupt von Johannes dem Täufer über den blutigen Köpfen ihres Sohnes und seiner zwei
Spießgesellen schweben. Auch der Räubersohn hatte in dieser Nacht den
gleichen Traum. Reuig stellten sich darauf die drei Räuber dem Gericht –
und wurden enthauptet. Die Köpfe der drei Räuber ließ die Mutter auf der
Hohen Salve bestatten, und aus dem Erlös ihres verkauften Hofes dort auch
das Kirchlein errichten.

Die Bräuche: Der Pädagoge F. M. Vierthaler berichtet in seinem 1816 er-
schienenen Buch »Meine Wanderungen durch Salzburg«, daß in dem
Kirchlein »hunderte von Köpfen auf dem Teller der Herodias, welche aus
Thon und Holz geformt, theils an der Mauer umherhängen, theils in der

Wanne hinter dem Altar übereinander geworfen liegen. Andächtige Mütter und Väter holen sich einen Johanneskopf aus der Wanne; tragen ihn um den Altar herum, und legen ihn dann auf diesen unter frommen Gebeten mit einem kleinen Opfer hin. Es ist schwer diesen Ritus von der hohen Salve zu verdrängen«. (Jetzt sind diese Köpfe alle – bis auf den am Hochaltar – verschwunden.)

Ein Ziel von Bergwallfahrten ist das Kirchlein noch immer. Am 24. Juni (Johannestag) werden bei ihm Johannes- oder Sonnwendfeuer abgebrannt. Am 24. August (Bartholomäustag) wurde einst auf der Wiese vor der Kirche gerangelt und gerauft (nach Meinung der Volkskundler sollen sich diese Kampfspiele aus einem uralten Totenkult entwickelt haben, so wie die Gladiatorenspiele der Römer aus den Wettkämpfen bei Begräbnissen vornehmer Etrusker).

Hypothesen: Daß schon vor mehr als dreitausend Jahren Menschen auf der Hohen Salve waren, bezeugen ein auf ihr gefundenes Bronzeschwert und eine Bronzekeule; sie beweisen aber nicht einen »heiligen Berg«.

Hingegen läßt der auf dem Berg gepflogene Kopfkult darauf schließen. Für die Kelten galt der Kopf als der Sitz vom Unsterblichen des Menschen, und so verbanden sie viele magische Vorstellungen mit ihm. Er konnte Böses abwehren (darum noch heute an vielen alten Kirchen die steinernen Abwehrköpfe). Er konnte aber auch Glück bringen (darum trugen auf der Hohen Salve auch junge Mädchen einen der Johannesköpfe um den Altar herum, wenn sie einen Mann bekommen wollten).

Die Räubergeschichte ist eine Erfindung. Durch sie sollte der auf der Hohen Salve schon bestehende Kopfkult mit dem Namen eines christlichen Heiligen verbunden werden. Bemerkenswert ist an ihr die Zahl der Räuber – es sind drei!

Drei Waller (Wallfahrer) sind es auch, die bei der Wallerkapelle am Eingang vom Gasteinertal in uralten Zeiten bestattet worden sein sollen. Die Kapelle steht auf der Scheitelhöhe des vormittelalterlichen Weges in das Tal, vermutlich war hier schon ein bescheidenes Bergheiligtum. Auch die Geschichte von den drei Wallern ist eine Erfindung. Doch so wie auf der Hohen Salve wurde auch bei der Wallerkapelle lange Zeit einem Kopfkult gehuldigt (»Überall stehen ohngeformbte abscheuliche Köpfe aus Holz herum«, heißt es in einem Bericht aus dem Jahre 1739). Und Kampfspiele wurden ebenfalls dort abgehalten und auch Höhenfeuer abgebrannt. Die Zahl drei... die Dreiheit spielt in den religiösen Vorstellungen der Kelten eine große Rolle; Taramis, Teutates und Esus waren »die drei großen Götter«. Es ist also keine allzu kühne Hypothese, auf der Hohen Salve wie auch auf der Wallerhöhe Stätten eines vorchristlichen Bergkults zu erkennen.

Die Aussicht von der hohen Salve ist hinreißend. Wir schauten aber immer wieder zum Wilden Kaiser hinüber. Zu ihm wollten wir wieder.

»Die Steinerne Rinne ist das Herz des Kaisers. Wenn du sie noch nicht sahst, so wandere einmal vom Stripsenjochhaus zum Ellmauer Tor. Kaum daß du in sie eintrittst – eine gute halbe Stunde vom Joch –, da biegt es dir jäh den Kopf in den Nacken. Ungeheuer und verwirrend lodert der Fels ringsum empor, ergreifend ist die hinreißende Wucht der himmelsstürmenden Wände; still lehnst du dich an den Stein, mit zurückgeneigtem Haupt und pochendem Herzen staunst du hinan: Das ist die Steinerne Rinne...«

Das schrieb Leo Maduschka (1908–1932), ein Vertreter jener Epoche des Alpinismus, die wir heute die »heroische« nennen. Weil bei uns älteren Bergsteigern die Väter und alpinen Lehrmeister noch alle dieser Zeit angehört haben, ist auch noch in uns ein bisserl etwas von diesen übersteigerten Gefühlen eingeimpft.

Kein junger Bergsteiger von heute wird es wahrscheinlich begreifen können, was der Wilde Kaiser einst für Kletterer bedeutet hat. Er war der Inbegriff des großen Abenteuers! Um einmal im Wilden Kaiser eine der großen Touren – eine Fleischbank-Ostwand oder Totenkirchl-Westwand – zu machen, haben Kletterer jahrelang in den Klettergärten zwischen der Eifel und dem Wienerwald trainiert. Wer einmal im Wilden Kaiser geklettert ist, der galt als ein Guter. Der Wilde Kaiser hatte seinen Nimbus. In den Wilden Kaiser, das war so die allgemeine Meinung, durften sich nur »die Allerbesten wagen«. Wir hatten die allergrößte Hochachtung vor unserem Alpenvereins-Jungmannschaftsführer, weil er schon im Wilden Kaiser war (obwohl er nur vom Stripsenjochhaus gemächlich durch die Steinerne Rinne aufs Ellmauer Tor gewandert ist).

Wenn heute ein älterer Bergsteiger noch einmal Kaiserliche Jugenderinnerungen aufleben lassen will, dann hat er dazu drei Möglichkeiten:

1. Er steigt vom Stripsenjochhaus oder von der Gaudeamushütte (was bequemer ist) hinauf zum Ellmauer Tor.
2. Er steigt vom Ellmauer Tor auf einem markierten leichten Felsenweg hinauf auf die Hintere Goinger Halt. Auf diesem Gipfel sitzt er dann sozusagen wie in einer Balkonloge, und kann den Kletterern an der Christaturmkante oder in der Fleischbank-Südostwand oder -Ostwand auf gleicher Höhe (fast) auf die Finger schauen.
3. Oder er klettert über den Nordgrat auf die Goinger Halt. Das ist der Inbegriff einer Kaiser-Kletterei: Eisenfester Fels, gute Standplätze, Schwierigkeitsgrad III. Dabei hat er (so wie bei der Möglichkeit Nummer zwei) ebenfalls das große Balkonlogen-Schauerlebnis und außerdem dazu das schöne Gefühl, noch immer ein »Aktiver« im Kaiserfels zu sein.

Wir wählten die Möglichkeit Nummer drei.

Als wir das letztemal den Nordgrat gemacht hatten, waren wir noch in schweren Bergschuhen mit Profilsohle geklettert. Diesmal hatten wir leichte Reibungskletterschuhe an. Leichtfüßig wie Katzen spazierten wir die glatte Platte hinauf... nicht alles Neue ist nur hochgejubelter Schmarrn!

Bei meinem ersten Kaiserbesuch – im Jahre 1941 – hatte ich noch Kletterschuhe mit Manchonsohlen gehabt. Dieser Filz war an sich sehr rutschfreudig, besseren Halt fand man damit, wenn er etwas feucht war. Aber wie sollte ein Kletterer an einem brennendheißen Tag in einer Fleischbank-Ostwand seine Kletterpatschen feucht machen? Er konnte ja keine Gießkanne in die Wand mitnehmen!

Es gab nur die natürliche Berieselung. Unter den Kaiserkletterern war es also üblich, vor glatten Wandstellen auf die Sohlen der Kletterschuhe zu pinkeln. Das wollte ich ebenfalls tun, als ich am Beginn der Spiralrisse der Fleischbank-Ostwand stand (die schon damals berüchtigt waren wegen ihres glatten und abgeschmierten Gesteins). Da gab's dann einen etwas eigenartigen Dialog:

»Du, Fritzl... i kann nicht!«

»Mußt halt ein bisserl drücken!«

»I kann trotzdem nicht... kannst du?«

Pause.

»I kann auch nicht! Was tun wir jetzt? Müssen wir zurückgehen?«

Natürlich sind wir nicht zurückgegangen.

An diesem Tag im Jahre 1988, als wir an der Goinger Halt kletterten, war Hochbetrieb in den Kaiserwänden. Auf allen berühmten Routen waren Leute unterwegs – und wir kletterten mit unseren Augen auf allen diesen Routen mit. Dabei fiel mir etwas auf...

Die Kletterer sind stiller geworden!

Wären an einem solchen Tag vor fast einem halben Jahrhundert ebenso viele Kletterer in den Wänden links und rechts der Steinernen Rinne unterwegs gewesen, so hätte man darin fast sein eigenes Wort nimmer verstanden. Denn abgesehen von den damals üblichen Seilkommandos an Hakenstellen – »Dick Zug! – Dünn nachlassen!« – fühlten sich alle Kletterer als eine große Familie und pflegten ihren Kontakt auch im Steilfels.

Wenn zum Beispiel einer in der Schüle-Diem-Route am Predigtstuhl nur zwei, drei Meter zu weit hoch oder zu weit links oder zu weit rechts kletterte, dann gab es drüben an der Fleischbank oder am Christaturm schon ein Geschrei. Und wenn einer in der Fleischbank-Südost den Rossi-Überhang derpackt hatte, dann wollten die Leute drüben am Predigtstuhl wissen, wie er ihm gefallen hat... »Sauschön war's! He-juchei!«

Das hat damals allerdings nicht allen Bergsteigern gefallen, und ein würdiges Mitglied eines exquisiten Alpenklubs meinte sogar, daß ein anständiger Bergsteiger (?) nicht mehr in den Wilden Kaiser fahren könne, weil sich dort nur noch ein »schreiendes Klettergesindel« herumtreibe.

Dieser »anständige Bergsteiger« hätte jetzt wahrscheinlich seine helle Freude in der Steinernen Rinne. In den Wänden herrscht nunmehr eine gedämpfte Stille, fast wie in einem klimatisierten Operationssaal. Und wenn auch einer am Predigtstuhl um zwanzig, dreißig Meter zu hoch geklettert ist, dann kümmert das die Leute an der Fleischbank oder am Christaturm überhaupt nicht. Und wie einem anderen der Rossi-Überhang gefallen hat, interessiert auch niemanden mehr.

Mir tat die Stille in der Steinernen Rinne fast weh.

Als wir am nächsten Tag zum Einstieg vom Kopftörlgrat hochstiegen, rannten wieder die vier Bremer an uns vorbei, mit denen wir uns in der Gruttenhütte angefreundet hatten... »Alles Gute! Tschüss! Am Abend sehen wir uns wieder!«

Und so wie am Vortag an der Goinger Halt überholten wir sie auch diesmal und erreichten lange vor ihnen den Gipfel.

Am Abend, wieder in der Gruttenhütte, waren die vier Bremer recht schweigsam. Etwas bedrückte sie. Schließlich sagte es uns ihr Capo.

Das war's: Wir vier Wiener... nicht mehr die Jüngsten, langsam beim Bergaufgehen, auch im leichten Fels schon angeseilt kletternd und das wahrhaftig nicht allzu schnell... und trotzdem auf Überholspur, und jedesmal zuerst auf dem Gipfel. Wie macht ihr das? Was machen wir falsch?

Falsch war es, daß die Bremer den leichten Teil des Grates seilfrei gegangen sind. Einer von ihnen war noch etwas unsicher im Fels, und so haben die drei anderen ihm an jeder kniffligen Stelle geholfen... Hand gereicht, Füße auf Tritte gestellt, waren bereit, ihn bei einem Sturz aufzufangen (was ihnen wahrscheinlich ohnedies nicht gelungen wäre). Angeseilt wären sie schneller gewesen.

Und als sie dann angeseilt waren, hat jeder Standplatzwechsel gedauert, gedauert... jeder hat jedem irgend etwas erzählt. Fünf Minuten hat's oft gedauert, bis endlich einer Hand an den Fels legte. Ein Standplatz ist aber kein Kaffeehaus!

Daß wir vier Alten schließlich die Schnelleren waren, verdanken wir auch unserem Alter. Da will man sich nicht mehr unnötig plagen, da schaut man genau, wo es am besten dahingeht, und dafür hat man – wenn man am Berg schon ein alter Hase mit langen Ohren geworden ist – den richtigen Blick. Ein Kamin kann – zum Beispiel – einen halben oder sogar einen ganzen Grad schwieriger sein, wenn man sich mit der falschen Körperseite in ihn hineinzwängt. Und dieser »richtige Blick« läßt sich eben weder aus einem Kletterlehrbüchl erlernen noch bekommt man ihn in einem Alpinkurs mit.

Das hätte ich also dem jungen Bremer sagen können – ich habe es aber nicht gesagt. Denn es gibt für einen Jungen nichts Schlimmeres auf dieser Welt als die alles besser wissenden Alten. Mir fiel das alte Sprichwort ein, das ungefähr so lautet: Die Jugend kann, das Alter weiß. Man lernt nur um den Preis des Lebens...

Darum sagte ich zu dem Jungen: »Wir waren nur deswegen ein bisserl schneller, weil wir den Kopftörlgrat schon öfter gemacht haben!«

Als ich das erstemal den Kopftörlgrat gemacht habe... also damals waren wir ganz besonders schnell: Gaudeamushütte – Kopftörlgrat – Gaudeamushütte... drei Stunden!

1952: Heinrich Harrer war soeben aus Tibet zurückgekehrt. Ich wollte sein Buch über seine Erlebnisse für den Schrollverlag gewinnen. Fritz Ka-

Mein liebster Bergkamerad: Meine Frau Fritzerl an ihrem 60. Geburtstag als Seilerste auf dem Draschgrat an der Hohen Wand.

sparek (Harrers Partner in der Eigernordwand) meldete mich in Kitzbühel an – jedoch ich kam zu spät, einen Tag vorher hatte Harrer einen Vorvertrag mit dem Ullsteinverlag abgeschlossen.

Samstag war's. Spontan beschlossen wir, gemeinsam zumindest eine Sonntagvormittags-Klettertour im Wilden Kaiser zu machen. Noch am Abend stiegen wir zur Gaudeamushütte auf. Harrer hatte eine Keilhose und Skischuhe, noch aus der Zeit vor dem Zweiten Weltkrieg, hervorgeholt, ich schaute in meinem Modesakko und seriösem Hemd auch nicht sehr alpin aus. Und das (ausgeborgte) Seil hatte ich in meiner Aktentasche.

Als wir den Hüttenwirt (das war damals der Hofer Peter) nach dem Kopftörlgrat befragten, reagierte er so, als hätten wir nach dem direkten Weg ins Jenseits gefragt...

Kopftörlgrat = eine alpine Tour = nur für Kletterer = sogar wegen ihrer Länge nur eine Tour für gute Kletterer = keine Tour für jedermann = »jedenfalls keine Tour für Leute, wir ihr es seid!«

»Schauen wir, daß wir schnell weiterkommen, bevor uns der Hüttenwirt sieht!« sagte Harrer am frühen Morgen. Es war seine erste Bergfahrt in den Alpen nach der Rückkehr aus Tibet. Er meinte, daß wir den Einstieg niemals in zwei Stunden erreichen würden; er war noch Tibets dünne Luft gewohnt, in der alles so nah ausschaut und es dann doch nicht ist. »Und außerdem bin ich in den letzten Monaten etwas verweichlicht!«

Fünf Minuten später pries ich das Schicksal, das Harrer verweichlicht hatte, denn das Tempo, das er vorlegte, war einfach höllisch! »Das war mein normales Tempo in Tibet mit fünfundzwanzig Kilo Gepäck am Buckel!«

Um sechs Uhr früh waren wir von der Gaudeamushütte aufgebrochen – nein: gestartet! Um neun Uhr früh waren wir wieder zurück. Wir waren eigentlich nur deswegen so blödsinnig gerannt, weil Harrer die Entfernungen in den Alpen überschätzt hatte, und an diesem Sonntagnachmittag wieder in Kitzbühel sein mußte.

»Ist der Kopftörlgrat schon gestürmt?« fragte der Hofer Peter und zwinkerte lustig mit den Augen.

»Der Kopftörlgrat ist gestürmt!«

»Und wie weit seid ihr gekommen? Bis zur Gruttenhütten?«

»Bis zum Gipfel!«

Da wurde der Hofer Peter schnell ernst. »Du, Bua, tua mi net foppen!

Bergkameraden: Links oben: Das ist die neunundsechzigjährige Inge – sie klettert mit zwei künstlichen Hüftgelenken! Rechts oben: Ein Dokumentarbild – es zeigt Christl und mich, wie wir mit eingezogenem Kopf während eines Gewitters über den Gipfel des Großen Reifhorns hasten. Unten: Noch ein Dokumentarbild. Bergführer Anderl Heckmair, Erstbegeher der Eiger-Nordwand, zeigt meinem alpinen Lehrmeister Hans Schwanda an der Höfats im Allgäu, wie man sich richtig anseilt. Etwas fassungslos stehe ich als sein Schüler daneben. Schwanda: »Was ist schon ein guter Seilknoten? Selber muß man gut sein am Berg!«

Wenn ihr wirklich am Kopftörlgrat gewesen seid, dann könnt ihr noch nicht zurück sein! Bist du wirklich vorher schon geklettert?«

»Ich bin wirklich schon vorher geklettert!«

»Auch im Koasa?«

»Auch im Wilden Kaiser!«

»Und der ältere Herr?«

»Der ältere Herr ist der Heini Harrer!«

Ich habe diese Geschichte schon in einem meiner Bücher erzählt; ich erzähle sie hier kurz noch einmal aus einem besonderen Grund. Solche Erinnerungen an vergangene Zeiten und an »gute Zeiten« für Wegstrecken und Klettertouren können nämlich viele älter gewordene Bergsteiger nicht verkraften...

»Früher war ich einmal gut, aber jetzt bin ich nix mehr wert!« sagen sie, und aus diesem etwas angeschlagenen Stolz gehen sie jetzt überhaupt nichts mehr.

Auch der liebe Gott hatte einmal Bestzeiten geliefert: In sechs Tagen erschuf er die Welt. Aber jetzt braucht er für den Weltuntergang (Gott sei Dank!) schon ein bisserl mehr Zeit...

Wir haben diesmal für den Kopftörlgrat (von der Gruttenhütte aus) alles in allem die dreifache Zeit gebraucht. Wir sind an dem wunderschönen Tag lange auf dem Gipfel gesessen und beim Abstieg sind wir oft stehengeblieben, um zu schauen, zu schauen, zu schauen...

Die Renntour von damals war etwas Originelles, die Bummeltour war aber das weitaus größere Erlebnis.

Nach diesem »Nahurlaub« traf ich den Weltberge-Bergsteiger wieder. Er hatte seinen Urlaub in Nepal verbracht.

»Wie war's?« fragte ich.

»Viel Leut! Viel zuviel Leute fahren jetzt schon dorthin!« sagte er.

»Phänomen Klettern«

Das war der Titel eines Films, den der Bergfilmer Wolfgang Gorter Ende der fünfziger Jahre gedreht hat. Kletterstars waren Lothar Brandler und Toni Hiebeler, der in seinem Buch »Zwischen Himmel und Hölle« eine recht interessante Geschichte von den Dreharbeiten erzählt hat.

Lothar Brandler, einer von jenen vier Kletterern, welche im Jahre 1958 in fünf Tagen die Direkte Nordwand der Großen Zinne bezwungen haben, schlug vor, auch eine Begehung dieser Route in den Film aufzunehmen. 1959 war sie bereits siebenmal durchstiegen worden, und Brandler sagte forsch zu Hiebeler: »Wir sind doch in bester Form, Toni, Mensch – schaffen wir in einem Tag, du und ich. Ich kenn doch dät Ding, werfen wir in einem Tag!«

Aber dann haben sie doch drei Tage gebraucht! Weil sie nur für den

»einen Tag« fast keinen Proviant und keine Flüssigkeit mitgenommen und weil »dät Ding« doch schwerer war, als Erstbegeher Brandler in Erinnerung hatte, mußten sie in der Wand auch noch mit Rotz und Teufel und Erschöpfungszuständen raufen...

Wie diese Geschichte zeigt, hat schon ein einziges vergangenes Jahr genügt, daß sogar ein junger, hochaktiver Spitzenkletterer durch die rosarote Brille der Erinnerung getäuscht worden ist. Wer lacht da noch über die alten Onkel, wenn sie nach Jahren meinen, daß »die Wände steiler geworden sind«?

Ist das »Phänomen Klettern« in einem Film darstellbar? Kann man es beschreiben?

Ich habe es bis heute noch nicht erfaßt.

Ich weiß bis heute noch nicht, was damals im April des Jahres 1940 mit mir innerhalb einer knappen halben Stunde geschah. Ich habe mit dem Steilfelsklettern begonnen (es war ohnedies nur eine leichte Anfänger-Kletterei des zweiten Schwierigkeitsgrades), und ich habe sofort gewußt, daß ich klettern werde solange ich kann und solange ich lebe (was damals für einen jungen Menschen in der Kriegszeit nur etwas höchst Unbestimmbares war). Irgendein Kontakt muß sich damals zwischen dem Fels und meinen Fingerspitzln geschlossen haben.

Alles, was mir bis dahin als Inbegriff des Abenteuers erschienen war, verblaßte gegen das Abenteuer Fels. Und wenn ich jetzt – nach fünf Jahrzehnten Felskletterei – vor einem Wandl stehe (ganz gleich ob es nur drei oder dreihundert Meter hoch ist), so hat mich das gewisse Kribbeln in den Fingerspitzen noch immer nicht verlassen.

Jedoch: Als seinerzeit in Wien die erste künstliche Kletterwand aufgestellt worden ist, war darauf bei mir schon nach drei Metern jeglicher Antrieb futsch und ich habe mich wie Beethovens Pavian gefühlt...

Roda-Roda hat diese Geschichte erzählt:

Vor dem Affenhaus in Schönbrunn standen Beethoven und Schubert. Der Pavian machte Klimmzüge mit einem Arm; ließ sich nieder, hob sich empor: zehnmal – hundertmal.

Schubert: »Das ist sehr schwer – so mit einem Arm!«

Beethoven knurrte: »Wer hat ihm's gschafft?«

Phänomen Klettern – es besteht also anscheinend nicht nur aus Bewegungsvorgängen, es gehört auch der Fels dazu.

An der Wiener Höhenstraße zwischen dem Cobenzl und dem Kahlenberg ist eine Böschung mit einer mehr als hundert Meter langen Mauer aus groben Kalksteinblöcken gefestigt. An dieser Mauer kann ich nicht vorbeigehen, wenn der Kahlenberg das Ziel meiner Morgenwanderungen ist. Da »lege ich Hand an den Fels« und klettere (so 30–40 cm über dem Boden) das Mäuerl entlang...

Am Morgen fahren fast keine Autos, und es sind auch kaum Fußgänger unterwegs. Ich bin allein auf meinem Riesenquergang.

Doch einmal – als ich gerade voll Herzenslust spreizte – kamen zwei Frauen mit ihren Hunderln daher.

»Schau! Da ist a breite Straße, da ist a schöner Gehsteig – und der Alte kräult da auf der Mauer dahin!« hörte ich eine der Frauen sagen.

»Kumm, gehn wir lieber!« sagte die andere. »Solche Narren sind unberechenbar!«

So wie in einer Demokratie zwar alle Menschen gleich, aber einige doch gleicher sind, so gibt es auch im Fels himmelhohe Unterschiede.

Fels ist nicht einfach nur Fels! Im Wilden Kaiser (Kalk) ist er ganz anders als im nicht weit davon entfernten Karwendel (ebenfalls Kalk). Da kann es nun Schwierigkeiten für ältere Bergsteiger geben, weil diese nicht mehr so anpassungsfähig sind. Technisch ist ein dritter oder vierter Schwierigkeitsgrad im Kaiser wie im Karwendel wohl gleich, aber im Karwendel ist er gleicher (konkret: verlangt wegen der Struktur des Gesteins und der Brüchigkeit mehr an Kletterkönnen).

Aber da gibt es auch noch das Urgestein, das verlangt eine ganz andere Klettertechnik als der Kalk. Wobei natürlich auch Urgestein nicht überall das gleiche Urgestein ist.

Daß die Anpassung, Einstellung und Umstellung auf einen bestimmten Fels sogar für junge Bergsteiger nicht so einfach ist, habe ich einmal in den Dolomiten (Kalk, aber schon wieder ein ganz anderer Kalk!) erlebt.

In den siebziger Jahren ist die Gelbe Kante an der Kleinen Zinne zur Modetour geworden. Als wir zum Einstieg kamen, kletterten schon etliche Seilschaften an ihr, fünf oder sechs andere warteten am Einstieg, bis sie drankamen.

Die Seilschaft mit der Platzkarte vor uns bildeten zwei junge Schweizer, einer war Bergführer-Anwärter. Es waren – nach den Extremklettereien, die sie schon gemacht hatten – gute Leute. In den Dolomiten waren sie zum erstenmal, und die Gelbe Kante sollte ihre erste Dolomitenklettererei sein. Gut eine Stunde plauderten wir mit ihnen.

Dann kamen sie an die Reihe...

...und nachdem der erste hochgeklettert war und während ihm dann der zweite nachfolgte, begann ich mich wieder vom Seil abzubinden. Es erschien mir zu gefährlich, hinter diesen beiden Schweizern nachzuklettern.

Sie waren wirklich gute Kletterer – das sah man. Man sah aber auch, daß sie zum erstenmal im steilen Dolomit kletterten und mit diesem Fels noch nicht vertraut waren. Es mag seltsam klingen – aber ich spürte förmlich die gewisse Unsicherheit in den beiden Kletterern.

Wir gingen über den Paternsattel zur Nordwand der Kleinen Zinne und kletterten über den Fehrmannweg zum Gipfel.

Wieder in der Auronzohütte erfuhren wir die traurige Nachricht: Eine halbe Stunde nach unserem Weggehen waren die zwei Schweizer abgestürzt. Einer war tot, der andere schwer verletzt.

Mein Gefühl...

Der Berg ist nur 2166 m hoch, ein Zwerg unter den Dolomiten-Dreitausendern rings um ihn. Seine gegen Cortina gerichtete Wand schaut auch nicht sehr attraktiv aus – und doch war sie einmal eine der großen Modetouren der Dolomiten!

Die Col-Rosà-Südostwand ist eine Erstbegehung des berühmten Dolomitenführers Antonio Dimai aus dem Jahre 1899, und wie diese Wand damals eingeschätzt wurde, mögen einige Auszüge aus einem Bericht von Karl Doménigg zeigen (einem Bergsteiger, der in seinen Schilderungen sonst eher ein Untertreiber war)...

»...die berüchtigte Südostwand...«

»...einer der kühnsten und technisch schwierigsten Anstiege...«

»...heikelste Felsarbeit schlimmster Art...«

»...Die Schwierigkeiten des vertracktesten aller Dolomitenanstiege, der immer nur besonderen Schwärmern vorbehalten sein wird, stehen hart an der Grenze des Menschenmöglichen...«

In Cortina hatte der Bergfotograf Emil Terschak ein großes, gegen die Col Rosà gerichtetes Fernrohr aufstellen lassen mit der Aufschrift in vier Sprachen: »Nur 1 Francs für fünf Minuten Besichtigung der aufregendsten Kletterei in den Dolomiten!« – Das Fernrohr war von frühmorgens an ständig belagert.

Dieses Fernrohr war aber auch die Ursache, daß die Col-Rosà-Wand so schnell zur großen Modetour wurde. Auch unsere alpinen Großväter waren nur Menschen, und es gab viele eitle Gipfelstürmer, welche förmlich danach lechzten, von der großen Menge als Schaukletterer bewundert und nachher gebührend gefeiert zu werden. Und die Cortineser Bergführer stiegen groß in das Geschäft ein. Sie erklärten, die Wand sei so schwierig und gefährlich, daß nur drei Führer eine sichere Durchsteigung garantieren könnten (zwei Führer, welche den »Herrn« von oben sicherten, und einer, der hinten nachging und ihm die Füßchen geduldig auf die Tritte stellte!). Außerdem brauchte man noch Träger, welche die notwendigen mehr als hundert Meter Seil zum Einstieg schafften und dann vom Gipfel wieder ins Tal. Das Geschäft blühte. Da Dimai diese Erstbegehung mit einem Engländer (dem Londoner Robert Corry) gemacht hatte, waren es dann vor allem englische Sportsmänner, welche sich diese Heldentat ebenfalls etwas kosten ließen und dafür sorgten, daß es mit dem Fernrohr von Cortina ständig etwas zu sehen gab.

Im Sommer 1900 gelang Dr. Victor Wolf Edler von Glanvell, Günther Freiherr von Saar, Karl Doménigg und Othmar Sehrig die erste führerlose Begehung der Wand. Wolf von Glanvell schrieb ebenfalls einen Bericht darüber, aus dem deutlich hervorgeht, wie beeindruckt die damalige Elite der »Führerlosen« von dieser Tour war.

Der »Viermeter-Riß«: »Wir stehen auf einem kaum ½ Quadratmeter großen Flecke, von welchem ein Riß aufwärts leitet. Schlecht genug sieht er aus, aber gleich beim ersten Angreifen merkt man, daß er noch viel schlechter ist. Von der völlig glatten Wand hat sich eine dicke Platte losgetrennt und bildet mit ihr einen etwa handbreiten und armtiefen, sonst aber haltlosen Spalt; etwa in doppelter Manneshöhe über unserem Stande befindet sich in der Kante der Platte ein Vorsprung. Auf die Schultern meines Gefährten steigend arbeite ich mich zu ihm hinauf, dann heißt es rechtes Knie und rechten Arm in den Spalt gezwängt sich weiter empor schieben, bis ein grasiger Klotz mir den Weiterweg versperrt: die Finger hineingekrallt ziehe ich mich hinauf und erwische sodann mich aufs äußerste streckend einen von oben hereinhängenden Krummholzast. Nun muß man sich den Händen vertrauend gegen links hinaus- und hinaufschwingen: schwer atmend hocke ich gleich darnach auf einem kleinen Rasenplatze.«

Es ist seltsam, wenn man eine solche vor fast einem Jahrhundert verfaßte Beschreibung einer Kletterstelle mit den eigenen Eindrücken vergleicht. Bei unserer Begehung der Wand habe ich allerdings keinen Steigbaum bauen können, weil das nur 48 Kilogramm schwere Fritzerl mein Gewicht nicht ertragen hätte. Es steckte aber ein Haken am Rißbeginn, der sehr traurig nach abwärts gebogen war und wahrscheinlich schon etliche Stürze aufgefangen hatte. Den grasigen Klotz (= Gras- und Glockenblumenüberhang) gab es noch immer, und den »von oben hereinhängenden Krummholzast« habe ich mit der gleichen Inbrunst erfaßt wie seinerzeit der Edle von Glanvell.

Fels mag wohl tote Materie sein, aber Felswände haben auch ihre Geschichte, die von Menschen aus Fleisch und Blut gemacht wurde. Alpingeschichte ist zwar keine Weltgeschichte, aber mich hat sie schon immer interessiert. Darum sind wir auch in diese Wand eingestiegen.

Diese »aufregendste Kletterei in den Dolomiten« wurde bald von anderen übertroffen, die berühmt-berüchtigte Col-Rosà-Wand geriet vollkommen in Vergessenheit. Nach unserer Durchsteigung hatten wir das Gefühl, ein weggeworfenes Spielzeug in den Händen gehabt zu haben...

Im Jahre 1946 wurde in der Dachsteingruppe die Hochkesselkopfsüdwestverschneidung erstmals durchstiegen, von der es bald hieß, daß sie eine der schönsten Genußklettereien der Alpen sei und die daher sehr schnell zur Modetour wurde. Doch viele Modetouren von gestern sind heute längst vergessen, und was Genuß ist und was nicht, das unterliegt dem Geschmack der Zeit.

1986 waren vierzig Jahre seit der Erstbegehung vergangen und ich fragte mich, ob diese Tour auch jetzt noch ihren alten Zauber habe. Es wäre interessant, das festzustellen...

»Dann machen wir sie wieder!« sagte Fritzerl. »Jetzt haben wir ja die Zeit dazu!«

»Jetzt haben wir Zeit...« – Das Zauberwort für jeden Ruheständler so wie das »Tischlein-deck-dich!« des Märchens!

Das Besondere der Hochkesselkopf-Verschneidung ist vor allem ihr Anblick – mit den vielen Riesenüberhängen und Felsdächern gleicht sie einer umgedrehten Treppe. Das erklärt auch, warum sie bis nach dem Zweiten

Weltkrieg noch undurchstiegen war. Man bedenke: Die spiegelglatt scheinende Däumling-Ostkante war schon 1932 bezwungen worden, und 1934 hatte sich Raimund Schinko sogar durch die »alleräußerst schwierige« – wie man damals sagte – Torsteinsüdverschneidung hinaufgekämpft. Doch keiner der Spitzenkletterer dieser Zeit dachte auch nur daran, in die Hochkesselkopf-Verschneidung einzusteigen. »Wenn diese Tour jemals gemacht werden kann, dann nur mit einem irrsinnigen Aufwand an Material und Zeit!« – das war die Meinung der Experten.

Und dann im Sommer 1946 stiegen die beiden Wiener Hubert Peterka und Fritz Proksch in die Verschneidung ein... etwas unterernährt aus den Kriegszeiten, mit einem nicht mehr ganz zuverlässigen Hanfseil, einigen Mauerhaken und mit alten Kletterpatschen an den Füßen. Peterka und Proksch waren zwar ausgezeichnete Kletterer, aber keine Techniker. Hakenleitern, Trittschlingen, Holzkeile – all dieses Glumpert (wie er es nannte) brauchte Peterka am Berg nicht. Dafür hatte er, der in den Alpen mehr als fünfhundert Erstbegehungen gemacht hatte, etwas anderes: Den gewissen Blick fürs Gelände. »Am Berg brauchst net nur Händ und Füß, du brauchst auch Augen zum Schauen!« pflegte Peterka immer wieder zu sagen.

Am Hochkesselkopf hatte Peterka geschaut und dabei gesehen, daß die gewaltigen Überhänge zu umgehen sind. Ohne Verwendung eines Mauerhakens sind die beiden in knapp vier Stunden durch die Riesenverschneidung geflitzt. Das war damals eine alpine Sensation.

Korrektur: Einen Mauerhaken hatte Peterka doch geschlagen! Als er mitten im Dreißigmeterriß hing, rief Proksch zu ihm hinauf: »Hubert, wir machen eine Erstbegehung. Einen Haken müssen wir zumindest schlagen, damit die Leut wissen, daß wir da waren!« Worauf Hubert sagte: »Gut. Dann hau ich einen eini!«

Aber sein Seil hatte er darin nicht eingehängt... »Wer braucht da schon einen Haken?« (Jetzt stecken, mit Standhaken, sechs in dieser Seillänge!) Unten ist der Fritz gestanden, natürlich ohne Selbstsicherung, und hat den Hubert nur über die Schulter gesichert. So ist man damals geklettert.

Was nachher die Wiederholer von der Verschneidung erzählten, war ein großes Halleluja...

...eisenfester Fels und immer gute Standplätze!

...während des Kletterns beim Hinaufschauen ständig das Gefühl zu haben »Uije – jetzt wird's schwer!« – und dann löst sich doch immer alles in Wohlgefallen auf.

...außergewöhnliche Kletterstellen wie der Quergang aus der Eisgrotte im unteren Teil und die Umgehung der Riesenzisterne und der Reitriß im oberen Wandteil. Ein Kletterweg voll Romantik.

Hubert Peterka war ein Romantiker. Als nach dem Krieg die Amerikaner das beschlagnahmte Gebirgsvereinshaus in Wien wieder zurückgegeben hatten, schleppten wir Jungen von der Bergsteigergruppe allabendlich das ganze in einem Depot gelagerte Zeug wieder zurück in das Haus... Schreibtische, Kästen, die Eispickel, Steigeisen und Bücher von der Leihstelle, die Bilder...

Ein Bild jedoch durfte keiner von uns angreifen, das Bild von Ludwig Purtscheller... »Der größte Bergsteiger aller Zeiten. Purtschl, dich trag ich selber zurück in unser Haus!« sagte Hubert Peterka.

Und nachdem er dann mit einem Kletterhammer einen Nagel in die Wand geschlagen und den Purtscheller daran aufgehängt hatte, war Hubert tiefergriffen... »Gelt, Charly, das war jetzt eine richtige Feierstunde! Und hast du gesehen – die ganze Bergsteigergruppe ist im Stiegenhaus Spalier gestanden, wie ich den Purtscheller hinaufgetragen habe!«

In Wirklichkeit sind die Burschen nur deswegen im Stiegenhaus gestanden, weil der Loicht Seppl allen gesagt hatte: »Jetzt kommt gleich der Hubert mit dem Bild einer Nackerten!«

1986... ich habe bei dieser Jubiläumsbegehung der Hochkesselkopf-Verschneidung viel an den (nun auch schon verstorbenen) Hubert gedacht. Und auch an die Spezln von damals.

Aber gleich am Anfang gab's eine große Enttäuschung: In der berühmten Eisgrotte am Einstieg war fast das ganze Eis dahingeschmolzen. Nachher habe ich in meinem eigenen Büchl (»Kleiner Mensch auf großen Bergen«, 1952 erschienen) nachgelesen, wie diese Grotte einmal war... »Riesige Eissäulen wachsen aus einem kleinen Eissee empor, wie Dolche in einer Waffensammlung hängen die Eiszapfen an den Wänden der Grotte. Und da war ein Raunen und Glucksen, ein Glitzern und Flirren, welches die Grotte belebte und einem Ort aus der Feenwelt gleichen ließ.«

Aber nicht nur das Eis war dahingeschmolzen. Die ganze Hochkesselkopf-Verschneidung war in Wirklichkeit anders als die meiner Erinnerung!

Die Verschneidung meiner Erinnerung war vor allem wesentlich steiler. (»Wenn die Wände steiler werden« – diesmal war's umgekehrt.) Und alle die markanten Kletterstellen, wie die Querung aus der Eisgrotte und der Dreißigmeterriß und die Zisternenumgehung und der Reitriß, sie alle waren herrlich und wunderschön – aber so ganz anders als das Bild, das meine Erinnerung bewahrt hatte. Ich hatte das Gefühl, auf einem mir bisher vollkommen unbekannten Kletterweg unterwegs zu sein...

Traummännlein Charly, so fragte ich mich im stillen, was ist diese von der Phantasie so vollkommen umgekrempelte und verzauberte, bezaubernde Erinnerung in Wirklichkeit eigentlich wert?

Eigentlich viel!

Denn du könntest – so sagte ich mir – jetzt wiederum aufs Matterhorn steigen, und das wäre ein ganz anderer Berg als der deiner Erinnerung vom Jahr 1952. Denn an der Erinnerung arbeitet die Phantasie und an der Phantasie die Zeit... »die allgewaltige Zeit, der selbst die Götter erliegen«, wie es Leo Bruhns in seiner römischen Kunstgeschichte formuliert hat.

Rechte Fußspitze in eine seichte Vertiefung gestellt...

Mit vier Fingern und Daumen eine von oben nach unten verlaufende

Rille umfaßt (so als ob es eine zarte Kerze wäre)...

Den Handballen der Rechten auf Stütz gepreßt...

»Ich schleich los!«

Die Neunerplatte in der Fanesgruppe ist keine der üblichen Griff-Tritt-Griff-Tritt-Kletterein. Auf dieser glatten Riesenplatte ist nur ein Reibungs-Schleichen möglich. Und die Standhaken sind keine Standhaken, weil es auf den Standplätzen keinen Stand gibt. Am ersten von dreien hängt man nur an zwei Haken, am zweiten gibt's bloß für den linken Fuß etwas zum Draufstehen und am dritten nur etwas für den rechten Fuß...

Diese Neunerplatte habe ich zum erstenmal im Jahre 1960 gesehen. Sie ist für mich sogleich eine Liebe auf den ersten Blick gewesen.

Damals haben wir auf der Fanesalpe die Fanesburg gesucht. Nach den alten Sagen der Ladiner soll diese Alpe einst ein üppig grünes Land gewesen sein, auf dem ein prächtiger Fürstensitz stand – die Fanesburg.

Ciastel de Fanes heißt auch heute noch ein dunkler Felskopf inmitten der steinernen Wildnis im hintersten Winkel der Fanesalpe. Und an seinem Fuß machte der Südtiroler Heimatforscher Georg Innerebner im Jahre 1953 eine aufsehenerregende Entdeckung – er fand dort die auch noch heute deutlich erkennbaren Reste eines später von Lawinen oder von einem Bergsturz zerstörten ringförmigen Steinwalls. Womit wieder einmal bewiesen wurde, daß fast in allen alten Sagen ein wahrer Kern steckt. Die sogenannte Fanesburg war zwar kein mächtiges Schloß, aber immerhin eine respektable Fluchtstätte, in welche die Hirten bei Gefahr ihre Herden trieben. Und das vor etwa dreitausend Jahren, als in den Alpen noch besseres Klima herrschte und die ganze Fanesalm tatsächlich noch üppig begrünt war...

Auf der Suche nach diesem Steinwall sind wir damals stundenlang in dieser Steinwüste herumgestolpert. Dann haben wir ihn gefunden.

Während dieser Suche habe ich auch immer wieder zu den hellen, spiegelglatten Platten der Neunerspitze (2967 m) geschaut. Herrschaftseitn, wenn wir ein Seil und ein paar Haken mit hätten... aber ich hatte nur das schwere Stativ einer Linhof-Kamera am Buckel. Wir mußten Aufnahmen machen für mein Buch (»Alpenwanderungen in die Vorzeit«, 1965 ist es erschienen).

In Cortina erfuhr ich dann, daß die Wand schon durchstiegen worden ist, aber wann, wie und wo konnte niemand sagen. Erst einige Jahre später las ich, daß auch Reinhold Messner einige Routen in der Neunerwand erstbegangen hatte. Und bald darauf hörte ich nur noch Jubelmeldungen... »Traumkletterei«... »Eine der schönsten Kletterein der ganzen Alpen«.

1989 feierte ich mein 50jähriges Bergsteigerjubiläum. Natürlich sollte das auf einer besonderen Tour geschehen. Neunerplatte! Über diese sind wir dann an einem schönen Sommertag wie die Fliegen an einem Spiegel hinaufgekrabbelt.

Rechte Fußspitze in eine seichte Vertiefung gestellt...

Den Handballen der Rechten auf Stütz gepreßt...

So etwas bin ich noch nie geklettert (auch der »Wasserrillenweg« am

Hochkönig oder der berühmte »Große Spiegel« über dem Rhônetal verblassen gegenüber dieser Kletterei).

Klettern ist schon etwas Wunderbares! Fünfzig Jahre lang in den Felsen unterwegs, und noch immer gibt's was Neues zu erleben...

Man kann die Menschheit auch in zwei ganz spezielle Gruppen einteilen:
● In Menschen, die Kletterer werden könnten,
● und in Menschen, die niemals Kletterer werden können.

Einen solchen der zweiten Kategorie lernte ich bereits in der Bergsteigerschule im Jahre 1940 kennen. Kurt hieß er und ein Allroundsportler war er... dabei in jeder Sportart um Sekunden schneller oder um Zentimeter weiter als alle anderen. Auch das Bergsteigen begann er sofort mit vollem Einsatz. Er war der erste, der alle Seilknoten sofort beherrschte, er war der erste, der eine Schutzhütte erreichte (wobei er sich noch zusätzlich den Rucksack eines schwächeren Mädchens auflud). Er war ein lieber Kerl und durchaus kein Angeber und Muskelprotz...

...aber fürs Klettern war er von Anfang an ungeeignet! Da hatte er zwei Hände und zwei Haxen entweder zuviel oder zuwenig. Im Fels war Kurt wie eine auf dem Rücken liegende Schildkröte. Und als er das selber eingesehen hatte, gab er das Klettern auf.

Moderne Zeiten... ein eigener Prospekt für eine Modewand: Die Südwand der Neunerspitze in den Dolomiten.

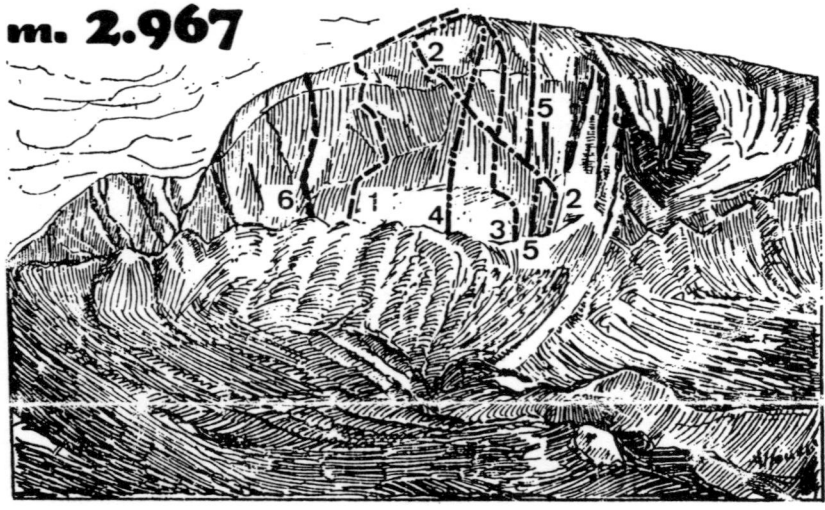

Andererseits bin ich schon mit vielen Frauen und Männern über Fünfzig unterwegs gewesen, die zum erstenmal im Fels waren und sich dabei so sicher bewegten, als ob sie schon seit ihrer Schulentlassung geklettert wären.

Über die Eignung zum Felsklettern ist schon viel geschrieben worden. Hätte ich vor meiner Anmeldung zur »Bergsteigerschule 1940« das berühmte Lehrbuch von Franz Nieberl, »Das Klettern im Fels« (Erstauflage im Jahre 1909), gelesen, dann hätte ich es wahrscheinlich nie gewagt, mich anzumelden. Denn um dem zu entsprechen, was da auf vierzig Druckseiten im Kapitel »Eignung zum Klettern« angeführt wird, hätte ich ein Supermann (bzw. Superbua) sein müssen.

Ich glaube auch, daß die 1929 erschienene Broschüre »Ein Wiener Kletterlehrer« mich eher vom Klettern abgeschreckt hätte. Ihr Verfasser Dr. Karl Prusik (der den berühmten Prusikknoten erfunden hat) sah nämlich in seinem »Edelbild« des jungen Kletterers einen im Geschlechtsverkehr vollkommen abstinenten Menschen.

Eine große Enttäuschung für mich war damals im Jahre 1940 die erste Begegnung mit dem Leiter der Bergsteigerschule Hans Schwanda. Er schaute genau so aus wie ein Buchhalter, dessen höchste körperliche Leistung im Spitzen eines Bleistifts besteht. Und doch war Schwanda einer der besten Freikletterer seiner Zeit!

Es gibt bestimmte Vorstellungen darüber, wie ein zünftiger Kletterer auszusehen hat. Leo Seitelberger entsprach diesem Idealbild ganz bestimmt nicht. Ein schlaksiger Körper ohne Muskeln. Und mit seinem meist zur Seite geneigten Kopf wirkte er immer wie ein Mensch in höchster Verlegenheit. Das auch dann, wenn er am Einstieg einer besonders grimmigen Route sagte: »Das warn ja auch nur Menschen, die da schon aufikommen san!«

Leo Seitelberger galt in seiner Zeit als ein Außenseiter. Bereits Ende der dreißiger Jahre hatte er begonnen, extrem schwierige Klettertouren im Alleingang zu begehen, damals »Sechsertouren«, die bisher nur von den besten Seilschaften mit Haken und Trittschlingen bezwungen worden waren. 1938 kletterte er solo durch die Dachl-Nordwand im Gesäuse – das war eine alpine Sensation. Und 1951 machte er die zweite Alleinbegehung der Comiciroute an der Großen Zinne.

Ich habe Seitelberger nach dem Krieg kennengelernt. Er war der faulste Kletterer, dem ich je begegnet bin. Er betrieb überhaupt keinen Sport und er war auch in den Klettergärten stinkfaul. Wenn wir am Peilstein wie die Wilden auf- und abkletterten, saß oder lag er am Fuße des Cimone in der Sonne. Sein Lieblingskleidungsstück war eine fast bis zu den Knien reichende schwarze Turnhose. Und wenn wir dann müde und verschwitzt beschlossen, für heute Schluß zu machen, dann war auch der Leo sofort dafür, zur Peilsteinhütte aufzubrechen. Nur daß er dann immer seinen eigenen Weg barfuß im Alleingang ging – etwas ganz Sauschweres –, und das in einem solchen Tempo, daß er oft oben schon auf uns wartete, bis wir durch das kinderleichte Cimonecouloir heraufkamen. Ich habe das Kletterphänomen Seitelberger (er ist an den Folgen eines Autounfalls gestorben) bis heute nicht begriffen.

Ich verdanke ihm viel. In der Sturm- und Drangzeit hat er uns allen bewiesen, daß es Bessere und noch Bessere und viel Bessere gibt. Durch ihn habe ich schon damals meine Grenzen erkannt, und darum fällt es mir auch nicht schwer, sie im jetzigen Lebensabschnitt zu sehen, in dem das Leben in immer kleiner werdenden Ringen verläuft...

Im Oktober 1914 – der Erste Weltkrieg war kurz vorher ausgebrochen – erkletterte der damalige Pfarrer von Grünbach, Dr. Alois Wildenauer, an der Hohen Wand einen Grat, den er nach einem damals auf diesem Berg lebenden und eine kleine Almwirtschaft betreibenden »echten« Tiroler benannte.

Nach dem Zweiten Weltkrieg hatte der »Tirolersteig« erst an die fünfzig Begehungen. Und dann – wie kommt es dazu? – wurde mit einemmal aus dem Dornröschensteig eine Modetour. Heute ist der »Tirolersteig« einer der beliebtesten Kletterwege an den Wiener Hausbergen. Die Zahl der Begehungen ist nicht mehr feststellbar... sind's zehntausend oder schon fünf-zehn- oder siebzehntausend?

Mein Freund Bertl hat jedenfalls die Zahl der Begehungen wesentlich erhöht! Norbert Stärker, Jahrgang 1907, Bergsteiger seit frühester Jugend, vor allem begeisterter Felskletterer, ist auch nach seinem achtzigsten Geburtstag noch immer ein begeisterter Felskletterer. Und zwar einer, der lieber als Seilerster klettert.

Natürlich weiß der Bertl Stärker, daß ein Mann über Achtzig kein Achtzehnjähriger mehr ist. Aber gerade deswegen, weil er sich stets richtig eingeschätzt hat, konnte er als Bergsteiger so alt werden.

Bertl: »Ich geh jetzt nur noch Sachen, die ich kenn! Da hab ich die Kontrolle über mich!« Der »Tirolersteig« gehört zu Bertls Repertoire.

»Bittschön, kennen Sie schon diesen Steig?« fragte ihn einmal einer am Einstieg.

»Ja! Hab ihn schon vierhundertfünfzehnmal gemacht!«

Der Mann hatte nicht gut gehört... »Was? Fünfzehnmal sind Sie schon diesen Steig gegangen? Kompliment!«

»Vierhundertfünfzehnmal!« Der Mann (ein Arzt, der nur selten dazu kam, an den Hausbergen zu klettern) rechnete sich aus, wie alt er werden müßte, um den »Tiroler« vierhundertfünfzehnmal zu begehen... nach seiner Hochrechnung an die zweitausend Jahre.

Der Bertl war einmal bekannt als schneller Geher (seine Spezln haben ihn weniger respektvoll eine »wilde Rennsau« genannt).

Einmal saßen er und sein Bruder in der Dachstein-Südwandhütte genießerisch beim Frühstück. Am Nebentisch brach eine Gruppe auf zu einer Dachsteinersteigung über den Normalweg (von der Hunerscharte aus; damals gab es noch keine Seilbahn).

»Sie gehen noch nicht?«

»Wir gehen ein bisserl später!« sagte der Bertl und schmierte sich noch ein Butterbrot.

Als die Gruppe endlich den Dachsteingipfel erreichte, saßen da schon wieder der Bertl und sein Bruder und schmausten in aller Seelenruhe.

»Wie kommen Sie da her? Wo haben Sie uns überholt?«

»Wir sind einen Abschneider gegangen!« sagte darauf der Bertl.

Der Abschneider war der Steinerweg in der Südwand (Schwierigkeitsgrad IV, normale Kletterzeit ab Einstieg 5 Stunden)!

Jetzt klettert der Bertl zwar nicht mehr so schnell, aber bei aller Bedächtigkeit doch recht zügig. Freilich: Er kennt alle Griffe und Tritte, aber gerade deswegen kann er das Höhersteigen im Fels um so mehr genießen. Für ihn ist es auch gar nicht so wichtig, was er klettert – es freut ihn, daß er klettert. Natürlich können es Jüngere nicht recht verstehen, daß ein Älterer immer wieder den gleichen Kletterweg geht. Bertl: »Eigentlich ist so ein Weg sowieso jeden Tag anders... jedesmal ist das Wetter anders, dann ist man selber auch an jedem Tag ein bisserl anders gestimmt...«

Der Winter 1988/89 war sehr mild. Am Ostalpenrand fast kein Schnee. An sonnigen Tagen dieses Winters hat Bertl auch etliche Male den »Tirolersteig« gemacht – auch »seine« 450. Begehung. Durchklettern in die nächste Saison hinein?

»Bertl, da mußt du ja heuer in Hochform sein!« rief ich ins Telefon.

Bertl: »Schön wär's! Aber besser... ich glaub... besser werde ich jetzt nimmer!« Norbert Stärker, Jahrgang 1907. An einem sonnigen Maientag des Jahres 1990 hat er die 500. Begehung des »Tirolersteiges« gemacht!

»125 Jahre Bergsteigen in Sachsen; 1864–1989.«

Sächsische Bergsteiger hatten Fritzerl und mich zu dieser Feier eingeladen, und beim Klettern an den Sandsteinfelsen haben wir eine uns ganz neue Kletterwelt kennengelernt.

1864 hatten Mitglieder des Schandauer Turnvereins den Falkenstein bestiegen – und das war der erste von den 1088 Klettergipfeln (mit über 9800 Anstiegen), die heute genüßlich erklettert oder oft nur mit dem letzten Restchen Armschmalz erkämpft werden (denn bei vielen dieser Felsnadeln hat der leichteste Anstieg den Schwierigkeitsgrad VIIc!). Übrigens: Sandstein ist Sandstein, und der verlangt wiederum eine ganz andere Klettertechnik als Kalk oder Urgestein.

Vor Jahren begann nun ein Kletterer damit, systematisch alle 1088 Gipfel zu ersteigen (was nicht nur immenses Kletterkönnen verlangt, sondern auch gewisse buchhalterische Fähigkeiten). Der Mann fand Nachfolger. Heute sind es schon mehr als hundert Leute, welche »alle Gipfel haben«, darunter auch einer, der im Alter von 87 Jahren den letzten ihm noch fehlenden Gipfel bezwang... »Den Paul, unseren Paul, den mußt du unbedingt kennenlernen!« sagte man zu mir.

Mein Bedürfnis, den Paul kennenzulernen, war eigentlich nicht sehr groß. Ich stellte ihn mir als einen jener alten, verschrobenen Nußknacker vor, die ihr Alter nicht akzeptieren wollen und mit verbissener Verzweiflung versuchen, ihre ewige Jugend zu beweisen.

Da war mir der stille, bescheidene weißhaarige Herr schon wesentlich lieber, mit dem ich nach dem Festakt im Dresdener Rathaus ins Gespräch gekommen war. Vor dem letzten Krieg, so erzählte er mir, sei er auch in den Alpen gewesen. Die sind herrlich, groß und schön. Aber nach dem Krieg konnte er, konnte kein Bergsteiger aus der DDR mehr dorthin fahren. Die Grenzen waren gesperrt. Den Kletterern blieben nur die Felsen in der Sächsischen Schweiz – das aber keineswegs als Ersatz! Ein Mensch, der nur Ersatz für etwas Liebgewordenes sucht, der findet kein Glück. Der Mensch braucht ein Ziel. Und so sind für die Kletterer in diesem Land auch die kleinen Gipfel große Ziele geworden, selbst wenn so mancher nur zwanzig, dreißig Meter hoch ist. Gipfel ist Gipfel...

Und da kam der Winfried vorbei und rief: »Wie ich sehe, habt ihr euch schon selber bekannt gemacht... der Paul und du!«

Der liebenswerte weißhaarige Herr war jener Paul!

Paul Illmer, Jahrgang 1900, war nach dem Ersten Weltkrieg einer der großen Erschließer des Elbsandsteingebirges. Sein Illmerweg am Falkenstein, erstbegangen 1922, wird noch immer mit dem Schwierigkeitsgrad VII c bewertet. Wir haben ihn uns von unten angeschaut – ein Gruselweg!

Bis zum Jahre 1983 hatte Paul Illmer 963 Gipfel des Elbsandsteingebirges erstiegen. Und da kam nun dem dreiundachtzigjährigen Mann der verrückte Einfall, auch die noch restlichen 125 Gipfel zu packen. Ein Ziel? Das Ziel!

Paul Illmer wußte natürlich, daß er dabei auf die Hilfe jüngerer Bergkameraden angewiesen war, denn unter den fehlenden Gipfeln gab es noch viele in den höchsten Schwierigkeitsstufen. Aber die Jungen freute es, mit dem alten Mann zu klettern.

»1986 mußte ich mich einer Leistenbruch-Operation unterziehen. 1987 wurde ich im April Opfer eines Motorradfahrers, der mir Verletzungen am Mittelfuß, am Mittelfinger rechts und am Oberschenkel beibrachte. 13 Gipfel waren noch offen«, schreibt Paul Illmer in seinem Bericht. Doch im Oktober dieses Jahres 1987 hatte er dann auch noch den letzten Gipfel – den »Schwager« in den Schrammsteinen – derpackt. »Die Flasche Sekt öffne ich ohne Knall, sagte ich zu Horst, aber es gab einen schönen Knall und fort war der Stöpsel (mögen die Aufräumer der Aktion ›Sauberes Gebirge‹ diesen Stöpsel verzeihen).«

Der stille, bescheidene Paul Illmer hatte in dem Gespräch auch etwas gesagt, was ich nie vergessen werde: »Wir müssen eigentlich dem Himmel recht dankbar sein, daß er uns zu Kletterern werden ließ!«

»Technik im Bergsport ist die optimal anforderungsgerechte Ausführung einer situationsspezifischen bergsportlichen Bewegungshandlung«, so heißt es heute klipp und unklar in einer im besten Sportwissenschaftlerdeutsch verfaßten Lehrschrift über das Bergsporttraining aus dem Jahre 1986.

Viel hat sich geändert in der alpinen Technik seit den Klettereien »hart an der Grenze des Menschenmöglichen« um die Jahrhundertwende. Aber auch bereits für jene Männer (die damals noch mit Schlips geklettert sind!) galt schon das, was der Psychologe Viktor E. Frankl über den Sportkletterer von heute geschrieben hat: »Er möchte herausbekommen, wo die Grenze des Menschenmöglichen liegt. Und siehe da: so wie den Horizont schiebt er auch sie mit jedem Schritt, den er auf sie zugeht, vor sich her – er schiebt sie immer weiter hinaus. Indem er sie aber immer mehr hinausschiebt, wächst er auch über sich selbst hinaus.«

Der älter gewordene Kletterer hat seine Grenzen allerdings bald erreicht, aber wo diese liegen, das will er manchmal doch genauer wissen...

Da gibt es bei uns im Klettergarten einen Felsen mit einer saudummen Ecke. An der hinüberzukommen, ist recht kompliziert. Man muß für den entscheidenden Schritt den richtigen Schwung haben und gleichzeitig auch den entscheidenden Griff richtig erwischen. So wie es kein »Ein bisserl schwanger« gibt, so gibt es auch an dieser Ecke kein »Ein bisserl etwas falsch machen«. Entweder – oder! Dieses Kletterkunststück spielt sich allerdings nur einen halben Meter über dem Boden ab.

Schon vor dreißig, vierzig Jahren bin ich über diese Ecke manchmal hinübergekommen und manchmal auch nicht. Jetzt komme ich meist nicht mehr hinüber – aber manchmal doch noch.

Sooft ich an dem Felsen vorbeikomme, sage ich mir, daß diese saudumme Ecke doch vollkommen uninteressant sei, weil ich sie ohnehin schon x-mal derpackt habe. Und wenn ich faul bin, gehe ich auch an ihr vorbei. Aber dann gibt es Tage, an denen ich mich frage, ob sie mir wohl noch immer gelingen könnte, diese saudumme Ecke... heute... jetzt? Und das will ich dann genau wissen... sofort!

Einmal besuchten wir an der französischen Riviera eine »Delphin-Show«. Und nachdem die Vorstellung zu Ende und das Publikum dahin war, hätte auch der Dresseur wahrscheinlich gerne einen Kaffee oder ein Bier getrunken. Aber das konnte er nicht. Noch immer waren seine Delphine aufgekratzt, steckten ihre Köpfchen aus dem Wasser, wollten zeigen, was sie konnten, sprangen aus dem Wasser, drehten ihre Saltos... für sie war die Show noch nicht zu Ende, sie spielten weiter, auch ohne Publikum. Diese verspielten Delphine!

»Du kletterst noch immer?!« fragten mich oft gleichaltrige Bekannte, Freunde. »Warum?«

Ja, warum sind die Delphine auf Cap d'Antibes auch nach dem Ende ihrer Show noch immer in die Höhe gesprungen?

Zu Hause im Toten Gebirge

Bei Hohenberg in den Niederösterreichischen Voralpen steht auf einer Anhöhe ein recht seltsames Denkmal. Es trägt die Inschrift:

> Zum 40jährigen Sommeraufenthalt des Herrn
> Oberlandesgerichtsrat Moritz Schadek gewidmet
> vom Verschönerungsverein Hohenberg 1871–1911

Wir stehen hier vor einem einzigartigen Denkmal der Urlaubs- und Freizeitgestaltung von anno dazumal.

Natürlich hätte der Herr Oberlandesgerichtsrat seinen Urlaub standesgemäß in Bad Ischl, Abbazia oder an der Riviera verbringen können. Er zog Hohenberg vor. Dort kannte er die Leute und alle Wald-, Wiesen- und Bergwege. Und jeder Urlaub war für ihn eine Wiederbegegnung mit Vertrautem und Liebgewonnenem, das er herzhaft genoß (und sein Herz von allen Urlaubsschocks der Fernreisen schonte).

Da ein Baum (seit vorigem Jahr ist er schon wieder höher geworden). Da ein Bergweg (vor zwanzig Jahren war er noch nicht so ausgetreten). Und, da schau... heuer gibt's schon Ende August die ersten Herbstzeitlosen!

Es gab aber auch später noch tatenfrohe Alpinisten, für die nur ein kleines Stückchen der Alpen zur Bergheimat geworden ist. Den Wiener Bergsteiger und Bergschriftsteller Kurt Maix traf man Jahr für Jahr am Dachstein. »Im Banne der Dachstein-Südwand« ist der Titel seines bekanntesten Buches, am Fuße der Dachstein-Südwände hatte er sogar den Bergbauern beim Grasmähen geholfen. Für den Bayern Ludwig Steinauer waren hingegen Montblanc und Wallis »sein« Gebiet (Steinauer einmal etwa in den Dolomiten zu begegnen wäre ebenso ungewöhnlich gewesen wie einem Eskimo in Kamerun).

Lange Zeit habe ich ein solches Wurzelschlagen nicht verstehen können, bin lieber einmal da und dann wieder dort gewesen. Aber dann bekam unser Sohn Martin einen Posten als Förster im Ausseerland, bezog ein Forsthaus in Altaussee. Und das liegt am Fuße vom Toten Gebirge...

Zwei Buben prahlen mit ihren Vätern.
»Mein Vater hat den Großglockner noch gekannt,
wie er ganz klein war!« sagt der eine.
Darauf der andere: »Hast du schon vom Toten
Gebirge gehört? Das hat mein Vater erschlagen!«

Das Tote Gebirge ist das größte Kalkplateau der Ostalpen. Einer seiner Steilabbrüche, die fünfhundert Meter hohe Trisselwand, steht genau gegenüber von Martins Försterhaus.

Berge – geruhsam erlebt (am Kammersee am Fuße des Toten Gebirges).

1959 waren wir zum erstenmal in der Wand. Eigentlich hatten wir den leichtesten Durchstieg – die Reinlroute – machen wollen. Aber nach den vielen Klimmzügen an saftigen Butterblumen des rasigen Vorbaus war mein alpiner Lehrmeister Schwanda dann von dem verhältnismäßig festen Gestein in der großen Schlucht so begeistert gewesen, daß er diese absolut nicht verlassen wollte. Es kam Nebel, es begann zu regnen. Wir kletterten ins Ungewisse. Wie und wo wir dann doch noch oben aus der Wand hinausgekommen sind, das weiß ich bis heute nicht.

1985, nachdem die Trisselwand sozusagen Martins Hauswand geworden war, machten wir einen Familienausflug in sie. Diesmal wirklich: Reinlroute.

Ich hatte mich schon narrisch auf das sogenannte »Neunerbrett« gefreut, auf diese wie glattgehobelt wirkende und scheinbar aus eisenfestem Fels bestehende rassige Rampe im Mittelteil der Wand (die deswegen so heißt, weil sie ab neun Uhr früh von der Sonne beschienen wird). Große Enttäuschung: Die rassige Rampe war eine rasige Rampe aus Bröckerlkalk. Sogar das sanft nachgleitende Seil brachte schon den Fels ins Rieseln...

»Vater! Du sollst das Tote Gebirge erschlagen und nicht deinen eigenen Sohn!« schrie Martin.

Umso fester sind die Latschen verwurzelt, über die man im oberen Teil der Wand hinwegklettern oder sich durchwinden muß... »in schöner Kletterei zum Gipfel« lasen wir im Führer. Fritzerl und Martin waren sich darüber einig, daß diese Wand sie nie wiedersehen würde.

Mir hat die Reinlroute trotzdem gut gefallen. Diese Tiefblicke! Man hat in der Trisselwand das Gefühl, jederzeit mit einem Luftsprung in den darunter liegenden Altausseer-See hüpfen zu können.

In der Trisselwand gibt es noch die Stügerroute. Die hätte ich ebenfalls gerne kennengelernt. Fritzerl und Martin wollten das nicht. Nie wieder Trisselwand!

Der Sommer 1986 war sehr heiß. Schon den zweiten Tag pflückten Fritzerl und ich in Martins Garten die vollreifen Johannisbeeren (oder Ribisel, wie wir Österreicher sagen). Rote, klebrige Finger, ein vom Schweißabwischen rotgeschmiertes Gesicht, die lästigen Fliegen und Mücken... und rote Ribisel, Ribisel... ein Mann sieht rot!

»Fritzerl! Was ist dir morgen lieber: Ribiselpflücken oder die Trisselwand-Stügerroute?«

»Dann lieber die Trisselwand!«

Vom sogenannten »Stügereck« in der Stügerroute hatte ich schon so viele Schauergeschichten gehört, daß ich bereits meine fixen Vorstellungen davon hatte: Ein Fingerspitzlquergang fünfhundert Meter über dem Wasser des

Berge – etwas steiler erlebt (auf dem »Neunerbrett« in der Reinlroute durch die Trisselwand).

Sees. In Wirklichkeit spaziert man auf einer sanftgeneigten Felsplatte um eine Kante...

Wie immer kletterten Fritzerl und ich in Wechselführung, und die nächste Seillänge – ihre Seillänge – schaute vom Standplatz wunderschön aus: Die Plattenwand des »Stügerbretts«.

»Heut hast du wieder deinen Glückstag!« sagte ich.

»Deine Vorstellungen vom Glück möcht' ich haben!« murmelte Fritzerl, nachdem sie etwa zehn Meter hochgeklettert war.

Oberhalb der Plattenwand war nämlich vor kurzem ein gewaltiges Stück Trisselwand ausgebrochen und hatte den Fels darunter in winzige Splitter zerschlagen, auf denen außerdem noch eine feine Steinstaubschicht lag. Fritzerl kletterte im Reibsand!

»Fritzerl! Wir sind wieder auf Festland!« schrie ich begeistert, nachdem ich dann nach meiner nächsten Seillänge an der Gratkante eine Bandschlinge um einen soliden Felszacken gelegt hatte.

Festland?

Auch das war nur eine optische Täuschung.

Denn während ich das Seil einholte, sah ich, daß die ganze Gratkante rundum von feinen, kleinen und auch großen Sprüngen durchsetzt war. Wahrscheinlich Folgen eines Blitzschlags, der auch den Felssturz ausgelöst hatte. Mein solider Felszacken mitsamt der ganzen Gratkante, auf der ich stand, war fällig für den nächsten Bergsturz!

»Fritzerl, schleich' ganz vorsichtig hinüber zu dem nächsten Gratzacken! Dort ist erst wirklich Festland!«

Fritzerls Kommentar auf dem Gipfel: »Ich hätt' doch besser bei den Ribiseln bleiben sollen!«

Jetzt werde ich sie ganz bestimmt nie wieder in die Trisselwand locken können.

Der Große Priel (2515 m) ist der höchste Berg des Toten Gebirges. Und seit der Erstbegehung um die Jahrhundertwende ist sein Südgrat ein beliebter Kletterweg, sogar der Walter Pause hat diesen in sein Buch »100 Genußklettereien in den Alpen« aufgenommen. Das hat ihn noch mehr aufgewertet.

Im Priel-Schutzhaus schauten wir uns daher schon am Abend alle Leute genauer an, die wir am nächsten Tag wahrscheinlich am Einstieg oder auf dem Grat treffen würden.

Natürlich die zwei Jungen.

Und natürlich auch die vier Kraftlackeln, von denen jeder nur mit wiegendem Schritt durch den Gastraum stelzte.

Und natürlich der Lange dort...

»Warum der Lange?« fragte ich Fritzerl.

»Na schau! Was der für eine zünftige Hose anhat!«

Also auch der Lange in der zünftigen Hose. Wir kamen auf mindestens zwei Dutzend Südgratler. Und weil wir nicht gerne hinter anderen nachzockeln, standen wir schon im Morgengrauen auf und zogen (ohne Frühstück) los.

Tja, und dann waren wir mutterseelenallein auf dem Südgrat. Alle unsere vermeintlichen Südgratler sind den Normalweg gegangen.

Der schönste Berg des Toten Gebirges ist die Spitzmauer (2466 m), sie ist auch der Kletterberg dieses Gebietes.

In den fünfziger Jahren bin ich einmal über den linken Ostwandpfeiler auf die Spitzmauer geklettert. Dieser beginnt in halber Höhe der Wand und bis zu seinem Einstieg folgt man der direkten Ostwandroute. Diese hatte ich in allerbester Erinnerung als herrliche Plattenkletterei in eisenfestem Fels, und sie einmal ganz bis zum Gipfel hinauf zu begehen ist jahrzehntelang für mich ein Wunschtraum gewesen.

»Fritzerl, heute wirst du eine Traumtour erleben, die du dein Leben lang nicht vergessen wirst!« sagte ich am frühen Morgen beim Aufbruch.

Um zur Ostwand zu kommen, muß zunächst über steile Schrofen und schmale Rasenbänder ins Klinserkar gequert werden. Das ist ein recht langer Zustieg. Damals hatte es ein gutausgetretenes Steiglein gegeben, jetzt gibt es keines mehr. »Deine Traumtour fängt gut an!« maulte Fritzerl, als sie sich an Latschenästen entlanghantelte...

Ich erinnerte sie an das Märchen vom Schlaraffenland. Da gibt's vorher auch den Grießbreiberg.

»Wann sind wir endlich durch den Grieß?« fragte Fritzerl, als wir bereits die halbe Ostwand unter uns hatten. Das fragte ich mich ebenfalls.

Die herrlichen Platten waren weder so herrlich noch so plattig, wie ich sie in Erinnerung hatte, außerdem lagen jede Menge kleinerer und größerer Steinchen lose darauf. Es schien so, als wären wir nach vielen Jahren wieder die ersten Menschen in der Ostwand.

Kein Schlaraffenland!

Wieso hatte ich so fest daran geglaubt, daß es eines sei?

Damals am Ostwandpfeiler waren wir von der brennend heißen Sonne knusprig geröstet worden. In der Ostwand hatte es noch Schneeflecken und Schmelzwasser gegeben, am Ostwandpfeiler nicht. Ob mir vielleicht deswegen die Ostwand so sympathisch geblieben ist?

Damals war die Ostwand noch eine Modetour und ist oft begangen worden. Der Fels war sicher sauberer. Heute geht – wie uns der Hüttenwirt sagte – wegen des langen Zustiegs fast kein Mensch mehr hinüber zur Ostwand.

Oder: Hatte vielleicht der Bergsteiger-Senior Fritz Schmitt wirklich recht, als er zu seinem 80. Geburtstag sagte: »Erinnerung ist viel Dichtung, die man schließlich selber glaubt.«

Das Portal der Salzofenhöhle in etwa 2000 m Seehöhe schaut genau so aus wie der Eingang in eine geheimnisvolle Unterwelt – und das ist er tatsächlich.

Wer sich unter diesem Portal nach etwa fünf Stunden Fußmarsch zur Rast niederläßt, der sitzt an einem Platz, an dem schon vor 30-, 40-, 50 000 Jahren Menschen gesessen sind: Höhlenbärenjäger während der letzten Eiszeit.

1924 wurden die ersten Funde in der Höhle gemacht; seither fanden in ihr immer wieder Ausgrabungen statt. Die Funde sind im Heimatmuseum von Bad Aussee zu sehen, da oben in der steinernen Wildnis am Salzofen kann man jedoch ein bisserl davon mitbekommen, was es in der Vorzeit bedeutet hat, auf dieser rauhen Erde als Mensch zu leben.

Seit die Türschwelle vom Försterhaus unseres Sohnes Martin zu Füßen des Toten Gebirges liegt, sind Fritzerl und ich sehr oft auf diesem rund 400 Quadratkilometer umfassenden Hochplateau unterwegs. Und immer mehr wird uns auf solchen Wanderungen bewußt, wie sehr dieses Bergland stets auch ein Lebensraum war.

Nach dem Zweiten Weltkrieg wurden in der »Höll« (nahe vom Linzerhaus auf der Wurzeralm) recht seltsame in den Fels gravierte Zeichen entdeckt. Solche Felsbilder gibt es auf der ganzen Welt und aus den verschiedensten Zeiten, und überall und jederzeit bedeuten sie Bitten des Menschen an eine höhere Macht um sein Wohlergehen auf dieser Erde.

Mit der Entdeckung der Gravuren im Toten Gebirge begann die Felsbilderforschung in Österreich, und seither vergeht kein Jahr, in dem nicht neue Bildfelsen gefunden werden. Womit auch die Diskussionen über das Alter der Bilder und über die Deutung der Symbolzeichen immer wieder neu entfacht werden.

Mich hat von Anfang an bei dieser Forschung um die »Hieroglyphen der Alpen« das (bis heute noch nicht gelöste) Rätsel um sie fasziniert. Aber da gibt es auch noch etwas anderes...

Fritzerl und ich kamen bei diesem Aufsuchen von Felsbildern in Berggebiete, die wir als »normale« Bergsteiger nie kennengelernt hätten. Zum Beispiel ins Raucherkar im Toten Gebirge.

Für einen Bergsteiger gibt es in diesem Ödwinkel keine lohnenden Gipfel. Die Höhlenforscher haben dort allerdings ihre Raucherkarhöhle mit einer bis jetzt vermessenen Ganglänge von mehr als fünfzig Kilometern. (Schauen Sie sich einmal fünfzig Kilometer auf einer Straßenkarte Ihrer Umgebung an. Und das fünfzig Kilometer im Innern der Erde!) In diesem Raucherkar haben Höhlenforscher im Sommer 1980 Felsbilder entdeckt; unter anderen in einer wildromantischen Halbhöhle, die »Mooskeller« genannt wird.

Das Raucherkar ist eine Urweltlandschaft mit meterhohen Mammutlatschen, deren Dickicht zu durchdringen auch eine Mammutsarbeit ist. Kalte Eiseluft strömt aus den unzähligen Dolinen im Boden, deren Öffnungen oft tückisch von vermodertem Gehölz und Gesträuch überdeckt sind. (Wir waren wohl schon in den Dolomiten, am Matterhorn und am Montblanc, aber in einem solch menschenfeindlichen Bergland sind wir noch nie zuvor gewesen.)

Der »Mooskeller« ist eine mächtige Höhlenhalle. Aber nur an der Ein-

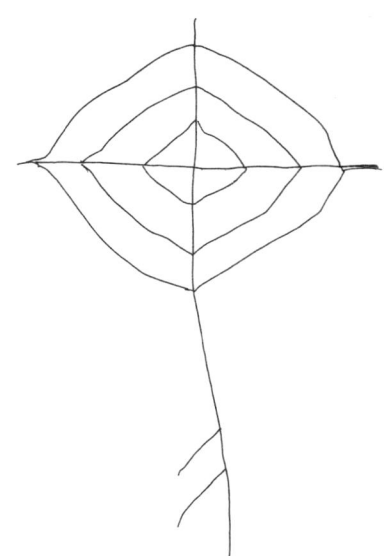

Das »Fadenkreuz«, das berühmteste Fels-bild der »Höll«. Es wird als Ordnungssym-bol gedeutet; die drei Quadrate könnten aber auch die Sonnenbahn symbolisieren zur Wintersonnenwende (kleinster Durch-messer), zur Tag- und Nachtgleiche und Sommersonnenwende. Von »Fadenkreu-zen« aus Stroh berichtet außerdem die Volkskunde: Sie waren Deckengehänge in alten Bauernhäusern, und aus den Bewe-gungen dieser »Fliegenhimmel« oder »Un-ruhe« genannten Gebilde (heute würde man sie als »Mobile« bezeichnen) wollte man einst die Anwesenheit von Seelen ver-storbener Angehöriger, aber auch von He-xen erkennen.

gangswand sind die Zeichen angebracht, das Innere der Höhle (trotz vieler Möglichkeiten zum Anbringen von Gravuren) schien dafür tabu gewesen zu sein. Lange Zeit hatte man in diesen Gravuren nur die Kritzeleien ge-langweilter Hirten oder Jäger gesehen. Aber das waren sie nicht. Es ist näm-lich gar nicht so leicht, in den spröden Fels diese Symbolzeichen zu verewi-gen. Da steckt ernste Absicht dahinter.

Viele der Symbole sind uralt. Aber das besagt nichts über das Alter der Felsbilder. So manche dieser Uralt-Symbole finden sich im Alpenland auch in das Holz von Scheunen, Türen und Tischen geschnitzt. Ein Kreuzl wird wahrscheinlich bedeutet haben »Ich bin hier gewesen!«.

Felsbilder... geheimnisvolle Felsbilder. Sie lassen das Hirn rotieren, wenn man davor steht, und es ist ein prallgefüllter Rucksack mit Fragezei-chen, den man dann wieder mit nach Hause nimmt.

Fritzerl sah bei unserem Rückweg vom »Mooskeller« in die Zivilisation (auf einem besonders hohen Mammutlatschenast wippend) das Felsbilder-problem wesentlich simpler: »Du – wenn ein Mensch einmal aus diesem Latschendschungel bis zu der Höhle durchgedrungen ist, dann hat er dort wirklich nur noch verwirrende Symbole anbringen können!«

Aber wie sah das Raucherkar wirklich vor dreihundert oder gar vor drei-tausend Jahren aus? War es auch schon damals eine Latschenwildnis?

Wie schnell sich eine Landschaft innerhalb weniger Jahre in eine ganz andere Landschaft verändern kann, das haben wir selber in der »Höll« er-lebt...

Ein verheerender Orkan hatte im Jahre 1956 den diesen Talgrund bedek-kenden Urwald niedergemäht, was dann bei den notwendig gewordenen Säuberungsarbeiten zur Entdeckung der Bildfelsen geführt hat.

93

Die Felsen standen damals vollkommen frei in dem riesigen Kahlschlag. So haben wir sie kennengelernt, so waren sie auch noch bei fünf oder sechs Besuchen in den darauffolgenden Jahren.

1988 wollten wir die Bilder unserem Martin zeigen – und kannten die »Höll« nimmermehr! Der Talboden war schon wieder von hohen Bäumen und dichtestem Gestrüpp überwachsen.

Nur ein schmaler Fußpfad führt durch den Dschungel. Wo ist der Hauptfelsen mit dem großen Fadenkreuz darauf, die eindrucksvollste Bilderwand der »Höll«?

»Dort muß er sein!« – Ich brach ein ins Gehölz. Außer einer bildschönen Kreuzotter, auf die ich bald draufgetreten wäre, fand ich nichts – jedenfalls keinen Bildfelsen.

Eine Frau kam den Pfad herauf. Ob wir auf der Suche nach den Felsbildern wären, fragte sie.

Das waren wir.

»Sind Sie ernsthaft an den Felsbildern interessiert?«

Auch das waren wir. Vor allem an dem Fadenkreuz-Felsen.

»Dann will ich eine Ausnahme machen und Ihnen diesen zeigen!« sagte die Frau. Sonst tue sie das nicht. Da gibt's doch so blöde Sommerfrischler, die glauben, daß es ein guter Witz sei, auch irgendwas in den Fels zu gravieren... womit sie diese Kulturdenkmäler zerstören.

»Aber wenn Sie sich schon für Felsbilder interessieren, dann sollten Sie einmal das Buch von Karl Lukan »Alpenwanderungen in die Vorzeit« lesen. In dem Buch wird auch genau beschrieben, wie man zu den Felsen kommt!«

Diese schnellen Veränderungen in der Natur innerhalb nur weniger Jahre! Es fiel mir verdammt schwer, der Frau zu sagen, daß ich dieser Lukan bin, der die genaue Wegbeschreibung zu den Felsbildern in der Höll seinerzeit und schon vor einer Ewigkeit verfaßt hatte...

Der Sturzhahn (2031 m) – dieses Felshorn über der Tauplitzalm – ist wohl der Fremdenprospektberg dieser Region, aber beim Blättern in seinem Gipfelbuch mußten wir feststellen, daß der kühne Zacken nur selten erstiegen wird.

Mich hatte schon immer der Name fasziniert – Sturzhahn! Ich mußte dabei immer an ein sagenhaftes Ungeheuer denken. Die etymologische Erklärung ist simpler. Storzen heißt in dieser Gegend soviel wie aufragen und Hahn nennt man alles weit Sichtbare.

Als ich zum erstenmal ein Foto vom Sturzhahn gesehen hatte, kam für mich nur ein Anstieg in Frage – die glatte, steile Westwand. Doch ich kam nicht dazu, zum Sturzhahn zu kommen, und als ich dazu kam, da kam für mich nimmer die Westwand in Frage.

Immerhin hat der Hahn aber auch noch eine schöne, weniger schwierige Südwand...

Mit dem Tauplitzlift sind Fritzerl und ich zur Tauplitzalm hochgefahren.

Das soll der oder einer der längsten Sessellifte der Alpen sein, Fahrzeit: 50 Minuten!

Der nächste Morgen war strahlend schön, aber ich fühlte mich faul und unlustig. Den Rindviechern auf der Weide schien es genauso zu gehen, verdrossen lagen sie im Gras...

»Am liebsten würde ich mich dazulegen!« sagte Fritzerl.

Jetzt standen wir vor dem Berg, der schon jahrzehntelang unser Wunschberg war – und fühlten uns wie zwei steinalte Pensionisten, die zu ihrem Lieblingsbankerl im Beserlpark trippeln.

Doch diese allgemeine Faulheit schien eine andere Ursache zu haben. Das Wetter? Im Wetterbericht war Schönwetter vorausgesagt worden – aber vielleicht hatte Petrus im Himmel diesen noch nicht gehört?

»Besser der Spatz in der Hand als die Taube auf dem Dach!« Also: Keine Südwand. Über den Ostgrat (Normalweg, Schwierigkeitsgrad II) erkletterten wir den stolzen Hahn.

Auf dem Gipfel war weithin kein Wölkchen zu sehen, nur dicker Dunst lag über Berg und Tal. Doch war irgendetwas Unheimliches, Bedrohliches zu spüren. Noch nie hatte ich mich auf einem Gipfel so wenig freuen können.

Als wir wieder zum Tauplitzhaus zurückkamen, waren am Himmel die ersten Wolken zu sehen. Wir packten unser Zeug zusammen und rannten zur Liftstation.

Der Mann vom Lift lachte über unsere Angst vor einem Gewitter: »Der Wetterbericht hat Schönwetter angesagt!«

Als wir zur Mittelstation kamen, war der Himmel schon tiefschwarz geworden. Gewitter? Der Mann vom Lift: »Kommt keins! Der Wetterbericht hat Schönwetter angesagt!«

Noch hatten wir mindestens zwanzig Minuten Sesselliftfahrt vor uns. Diese zwanzig Minuten hatten wir bei der Auffahrt sehr genossen... dieses Schweben über Wiesen und entlang von Baumwipfeln...

Und – zack! – zuckte der erste Blitz grell durch die Luft und gleich darauf knallte der Donnerschlag!

Da gibt es diesen bösen Traum, in dem man vor etwas davonlaufen will und kann es nicht. Jetzt wollte ich vor dem Gewitter davonlaufen – und konnte es nicht, weil ich hoch über der Erde in dem Sessel hockte. Blitz, Donnerschlag, Blitz, Donner... jedesmal zuckte ich zusammen. Ich fühlte mich wie auf einem schwebenden elektrischen Stuhl. Als wir endlich, endlich aus dem Sessel hüpfen konnten, knallten bereits nußgroße Hagelkörner auf den Boden. Keine Minute zu früh waren wir gelandet...

Am nächsten Tag waren Schauerberichte in den Zeitungen zu lesen über die Unwetter-Katastrophe an diesem »Schönwettertag«. Bei unserer Rückkehr ins Forsthaus in Altaussee war die Nachbarin gerade dabei, das vom Himmel gefallene Eis aus ihrem Gemüsegarten zu schaufeln. »Haben wir eine Angst um euch da oben am Berg gehabt!« sagte sie. »Gottseidank, daß ihr wieder zu Hause seid!«

Die Südwand vom Sturzhahn haben wir ein Jahr später doch noch gemacht... an einem wolkenlosen Sonnentag.

»Zwei Seniorenkarten!« verlangte ich beim Lift.

»Fahrst' auf die Alm aufi um ein bisserl gute Luft zu schnappen, Vaterl, das ist gscheit!« sagte der Mann vom Lift.

Drei Stunden später hingen das Vaterl und das Mutterl bereits in der Gipfelwand vom Sturzhahn. Steil war diese und der Fels etwas brüchig und abdrängend. Ein alter Haken hoch oben. Es war Fritzerls Seillänge.

»Wie geht's?«

»Eine Stiege!« – Eine Stiege ist bei uns eine Wand, in der es gute Tritte zum Höhersteigen gibt.

Fritzerl einige Meter höher: »Jetzt wird's eine Bodenstiege!« – Eine Bodenstiege ist bei uns eine Wand, in der die Tritte nicht mehr so stiegisch sind.

Ruhig und sicher war Fritzerl auch auf der Bodenstiege unterwegs. Sie klettert seit ihrem fünfzehnten Lebensjahr und ist noch nie gestürzt.

Bei zwei Mauerhaken machte sie Stand. Nach der Beschreibung mußte jetzt die »leicht überhängende Wandstufe« kommen. Meine Seillänge.

Von Kopf bis Fuß auf Überhänge eingestellt stieg ich zwei Meter höher, querte einen Meter nach rechts auf eine Kante – und stand in den leichten Felsen unterhalb des Gipfels. Fritzerls Bodenstiege war schon ein Teil der »leicht überhängenden Wandstufe« gewesen.

Diesmal konnten wir auf dem Gipfel richtig froh sein. Und wieder dachten wir an den Spruch des Hubert Asch: »Der Berg ist kein Frosch. Der hupft nicht davon!« – Jetzt lag auch die Südwand unter uns.

Während des Abstiegs sahen wir beim »Wernerbankerl« eine Ansammlung von Menschen. Ich weiß nicht, wer der Werner war, aber sein Bankerl ist ein beliebtes Ziel älterer Herrschaften, die in einem der vielen Hotels und Berghäuser auf der Tauplitzalm Urlaub machen. Beim »Wernerbankerl« ist's so schön zu sitzen. Ein Unglück konnte dort doch nicht passiert sein?

Wir waren die Ursache der Menschenansammlung! Uns hatte man die ganze Zeit in der Wand und auch beim Abstieg mit und ohne Ferngläser beobachtet. »I bin jetzt sechzig, i könnt solche Sachen nimmer machen!« sagte eine Frau, deren mollige Sitzfläche auf dem »Wernerbankerl« fast zwei Plätze beanspruchte. »Aber ihr, ihr seid ja noch gute zwanzig Jahre jünger!«

Wenn ich in den Spiegel schaue, dann glaube ich an manchen Tagen, wie mein eigener Großvater auszuschauen. Aber es gibt auch Tage, an denen ich mir im Spiegel gefalle (nicht sehr, aber ein bisserl schon). Wie sehr verändert Wohlbefinden das Aussehen? Jedenfalls: Nach der Sturzhahn-Südwand haben wir beide uns so wohl gefühlt wie schon lange nicht...

»Gottseidank, daß ihr wieder zu Hause seid!« hatte die Nachbarin nach dem Unwetter im Vorjahr gesagt.

Zu Hause!

Jetzt fühlten wir uns tatsächlich fast schon wie zu Hause im Ausseer Land und im Toten Gebirge.

Nachdem Erzherzog Johann im Jahre 1829 die Ausseer Postmeisterstochter Anna Plochl geheiratet hat, ist er in diesem Land unvergessen. Und zur Fremdenverkehrssaison ist das berühmte Erzherzog Johann-Jodlerliedl oder auch »Herzinfarkt-Jodler« (Text: »Wo ich geh und steh, ist's mir um's Herz so weh!«) überall und jederzeit und sogar beim Dauerwursteinkauf im Supermarkt zu hören. Wir haben uns an ihn schon so gewöhnt, daß wir ihn gar nicht mehr hören.

Wir erkennen jetzt auch schon die alljährlich wiederkehrenden treuen Sommergäste – sie sind allesamt als fesche Steirerdirndln und resche Steirerbuam verkleidet. Und wenn der Karl Maria Brandauer (er ist geborener Altausseer) ebenfalls in der Lederhose seinen Landsleuten huldvoll »Grüß euch, liebe Leute!« zuruft, dann wirkt er ebenso unglaubwürdig und überdreht, wie wenn er im Wiener Burgtheater den »Sein-oder-Nichtsein-Monolog« deklamiert.

Wir sind auch schon so heimisch im Ausseerland geworden, daß wir in der Saison lieber nicht zum Toplitzsee wandern.

Denn dieser schmale, tiefdunkle See ist wirklich ein besonderes Landschaftserlebnis. Er schaut genau so aus, wie man sich den Ort eines außergewöhnlichen Geschehens oder den Schauplatz eines Abenteuerfilms vorstellt, er schaut wirklich so geheimnisvoll aus, daß man sich im Stillen sogar fragt: Ist er auch echt?

»Der Schatz im Toplitzsee«. Oder: Ist der sagenhafte Goldschatz des Dritten Reiches doch an dessen Ufern vergraben? Noch immer kommen Jahr um Jahr Schatzgräber zu den Ufern des Sees… Spinner oder Träumer?

Vom Toplitzsee erreicht man in wenigen Minuten den Kammersee. Dieser erweckt ganz andere Assoziationen… Bilder des Malers Böcklin, Nymphen und Wassergeister. Leider bleibt den Leuten, die mit der »Seerundfahrt« gekommen sind, nur wenig Zeit für diesen See, der zu den romantischsten der Alpen zählt… »In zwei Minuten fährt das Schiff wieder ab. Lauf du voraus, Doris, ich schieß noch schnell einige Stimmungsfotos!«

Wir wandern lieber außerhalb der Saison zu diesen Seen. Aber was heißt eigentlich Saison? Nur die vielen Sommer- oder Wintergäste? Einmal waren wir Anfang Dezember am Toplitzsee – also in keiner Saison – und da war er mit den von Rauhreif bedeckten Bäumen rundum und den Nebelschwaden darüber am allerschönsten. Außer der Saison ist auch die Loserhütte geschlossen, aber der Ausblick über das Nebelmeer hinweg zum weißen Dachstein hat immer Saison. Als wir uns einmal vor der geschlossenen Hütte sonnten, kam der Wirt vorbei, um etwas in dem Haus zu reparieren.

Wir plauderten eine Weile, dann setzte auch er sich zu uns auf die Bank und schaute ebenfalls hinüber zum Dachstein. In der Saison kann sich das ein Hüttenwirt nicht erlauben. Stille. Und dann sagte der Mann: »Des sind g'wiß net die dümmsten Leut, die da heraufkommen zu uns und sich das«, seine Hand zog einen weitausholenden Halbkreis, »alles anschauen!«

Am 5. Dezember findet jedes Jahr das »Mitterndorfer Nikolospiel« statt. Ein Spiel vom Sterben eines alten Bettelmannes, das an diesem Spätnachmittag und Abend in fünf Ortsgemeinden aufgeführt wird. Und von Ort zu Ort zieht mit den Darstellern dieses »Arme-Leute-Jedermann« ein grotesker Zug von schaurig maskierten Gestalten...

An der Spitze wandelnde Strohbündel (»Schab« werden sie genannt), welche meterlange Hörner tragen und laut mit Peitschen knallen. Und dann kommt der wilde Haufen (oft mehr als fünfzig) in Zottelfelle gehüllter Krampusse mit selbstgeschnitzten Masken, vor deren Grauslichkeit selbst dem Teufel grausen würde. Kaum ist der nächste Ort erreicht, schwärmen die Krampusse aus und stürzen sich mit ihren Ruten auf die Leute (vor allem auf die jungen Madln).

Wir sind bei diesem Nikolospiel im Ausseerland meist dabei, weil es uns gefällt, weil es noch urtümlich und keine Fremdenverkehrs-Attraktion ist.

In Zauchen hat die Wirtin des Gasthofes mit den »Schab« ein großes Mitleid und stärkt sie (»Ja, was glauben S', wie die armen Männer in dem Stroh drin leiden!«).

Das spielt sich dann so ab: Während jeder um die wild mit den Peitschen knallenden Schab einen großen Bogen macht, geht die Wirtin mit einer Schnapsflasche unterm Arm und mit einem Teller voll Würstl und einem Teller voll Semmeln in den Händen mutig auf die Monster zu. »Schab! Schab!« ruft sie dann – so wie sie ihre Hendln zur Fütterung rufen würde. Und mit einemmal sind die »Schab« gar nicht mehr so wild. Sie drängen sich um die Wirtin, und man kann sehen, wie Würstl, Semmeln und auch der Inhalt der Schnapsflasche in dem Stroh verschwinden.

Das Peitschenknallen, die schiachen Masken – das alles geht bekanntlich auf einen uralten Abwehrzauber zurück, und was damit abgewehrt werden sollte, das war ein strenger Winter mit viel Schnee. Zumindest früher war das so...

Jetzt würden die Leute vom »Wintersportparadies Mitterndorf« stocksauer sein, wenn die Peitschenknallerei den Winter tatsächlich vertreiben würde, jetzt beten sie dort schon Anfang Dezember um möglichst viel Weihnachtsfeiertags-Schnee!

Der junge Mensch fühlt sich gern als Adler, der in die Ferne fliegt...

Das tut aber kein Adler. In weite Fernen fliegen die kleinen Schwalben. Unlängst zeigte mir ein Jäger einen alten Adler... »Der zieht nur noch kleine Kreise um seinen Horst!«

Jetzt, da ich den Herrn Oberlandesgerichtsrat und sein Sommerfrischlerdenkmal gut verstehen kann, jetzt, da ich selber im Toten Gebirge und Ausseerland Wurzeln zu schlagen beginne – jetzt erst darf ich mich als Adler fühlen.

Hoch hinaus!

1947 – kurz nach dem großen Krieg – organisierte Sepp Brunhuber für unsere Bergsteigergruppe eine Expedition (das war's damals noch tatsächlich!) zum Montblanc. Und Dadi fuhr mit. Eigentlich hieß er Hans, war Briefträger und hatte ein so freundlich-väterliches Wesen, daß er schon seit frühester Jugendzeit von allen nur »Dadi« genannt wurde.

Dadi war ein Romantiker. Er zog gerne in der Nacht im Schein einer Kerzenlaterne von Wien auf den Peilstein, er liebte Biwaks in Höhlen (mit Lagerfeuer). Dadis großer Traum war, einmal in seinem Leben auf dem Gipfel des Montblanc zu stehen.

In der Jugendzeit hatte ihm das Geld dafür gefehlt, in der Notzeit der dreißiger Jahre ebenfalls (geheiratet hatte er, eine Wohnung eingerichtet). Dann war der Krieg gekommen. Und so war Dadi zum Fünfziger geworden, der in der Montblancfahrt unserer Bergsteigergruppe die letzte Chance in seinem Leben sah, den »Monarch« (wie er ehrfurchtsvoll sagte) zu ersteigen.

Das gelang ihm dann auch. Aber alle, die mit ihm waren, sagten nachher, daß sich Dadi zuletzt nur noch mit allerletzter Willenskraft zum Gipfel hinaufgekämpft hatte und erschreckend bleich und mit seltsam starren Gesichtszügen wieder das Tal erreichte.

Nach dem Montblanc ist der Dadi immer mehr verfallen. Ein altes Lungenleiden soll wieder neu ausgebrochen sein – so sagte man. Und bald darauf ist er gestorben. Uns allen war klar, daß Dadi ein Opfer seiner letzten Bergfahrt geworden war.

Seit Dadis Tod weiß ich also, daß man nicht nur am Berg, sondern auch durchs Bergsteigen sterben kann, wenn man zu hoch hinauswill. Und ich war dann immer etwas skeptisch, wenn ich hörte, daß der alte Soundso plötzlich gestorben sei – obwohl er noch kurz vorher einen Drei- oder Viertausender erstiegen hatte.

Ein uralter Bergsteiger-Wunschtraum: in einer Sänfte auf einen Berg hinaufgetragen zu werden…

Tatsächlich ist schon einmal ein Mensch in einer Sänfte auf den Montblancgipfel getragen worden. Das war der französische Physiker Janssen, Chef der Sternwarte Meudon bei Paris, der im Jahre 1890 auf dem höchsten Berg der Alpen Beobachtungen über die Sonnen- und Erdatmosphäre durchführen wollte.

Bei dieser Expedition wurde der hochgetragene 65jährige Professor (er war kein Bergsteiger) vier Tage lang von einem Schneesturm in der damals gerade fertiggestellten Vallothütte festgehalten. Nachdem er trotz dieses erzwungenen Aufenthalts in 4362 Meter Höhe dann auch noch auf dem Gipfel seine wissenschaftlichen Beobachtungen zufriedenstellend durchführen konnte, war Janssen höchstpersönlich zu der Gewißheit gekommen, daß auch bei längerem Aufenthalt in größeren Höhen noch wissenschaftliches

Arbeiten möglich sei. Worauf er beschloß, auf dem Montblancgipfel ein Observatorium zu errichten.

Es ist also noch nicht allzulange her, daß man einen längeren Aufenthalt in größeren Alpenhöhen für gesundheitsschädlich hielt. Das nicht ganz ohne Grund. Denn auch heute noch passiert's, daß Leute, welche topfit die Vallothütte erreicht haben, nach einer Nächtigung in dieser am nächsten Morgen nicht mehr fähig sind, die letzten 450 Höhenmeter zum Montblancgipfel zu derpacken.

Höhenverträglichkeit ist etwas höchst Individuelles. Nicht jeder Mensch (selbst wenn er ein durchtrainierter Sportler ist) verträgt größere Höhen. Da gab es zum Beispiel einen ausgezeichneten Kletterer, der schon durch schwierigste Wände gestiegen ist, aber sogar in seiner besten Jugendzeit nie auf den Großglockner hinaufkam. Jedesmal wurde ihm bei etwa 3500 Meter Seehöhe so speiübel, daß er glaubte, zu sterben, zu sterben... sterben...

Er ist nicht gestorben, hat nur gesagt: »Ich kann auch leben, ohne auf diesem Zapfen oben gewesen zu sein!« Und das hat er dann auch tatsächlich getan.

Auch die Anpassung des Organismus an gewisse Höhen kann sehr individuell sein. Ein Bergsteiger, der so ziemlich alle großen Alpenviertausen-

Rohbau des für den Montblanc bestimmten Observatoriums im Hof der Sternwarte von Meudon bei Paris. Vor der Aufstellung hatte man fünfzehn Meter unterhalb des Montblancgipfels zwei Tunnel in das Eis gegraben in der Hoffnung, auf Fels zu stoßen. Das war nicht der Fall. Worauf beschlossen wurde, das Gebäude auf dem blanken Eis zu errichten; 1893 wurde es aufgestellt, immerhin siebzehn Jahre stand es dann auf dem Gipfel des höchsten Berges der Alpen.

der erstiegen hat, sagte als Achtzigjähriger etwas scheinbar Paradoxes: »Zu Fuß komme ich schon noch auf jeden Zweitausender hinauf. Aber mit einer Seilbahn trau ich mich jetzt nicht mehr fahren!«

»Freccia nel Cielo« – Himmelspfeil – heißt die Seilbahn von Cortina d'Ampezzo hinauf auf die Tofana di Mezzo. Beliebter Tagesausflug für die Gäste der Adria-Meerbäder ist ein Dolomitenbesuch inklusive Fahrt mit dieser Seilbahn, also vom Meeresspiegel bis hinauf auf 3244 Meter Seehöhe. Ein beachtlicher Höhenunterschied, nur etwas zu groß für manches Herz. Der »Himmelspfeil« hat schon etliche Urlauber direkt in den Himmel befördert.

Wie verschieden Menschen auf größere Höhenunterschiede reagieren, zeigt die Geschichte von der Lintschi...

Sie war Raumpflegerin (wie es heute heißt) und hatte Probleme: Beim Fensterputzen wurde sie fast grün vor Angst, weil sie den Tiefblick nicht ertragen konnte.

Lintschi war eine sehr reiselustige Frau. Kurz vor ihrer Pensionierung entschloß sie sich, eine Schweiz-Frankreich-Italien-Fahrt zu buchen, bei der auch eine Auffahrt mit der Montblanc-Seilbahn vorgesehen war. »Jetzt kommt auch noch die Lintschi in ihren alten Tagen auf den höchsten Berg der Alpen!«

Ich versuchte, ihr diese Seilbahnfahrt auszureden. Lintschis höchster Berg, den sie zuletzt (und auch das schon vor etlichen Jahren) erstiegen hatte, war der Kahlenberg, Seehöhe 484 Meter. Die Montblanc-Seilbahn fährt von Chamonix (Seehöhe ca. 1000 m) auf die Aiguille du Midi (3842 m) – das sind fast dreitausend Meter Höhenunterschied. Den verkraftet nicht jeder Organismus. Viele Seilbahnfahrer taumeln dann in der Bergstation matt herum wie Oktoberfliegen am 33. Dezember. Die etwas rundliche Lintschi, welche schon beim Stiegensteigen immer ins Schnaufen kam, würde da oben sicherlich ihre Herz- und Kreislaufprobleme haben. Außerdem führt das letzte Stück der Seilbahn über wahrhaftig schwindelerregende Tiefen dahin. Lintschis große Angst vor der Tiefe und noch dazu die große Höhe, die Aufregung... das Herz... »Lintschi, versprechen S' mir, daß Sie nicht auf den Montblanc hinauffahren!«

Lintschi versprach's. Aber natürlich ist sie dann doch mit der Montblanc-Seilbahn gefahren. »Herrlich war's! Herrlich!« schwärmte sie. Die Auffahrt sei schon so lustig gewesen, und die gute frische Luft oben bei der Bergstation habe ihr so wohlgetan. »Und eigentlich sollte ich jetzt böse auf Sie sein, lieber Herr Lukan, weil Sie mir so grausliche Geschichten von der Montblanc-Seilbahn erzählt haben!«

In seinem 1987 erschienenen Buch »Abstieg zum Erfolg« erzählt der erfolgreiche Südtiroler Bergsteiger Hans Kammerlander im Kapitel »Spiel mir das Lied vom Tod« von den vielen unbestatteten Toten, die jetzt im Himalaya liegen... »Am Gasherbrum II eine Leiche neben der Spur. An der Annapurna, unweit des Basislagers, eine Hand im Schnee, skelettiert...« und so fort. »Die Achttausender als Müllhalde menschlicher Schicksale?« fragt der Autor.

Aber auch auf den weniger hohen Weltbergen starben in letzter Zeit schon verhältnismäßig viele Leute, und zwar zumeist Menschen so um die Fünfzig, die noch vor dem Torschluß »etwas Größeres« machen wollten.

Das Angebot der Alpinschulen und Reisebüros an Weltberge-Arrangements ist groß. Und so wie in der Werbung etwa eine Kilimandscharo-Besteigung dargestellt wird, könnte man glauben, daß eine solche eigentlich nur ein harmloser Viertages-Ausflug auf einen etwas größeren Mugel ist.

Jener Mann, der im Februar 1989 am Kilimandscharo starb, hatte das nicht geglaubt. Er hatte gewußt, daß ein fast sechstausend Meter hoher Berg eine gewisse Kondition verlangt, und hatte vorher emsig trainiert. Von der ganzen Gruppe war der Achtundvierzigjährige neben dem Führer der beste Mann.

Und dann ging's also von Hütte zu Hütte auf den Kilimandscharo. Der Ansturm auf diesen Berg ist groß, die Organisation perfekt. Zu perfekt. So ist es nicht möglich, daß jemand vor dem letzten Stück zum Gipfel hinauf noch eine Nacht länger in der Hütte nächtigen kann, um Kraft zu sammeln oder sich besser zu akklimatisieren. Die nächste Gipfelstürmerwelle rollt heran, die Hütte ist immer voll belegt, kein Platz für müde Leute oder Individualisten.

Auf diesem letzten Stück zum Gipfel schlägt dann für viele die »Stunde der Wahrheit«, und sie müssen umkehren. So war es auch bei dieser Gruppe im Februar 1989. Und während die Rückzügler dann auf die Rückkehr ihrer Kameraden vom Gipfel warteten – da kam einer der einheimischen Träger vom Berg herabgelaufen und meldete, daß ein Mann ihrer Gruppe in Gipfelnähe gestorben sei.

Wer? Welcher Mann? Einige Frauen, die nicht weitergegangen waren, wußten ihre Männer bei der Gipfelgruppe. Jede hoffte, daß jener Mann nicht ihr Mann ist...

Und dann stellte es sich heraus, daß jener Mann so ganz plötzlich und unerwartet gestorben ist, der bis zuletzt der beste Mann und Motor der Gruppe war.

Als Hans Schwanda, Pauli Wertheimer und ich noch nur so als Gaudi ab und zu ein »Alpin-Kabarett« machten, schrieb ich einmal den Sketch »Himalayareise im Sonderangebot«, der damals (Anfang der siebziger Jahre) eine Utopie war und heute etwas makaber erscheint, weil die Utopie nun keine mehr ist...

Schwanda spielte damals den »Sport-Schwanda« und Organisator von alpinen Gesellschaftsreisen, Wertheimer den Kunden.

Kunde: Bittschön, ich möchte eine Himalayabesteigung buchen.

Sport-Schwanda: Sind Sie ein geübter Bergsteiger? Waren Sie schon einmal auf einem Berg?

Kunde: Auf einem Berg war ich noch nicht! Aber einen Bergsteiger-Grundkurs habe ich bei Ihnen voriges Jahr mitgemacht und sogar ein Diplom dafür bekommen.

Sport-Schwanda: Wenn Sie einen Grundkurs bei mir mitgemacht haben, dann müssen Sie doch auch auf einem Berg gewesen sein?

Kunde: Es hat die ganze Woche geregnet, und da sind wir nur in der Hütten gesessen und haben Vorträge über Wetterkunde gehört...

Sport-Schwanda: Das genügt. Wenn Sie einen meiner alpinen Grundkurse mitgemacht haben, sind Sie jedenfalls auch ein erfahrener Bergsteiger, und ich kann Ihnen ein erstklassiges Himalaya-Sonderangebot machen:

Eine Besteigung des Peak Schnaufaufihatschabi, 6666 Meter

Ferne Berge – ferne Ziele locken! Der Peak Schnaufaufihatschabi gehört zu den stolzesten und unberührtesten Himalayariesen. Sport-Schwanda ist es gelungen, diesen Berg von der nepalesischen Regierung für die ganze Saison exclusiv zu mieten.

Sport-Schwanda hat es außerdem möglich gemacht, daß die kühnsten Sherpa des Himalaya für dieses Unternehmen ihre Mitwirkung zugesagt haben – jeder ein Tiger mit mindestens fünfzig Jahren Expeditionserfahrung!

Die Unterkunft im Basislager besteht aus modernen Bungalows mit Klimaanlage (für Einbettbungalow DM 50,– Aufschlag). Die Hochlagerzelte sind mit Luftkühlung ausgestattet. Gepäcktransport bis zum Zelt. Vom Lager I täglich Ausflugsmöglichkeit zu einem garantiert echten Yetinest.

Zwischen Lager I und Lager II empfehlen wir dem verwöhnten Bergsteiger von unserem »Schind-dich-fit-Arrangement« Gebrauch zu machen, das zu dem einmaligen Reklamepreis von DM 100,– folgende Sonderleistungen enthält:
1. Eine Stunde lang durch garantiert 1 Meter tiefen Neuschnee spuren.
2. Eine Stunde lang einen kontrolliert 50 kg schweren Rucksack persönlich höhertragen.
3. Absturz in eine vom nepalesischen Naturschutzverband unter Naturschutz gestellte Gletscherspalte.

Im Lager II ist als Abendunterhaltung ein Trägerstreik vorgesehen. Regiebeitrag DM 20,–.

Vom Lager II erfolgt der Aufstieg zu dem 100 Meter höher gelegenen Lager III. Der Nachmittag steht zur freien Verfügung. Sie haben also genügend Zeit, um mit jedem Teilnehmer der Expedition in aller Ruhe zu streiten. Sport-Schwanda vermittelt Ihnen echtes Expeditionserlebnis und hat daher für alle daraus folgenden Expeditions-Prozesse eine eigene Expeditions-Rechtsanwaltskanzlei eingerichtet.

Vom Lager III treten Sie dann zum Gipfelsturm an. Gegen einen Aufschlag von DM 200,– können Sie jedoch auch mit einer Sänfte zum Gipfel getragen werden. Auf dem Gipfel erhalten Sie vom Dalai Lama persönlich die Goldene Himalayanadel mit Urkunde feierlich überreicht.

Melden Sie sich ehestens für dieses große einmalige Bergabenteuer für Individualisten an! Beschränkte Teilnehmerzahl. Mehr als 1000 Anmeldungen können nicht angenommen werden!

Kunde: Das ist ein Abenteuer! Was kostet es?

Sport-Schwanda: Alles in allem DM 1000,–. Das ist unser Himalaya-Einführungspreis.

Kunde: Da verdienen Sie aber nix dabei!

Sport-Schwanda: Ein bisserl was schon! Wissen S', die Hälfte aller Teilnehmer hält nämlich die große Höhe nicht aus und kriegt einen Herzinfarkt. Die dadurch eingesparten Rückflugkosten sind mein Reingewinn!
Sport-Schwanda kalkuliert beinhart!

Mein Chef Fritz, im Kunstverlag Anton Schroll & Co, war gleichzeitig auch mein Freund und Bergkamerad. Er war von frühester Jugend an im Gebirge unterwegs gewesen, und als er allmählich zum Sechziger wurde, fragte er mich eines Tages: »Charly, glaubst du, daß ich noch auf einen Viertausender hinaufkomme?«
Ein Viertausender, der Wunschtraum vieler Alpenbergsteiger.
Jedoch: Nicht nur der Montblanc und der Monte Rosa sind Viertausender, sondern auch die Weißmies ist einer – mit nur 4023 m Seehöhe. Und ob man es nun glauben will oder nicht – zwischen einem über 4500 Meter hohen Viertausender und einem mit nur 4023 Höhenmeter gibt es bei einer Besteigung so gewaltige Unterschiede wie etwa zwischen einer Gemse und einem fetten Ziegenbock. Die Höhe um 4500 Meter ist eine entscheidende Grenze – an ihr »gehen viele Leute ein«, wie es in der rauhen, aber dafür herzlosen Sprache der Bergsteiger heißt. Und darum gilt auch jeder Viertausender unter der Viertausendfünfhundertmeter-Grenze als ein »billiger Viertausender«.
Also: Weißmies für Fritz.
Chefsekretärin zu mir: »Der Chef bittet Sie zu sich!«
Ahnungslos packte ich alle Unterlagen zusammen, die für die kommende Frühjahrsproduktion des Verlages wichtig waren, und startete ins gepolsterte Chefzimmer.
Chef Fritz: »Charly, ich denk gerade darüber nach, was passieren könnte, wenn ich an der Weißmies bergkrank werde?«
Ich: »Dann gehen wir zurück!«
Am nächsten Tag. Chefsekretärin: »Der Chef bittet Sie zu sich!«
Chef Fritz: »Mir ist heute in der Nacht eingefallen, daß uns auch ein Unwetter überraschen könnte...«
Wettersturz, Spaltensturz, Absturz... die Phantasie von Chef Fritz spann alle möglichen Horrorvisionen um die Weißmies, und mein täglicher Morgenspaziergang ins Chefzimmer wurde zur Routine. Immer mehr wurde die Weißmies für Chef Fritz zu einem Berg des Schreckens, und allmählich wurde mir klar, daß alle meine Beschwichtigungen da nichts mehr nützten.
Ich änderte meine Taktik. Machte nicht mehr auf Zuversicht, sondern auf Zweifel. Klar... so einen wilden Viertausender wie die Weißmies kann man nur zu ersteigen versuchen! Man kann zwar zur Weißmieshütte aufsteigen und dann, wenn man selber gut ist und auch das Wetter gut ist, in Richtung

An der »Via della Vita« in den Julischen Alpen –
ein wildromantischer Eisenweg.

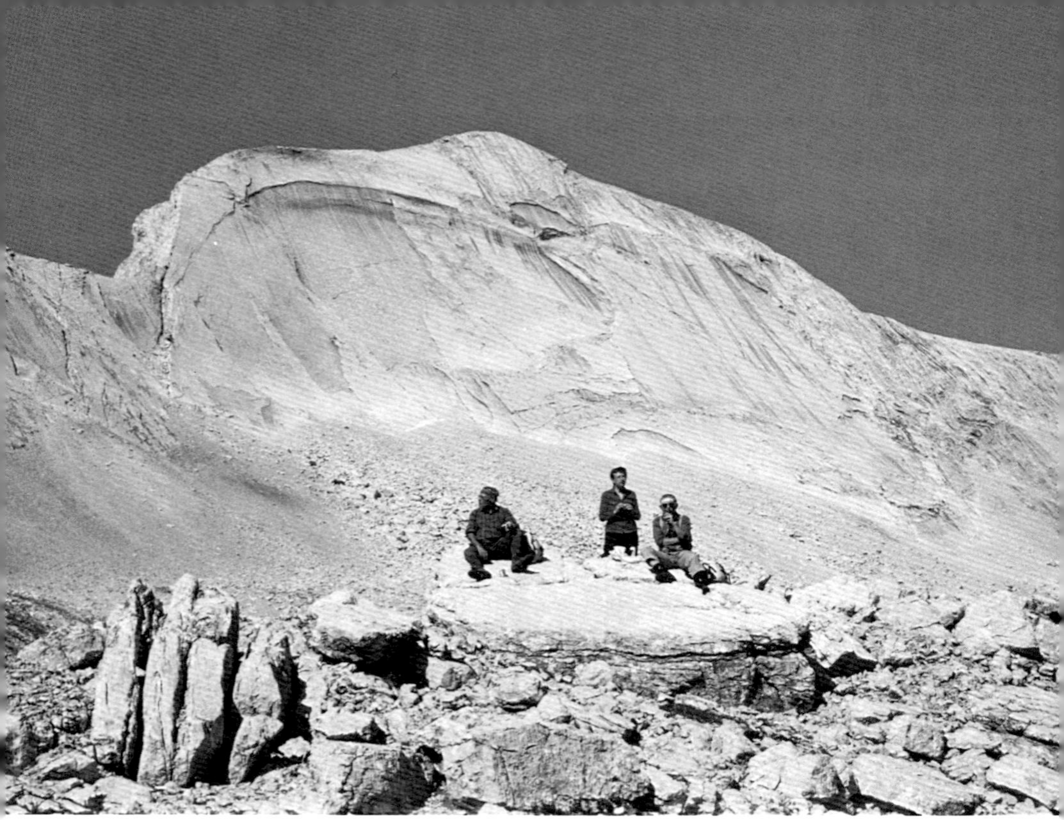

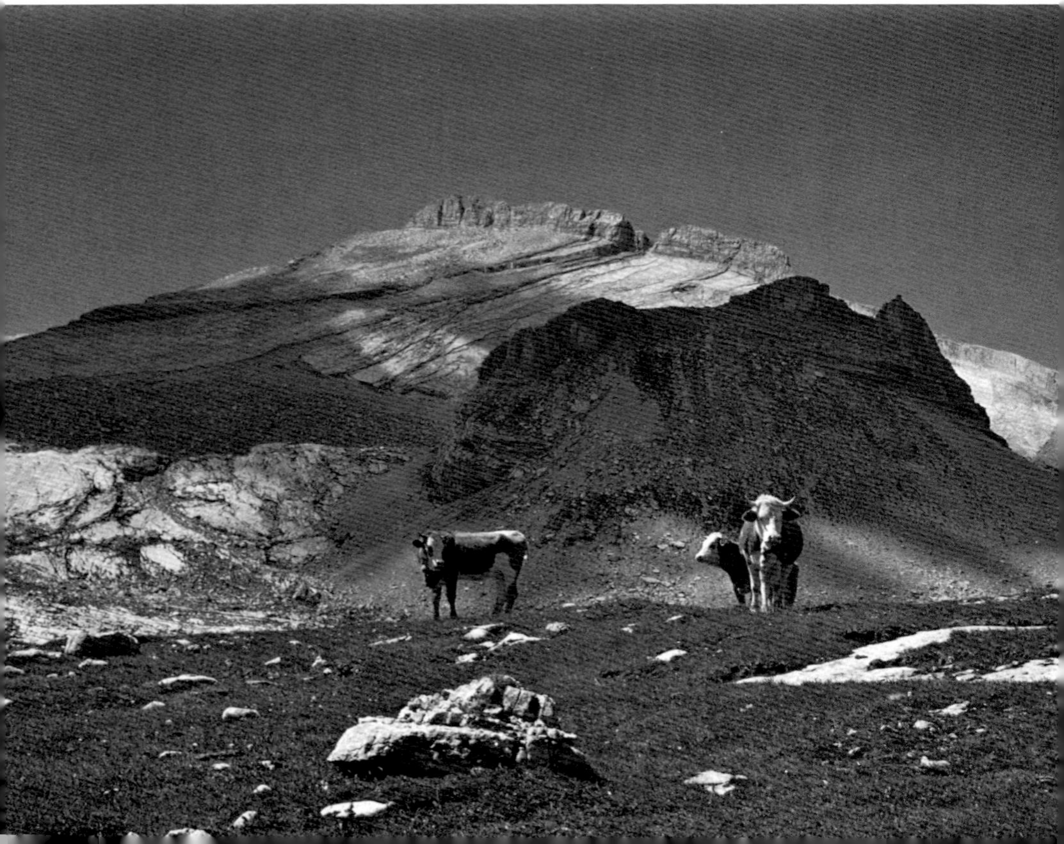

Weißmies losziehen... aber ob man dabei auch auf den Gipfel kommt, das steht in den Sternen oder im Traumbüchl. Aber versuchen kann man es immerhin...

Mit dieser Einstellung erreichten wir dann tatsächlich ohne Krampf und ohne Dampf den Gipfel der Weißmies – 4023 Meter hoch.

»Ein Überhang trennt mich vom Beginn des riesigen Eisrisses. Eishaken! – Seilzug! Ich klebe droben am Überhang, stemme, winde, strecke mich – fast habe ich schon die Hand am Riß – da bricht die ganze Pracht samt Haken und mir los, und in hohem Bogen fliege ich rückwärts heraus...« – Dramatische Schilderung einer Begehung der Dent d'Hérens-Nordwand in dem berühmten Hans-Ertl-Buch »Bergvagabunden«.

Ganz anders war die Schilderung einer Begehung von der in den dreißiger Jahren als schwierigste Eiswand der Alpen geltenden Nordwand durch den Wiener Ernst Brauner bei einem Vortrag in dieser Zeit. Er zeigte ein etwas unscharfes Schwarzweißdia des Berges und sagte »Das ist die Dent d'Hérens, ein sehr schöner Berg. Über diesen Weg sind wir hinaufgestiegen...« – wobei er mit dem Zeigestab so beiläufig auf die gewaltigen Eisüberhänge der Nordwand deutete. Tiefstapelei in höchster Vollendung.

Der Ernstl war ganz bestimmt kein großer Redner, aber einer der besten Eisgeher seiner Zeit. Und als er älter wurde, da fiel mir auf, daß er wohl noch immer oft am Berg unterwegs war, aber nicht mehr im Eis...

»Das hat einen gewissen Grund!« sagte der Ernstl, und er sagte mir auch den Grund.

Eisgehen, Eisklettern ist vor allem Beinarbeit und verlangt ein sicheres Auftreten mit dem Steigeisen, was im Steileis nur dann möglich ist, wenn man auch den nötigen Druck darauf legt. Und das kann der älter gewordene Bergsteiger nicht mehr so herzhaft... seine Kräfte sind im Abnehmen und die Wehwehchen (zum Beispiel in den Kniegelenken) sind im Zunehmen, was ihn (oft sogar unbewußt) an einem festen Auftreten hindert...

»Plötzlich verlor N. N. den Halt...« heißt es zumeist über Unfälle im Steileis. Und bei den Abgestürzten handelt es sich fast immer um Bergsteiger in der zweiten Lebenshälfte. Das ist kein Zufall. Und weil der Ernstl Brauner kein »haltloser Mensch« sein will und die Berge noch möglichst lange genießen möchte, darum geht er jetzt nicht mehr – so leid es ihm tut – ins Eis...

Das war eine der längsten Reden, die ich je von dem wortkargen Ernstl Brauner gehört habe.

Oben: Modeberg mit vielen Modekletttereien – der Neuner und seine Neunerplatte in der Fanesgruppe. Unten: Zwischen dem dunklen Felskopf – dem Ciastel de Fanes – und dem dahinter liegenden Zehner befindet sich die sagenumrankte »Fanesburg«, ein Ringwall aus altladinischer Zeit. Sie ist ein ganz besonderes Denkmal alpiner Kulturgeschichte.

Ins Eis verliebt zu sein, kann auch zum Problem werden – und das war's für die zwei älteren Herren geworden, mit denen ich nach einem Vortrag im Rheinland ins Reden kam.

Weder der eisenfeste Kaiserfels noch der rauhe Dolomit hatten sie je gereizt und auch nicht das Wandern über blumige Wiesen. In Schnee und Eis – da waren sie voll erblüht!

Viertausender! Bis sie dann in die Jahre kamen, in denen ihnen diese schon ein wenig zu hoch wurden.

Also: Dreitausender! Die ließen sich auch noch einige Zeit machen. Aber dann... eigentlich ist es gar nicht so sehr die Höhe, die ihnen zu schaffen macht, sondern die Länge der Touren.

Andererseits: Es geht ihnen heute gar nicht mehr so sehr um einen Gipfel, sondern vielmehr um das Unterwegssein auf einem Gletscher mit Seil, Pickel und Steigeisen. Darum machen sie es jetzt so: Sie ziehen los zu irgendeinem Sattel oder zu einer Scharte oder zu einem Gratrücken, setzen sich dort in die Sonne und wandern nach einer Weile wieder zur Hütte zurück... »Wir freuen uns, wenn wir wieder das altvertraute Knirschen der Steigeisen im Eis hören oder noch in eine Gletscherspalte hineingucken können!«

Aber das war auch zum Problem der beiden älteren Herren geworden. In ihnen lebte noch der alte Bergsteigergeist... zum Bergsteigen gehört der Gipfel! Je mehr Gipfel ein Bergsteiger erstiegen hat, ein desto echterer und besserer Bergsteiger ist er.

Großes Vorbild aus der klassischen Zeit des Alpinismus: der Salzburger Turnlehrer Ludwig Purtscheller (1849–1900). Wenn dieser unterwegs war, dann begnügte er sich nicht mit der Ersteigung von Hauptgipfeln, sondern hetzte auch noch auf alle Nebenklapfe hinauf, »nahm sie mit«, nur um die Zahl seiner (natürlich genau registrierten) Gipfel zu erhöhen. »Wäre seine Zeit noch mittelalterlicher Sagenbildung zugänglich gewesen, so hätte sie ihn sicher zum Ewigen Bergsteiger nach dem Vorbild des Ewigen Juden umgeschaffen«, hatte sogar der recht sachliche Alpinhistoriker Wilhelm Lehner über Purtscheller bemerkt.

Die beiden älteren Herren fühlten sich ein bisserl als Verräter am guten alten Bergsteigergeist. Und das noch mehr, seit sie ein Hüttenwirt ohnedies eher liebevoll »unsere zwei Gletscher-Spaziergänger« genannt hatte... »Gewissermaßen sind wir das ja auch!«

»Ihr seid alpine Avantgardisten!« sagte ich zu ihnen.

Das verstanden sie nicht. Ich erklärte es ihnen.

Die Jungen, die modernen Sportkletterer... für die ist der Gipfel unwichtig geworden. Die nehmen »ihre Herausforderung« (wie sie sagen) dort an, wo sie eine solche finden. Das kann ein Felswandel in irgendeinem Hinterwinkel sein... Hauptsache: Es lockt, es reizt!

Oder die Erkletterer vereister Wasserfälle... die brauchen keine Viertausender-Eisflanken, die finden ihr Abenteuer und Sporterlebnis ebenfalls in einem Hinterwinkel. (Übrigens: Die erste Wasserfall-Kletterei fand bereits im Jahre 1877 ebenfalls in einem Hinterwinkel statt! Damals hackte sich der Alpinist Alois Faschingbauer mit dem Wirt und Knecht einer Schutzhütte als Begleiter an der Rax über den vereisten Gaisloch-Wasserfall hinauf. Hilfsmittel bei diesem »Selbstmörderunternehmen« – wie man diese Besteigung damals nannte – war ein einfaches Küchenbeil!)

Der Berg – ein Turngerät? Wahrscheinlich war es das auch schon für Ludwig Purtscheller, vielleicht auch nicht. Ganz bestimmt ist aber der Gipfel nicht immer der Höhepunkt des Bergerlebens. Und wo das wirkliche Erleben zu finden ist, das bestimmt noch immer das Herz oder das Gemüt – und keine übernommene Vorstellung.

Ein Jahr nach diesem Gespräch erhielt ich eine Ansichtskarte mit herzlichen Grüßen aus den Ötztaler Alpen. Unterschrieben war sie von den »zwei Sport-Gletscherspaltenguckern«.

Ursprünglich war der Dachstein ein schöner Berg. Damals war er noch 2993 Meter hoch. Jetzt ist er höher geworden... 2995 m, 2996 m, auf manchen Prospekten und Ansichtskarten sogar 3002 m oder 3003 m hoch. Wissenschaftler wollten (natürlich auf Bestellung) einen Vermessungsfehler geortet haben. In jener Zeit, in der auf höherer Landesebene versucht wurde, den Berg zu einem stolzen Dreitausender zu erheben, wollte man überhaupt aus dem Dachstein mehr machen. Und das tat man dann auch.

Jetzt gibt's an der Nordseite die Dachstein-Seilbahn bis zur Gjaidalm, an der Südseite die Dachstein-Seilbahn hinauf zum Hunerkogel. Tritt der Fahrgast der Südwandbahn aus der Bergstation, dann kann er ein einmaliges Kuriosum bewundern – eine amtliche Tafel mit der Aufschrift »Naturschutzgebiet« inmitten einer wüsten Stätte vollkommener, aber dafür höchstoffizieller Berglandzerstörung. Liftstützen und Drahtseile, wohin das Auge blickt; jede Menge Dreck auf dem Gletscher (darunter auch Kohlebrocken, die gewiß nicht von Seilbahngästen ausgestreut worden sind); Pistenraupen für den Sommerskilauf und das berüchtigte »Gletschertaxi«, das qualmend und wie ein schwerer Kriegspanzer dröhnend kreuz und quer durch die Landschaft rasselt...

»Was ist ein Aarnoch?« war seinerzeit eine beliebte Hüttengaudi-Frage. ???

»Ein Aarnoch ist ein Viech, das am Dachstein haust!« ...Denn »Hoch vom Dachstein an« – so beginnt die steirische Landeshymne, bei der es weiter im Text heißt: »wo der Aar noch haust«.

Wo haust der Aar noch heute?

1989 kletterten Fritzerl und ich über den Südwestpfeiler auf den Großen Koppenkarstein. Oberhalb der Pfeilerrisse fiel Nebel ein. Da hörten wir zuerst das leise Motorengeräusch, das immer stärker wurde, je näher wir in die Gipfelzone kamen. Auf dem Gipfel standen wir dann vor einem riesigen Betongebäude, darin rumorte ein Motor, und rundherum stank es nach Dieselabgasen so wie auf einer Autobahn hinter mindestens zehn tonnenschweren LKWs.

Gletscherspalte.

*Heroisches
Bergsteigen:
Postkarte aus dem
Jahre 1902.*

Österreichs Bundesheer hatte es nicht versäumen wollen zur Dachstein-zerstörung ebenfalls etwas beizutragen und auf dem Gipfel des Koppenkar-steins (zum Schutze für das »Land der Berge«) irgendeine obskure Anlage errichtet.

Natürlich hat es vor der Dachstein-Zerstörung durch die Erbauung der Dachsteinbahn heftige Proteste gegeben. Ich selber habe seinerzeit so viele Unterschriften auf die verschiedensten Listen gesetzt, daß mir heute noch die Hand davon weh tut. (Im nachhinein hat es sich herausgestellt, daß damals auch honorige Leute gegen die Bahn unterschrieben haben, die dann selber hochaktiv an ihrer Erbauung beteiligt waren!)

Ursprünglich war der Dachstein ein schöner Berg, jetzt ist er das nicht mehr so ganz. Trotzdem wird er für mich immer interessanter, je älter ich werde...

Der Dachstein ist ein Gletscherberg. Seine Ersteigung ist eine kombinier-te Bergfahrt... ein bisserl Gletscherwandern, ein bisserl Klettern. Solche kombinierten Bergtouren haben ihren eigenen Reiz. Leider haben Gletscher die üble Gewohnheit, sich nur in größeren Höhen wohl zu befinden. Die Dachsteingletscher gehören zu den wenigen Ausnahmen. Und das macht diesen Berg – ob er nun 2993 m oder 3003 m hoch ist – für den älter gewordenen Bergsteiger interessant. Wenn er nämlich Lust auf eine kombinierte Bergtour hat und wenn ihm dafür die großen Urgesteinsberge schon zu hoch sind – dann bleibt ihm noch immer der Dachstein! Auf diesen kann er sogar (weil meine Protestunterschriften ohnedies nix genützt haben!) hoch hinauf mit der Dachstein-Seilbahn fahren.

Das Jahr 2000 ist zwar noch nicht gekommen, aber es gibt schon Kühlschränke 2000, Parteiprogramme 2000, Kapital 2000...

Kapital für den älter gewordenen Bergsteiger sind Berge, auf die er bei Bedarf ohne großen Krampf und Dampf zurückgreifen kann. Der Dachstein ist für mich ein Berg 2000.

»Einsamkeit ist schön – wenn man dabei nicht immer allein ist«

»Junger Mensch im Gebirg« von Leo Maduschka (1908–1932) war lange Zeit das »Kultbuch« aller jungen Bergsteiger. Der in einem Wettersturz in der Civettawand gestorbene junge Doktor phil. hat aber auch noch ein anderes und in seiner Aussage zeitloses Werk hinterlassen. Es ist dies die erst nach seinem Tod gedruckte Dissertation mit dem Titel »Das Problem der Einsamkeit im 18. Jahrhundert«...

»Die Einsamkeit ist – wie Liebe und Tod – eine immanente Naturform des menschlichen Daseins und das Einsamkeitsproblem war zu allen Zeiten eines, das unter vielen Wandlungen und in den verschiedensten Formen immer lebendig war, mit dem sich der Mensch jeder Zeit immer wieder neu auseinanderzusetzen hatte, ein Problem also, tief im menschlichen Leben verankert und so unzertrennlich mit ihm verbunden, daß es aus ihm ebenso wenig wegzudenken ist wie Schicksals- oder Todesgedanke«, schrieb Maduschka.

In Einsamkeit kann man geraten oder man sucht sie. Robinson Crusoe ist in die Einsamkeit geraten, die Eremiten haben sie gesucht. Robinsons Insel ist heute für viele »Aussteiger« – wie sie sich nennen – zu einer Insel der Sehnsucht geworden. Aber auch das ist nicht neu. Leo Maduschka schrieb:

»Diese bewußt gegensätzliche, ja sogar feindliche Stellung zu allem Gesellschaftlichen und Geselligen, diese konsequente Ablehnung von Welt und ›high life‹ und der völlige Rückzug in die Einsamkeit bezeichnen einen, wenn auch extremen und asketischen Weg, der aber nur ohne schlimme Folgen für das Individuum bleiben kann, wenn bei ihm der Trieb *nach* der Einsamkeit stärker ist als der *aus* ihr und wenn schöpferisches Vermögen den sonst luftleeren Raum auszufüllen hilft.«

Mit Menschen, welche der Einsamkeit entkommen wollten, war ich schon als junger Mensch oft unterwegs... als Vereinstourenführer im Sommer für Klettertouren und wenn's zum Klettern zu kalt war bei Wanderungen.

Für meine erste Wanderführung hatte ich mich noch so gewissenhaft vorbereitet als wär's eine Expedition ans Ende der Welt, hatte die Wegbeschreibung fast auswendig gelernt und die Landkarte sogar mit der Lupe genauestens studiert. Doch als ich dann mit den Teilnehmern der Führungstour loszog – immer brav der Markierung nach – gab es plötzlich heftigen Protest. Warum ich nicht über den (allerdings unmarkierten) Kamm gehe?

Ich habe dann als Jungführer bald begriffen, daß jeder einzelne meiner Führungsteilnehmer die Voralpen wie seine Hosentasche kannte und nur deswegen an Führungstouren teilnahm, weil er nicht allein unterwegs sein wollte. »Einsamkeit ist schön – wenn man dabei nicht immer allein ist!« hatte einer der älteren Herren gesagt.

Daß ich heute ein guter Kenner des Voralpenlandes bin, verdanke ich diesen Führungstouren. Die alterfahrenen Wanderer sagten, wohin sie gehen wollten, ich schrieb die Tour im Vereinsblattl aus, die Leute zeigten mir den Weg, und alle miteinander waren wir froh und glücklich.

»Jetzt habe ich dich endlich einmal erwischt!« sagte der Zollbeamte im D-Zug München–Wien an der Grenze und deutete mit dem Finger auf mich. Was meine Mitreisenden fast in Panik trieb... ein langgesuchter Mörder oder Rauschgiftschmuggler in ihrem Abteil?

Zwei Jahre vorher hatte ich als Führungstour eine Winterwanderung auf die Hohe Wand ausgeschrieben. Doch schon am Vorabend dieses Wandertages bereute ich das sehr. Ein wilder Schneesturm brauste über Wien dahin.

5 Uhr früh... noch immer Schneesturm. Um 6 Uhr 45 Uhr sollte ich die Leute am Bahnhof treffen. Bei diesem Wetter! Niemand wird kommen, nur ich, der Leithammel, mußte dort sein. Aber nachher haust du dich gleich wieder ins Bett, du armer Charly!

Durch gut zehn Zentimeter Neuschnee spurte ich zur Straßenbahn. Endlich kam eine. Nur wenige Fahrgäste...

Eine Franz-Molnár-Anekdote fiel mir ein. Der berühmte Autor des »Liliom« arbeitete gern nachts und schlief untertags. Einmal mußte er um zehn Uhr vormittags vor einem Gericht als Zeuge erscheinen. Erstaunt schaute er auf die vielen Leute in den Gassen und fragte: »Alles Zeugen?«

Ich fragte mich, ob die wenigen Leute in den Straßen auch alle Vereinstourenführer sind, die zu einem Treffpunkt fahren, an dem sie mutterseelenallein sein werden?

Irrtum! Am Bahnhof warteten schon alle Teilnehmer auf mich. Ob wir bei diesem Sauwetter trotzdem fahren sollen? Charly wurde Karl der Große: »Wir lassen uns doch nicht von so einem Mailüfterl und ein paar Schneeflocken aufhalten!«

An der Hohen Wand sind wir dann (schon weniger forsch) oft bis zum Bauch in den Neuschneemassen versunken. Aber jeder von uns war auch tief (das im wahrsten Sinne des Wortes!) davon beeindruckt, wie sehr so ein totaler Wintereinbruch alles, wirklich alles verändern kann. Wie würde die Menschheit bei einem plötzlichen Klimabruch bestehen können? Unterwegs zur Hohen Wand waren wir an drei Schneepflügen vorbeigekommen, welche in den Schneemassen steckengeblieben waren. Wie Neandertaler sind wir an ihnen vorbeigestapft.

Nachher, beim Nachhausefahren, sagten alle Teilnehmer dieser Führungstour, daß es trotz alledem wunderschön war, und daß sie sehr froh sind, auch bei diesem Sauwetter losgefahren zu sein, obwohl – so sagte jetzt jeder – er in der Früh eigentlich darauf gehofft hatte, am Bahnhof allein zu sein, um dann gleich wieder nach Hause fahren zu können und sich wieder ins Bett zu hauen (was ja auch mein Wunschtraum gewesen war).

Ein Teilnehmer dieser Führungstour war der Zollbeamte aus Salzburg, der damals irgendeinen Kurs in Wien mitmachte. Die anderen Kursteilnehmer waren Wiener, hatten ihre Familie oder Freunde. Allein in der großen Stadt hatte der Salzburger, so sagte er, innerlich gefroren. Er wollte einmal mit anderen Menschen beisammen sein als mit solchen, die man so in einer Gaststätte trifft und nachher gleich wieder vergißt, er wollte die menschliche Wärme eines gemeinsamen Erlebens. Darum hatte er sich zu der Führungstour angemeldet.

Die Wärme hat er gefunden; besonders wenn er zum Spuren an der Reihe war, ist er ganz schön ins Schwitzen gekommen. Fotografiert hatte er auch. Schon lange wollte er mir die Bilder schicken, hatte aber meine Adresse verloren. Und da zufällig im Zug…

»Jetzt habe ich dich endlich einmal erwischt!«

Menschen, welche freiwillig die Einsamkeit suchen, die gab es und die gibt es noch immer. Früher gab es vielleicht mehr davon…

Großer Wunschtraum aller romantischen Bergsteiger seinerzeit war, einmal ein Weihnachtsfest ganz allein in einer einsamen Berghütte zu verbringen. Bei den meisten blieb das ein Wunschtraum (die Familie, die Verpflichtungen usw.!). Aber einer von unserer Bergsteigergruppe hat solche einsame Weihnachten tatsächlich gefeiert und später in dem Gemeinschaftsbuch der Gruppe »Weg ins Licht« (1943 von Hans Barobek herausgegeben) darüber berichtet.

Leopold Schneller, der von dieser Weihnachtsnacht in der Goferhütte im Gesäuse erzählt, war ein sehr stiller und eher sachlich und nüchtern wirkender Bergsteiger, keiner, der das Herz auf der Zunge trug. Und doch ist er zum Autor einer der schönsten Geschichten aus der Zeit des romantischen Alpinismus geworden und auch einer Geschichte vom Einsamkeitserlebnis, die zeitlos ist. Das ist sie, diese Geschichte:

Weihnacht im Schnee

Der Schnee knirscht unter meinen Füßen. Ich wandere durch herrlich verschneiten, in weißen Hermelin gehüllten Hochwald. Blauer, von keiner

113

Wolke verunzierter Himmel breitet sich über die winterlichen Ennstaler Berge. Schade nur, daß sich im Gofergraben wegen seiner nördlichen Lage den ganzen Tag kein einziger Sonnenstrahl zeigt. Um so neidvoller blicke ich darum zum Großen Buchstein hinüber, der bis in den kleinsten Winkel in Licht gebadet vor mir ersteht.

Bei der Hütte selbst liegt der Schnee fast meterhoch. Leichter, flaumiger Schnee. Durchwühlen muß ich mich bis zum Eingang. Und es dauert lange, bis es in dem kleinen Raum warm wird. 10 Grad Kälte zeigt das Thermometer.

24. Dezember. Weihnachten. Heiliger Abend. Allein in der Hütte. Weltenfern von den Menschen, die nun vor dem erleuchteten grünen Nadelbaum stehen und daran ihre Freude haben werden.

Vor mir steht nicht ein Baum, es sind ihrer hunderte. Und alle glitzern und funkeln in ihrem weißen Gewande. Über allem aber heben sich die Berge. Sie krönen erst das Ganze. Nur mit ihnen ist das Bild vollkommen.

Spät wird es, bis ich die Bank mit der Matratze vertausche. Lange liege ich noch wach und kann nicht zur Ruhe kommen. Es stimmt etwas nicht um mich. Es ist so ruhig draußen, so trügerisch ruhig. Es liegt etwas in der Luft, irgend etwas bereitet sich vor. Ich kann es fühlen. Ich kann deswegen nicht zur Ruhe kommen.

Dann muß ich aber doch eingeschlafen sein, weil mich ein ständiges Pochen nach einigen Stunden wieder aus der Ruhe reißt. Ein später Gast? Nein! Nur die Fensterläden, die fortwährend an die Wände schlagen. Kräftiger Wind pfeift um die Hütte. Bewegung ist in die Natur gekommen! Die Vorahnung des Abends scheint jetzt in Erfüllung zu gehen. Zum Wind kommt noch ein anderes Geräusch hinzu. Klatsch, klatsch. Ja, was ist denn das? Taut es am Ende gar? Ist es draußen so warm geworden? Die Unrast will nicht weichen von mir. Lange liege ich noch wach und denke über Verschiedenes nach. Eigentlich sollte ich ja wissen, daß es zu den Feiertagen immer so kritisches Wetter hat.

Klatsch, fallen die Dachtropfen auf die Hüttenbank. V-r-u-m-m. Verdammt, was gibt es schon wieder? Soll ich da heroben das Gruseln lernen? Ein Spektakel wechselt den anderen ab. Es ist schon etwas mehr als ungemütlich. Schön langsam wird mir schwummerlich zumute. Und wieder Klatsch und wieder V-r-u-m-m. Ich werde nach einiger Zeit wieder ruhiger. Das Zuschlagen der Fenster ist zum Rhythmus geworden, und das donnerähnliche Krachen ist aus.

Morgens. Es ist 10 Uhr vormittags. Ich habe den versäumten Schlaf gründlich nachgeholt. Nicht einmal zu Hause bleibe ich so lange im Bett liegen geschweige denn auf einer Hütte. Da blicke ich zum Fenster hinaus. Aber vorher zeigt mir das Thermometer 12 Grad Wärme. Allerhand. Weihnachtsfeiertage! Und je mehr ich die Quecksilbersäule anstarre, um so unfreundlicher wirken diese Verhältnisse auf mich.

Wo ist all die Winterpracht, die gestern noch in diesem stillen Winkel war? Es ist wieder wolkenloser Himmel um mich. Doch um die Berge trei-

ben sich kleine Nebelfetzen. Schwarz sind die Felsen vom Wasser. Und die Gräben sind von schmutzigem Lawinenschnee durchzogen. In ein trauriges, trostloses Gewand hat sich die Welt gehüllt. Der gestrige glitzernde Pulverschnee hat sich in eine breiige, schwere Masse verwandelt.

Wo ist der weiße Hermelin der Hochwaldbäume? Nun stehen sie nackt vor mir, all ihres Schmuckes beraubt. Jetzt kann ich sie mir auch mit Kerzen bestecken und hellen Lichtern und werde doch nie den Glanz wiederbringen können, der in dieser Nacht zerschmolz.

Der Philosoph Arthur Schopenhauer erzählte diese Parabel: »Eine Gesellschaft Stachelschweine drängte sich, an einem kalten Wintertag, recht nahe zusammen, um, durch die gegenseitige Wärme, sich vor dem Erfrieren zu schützen. Jedoch bald empfanden sie die gegenseitigen Stacheln; welches sie dann wieder voneinander entfernte. Wenn nun das Bedürfnis der Erwärmung sie wieder näher zusammenbrachte, wiederholte sich jenes zweite Übel; so daß sie zwischen beiden Leiden hin und hergeworfen wurden, bis sie eine mäßige Entfernung voneinander herausgefunden hatten, in der sie es am besten aushalten konnten.«

Ein Mensch, der von jeder Gemeinschaft abrückt, der friert in seiner Isolation. Doch nicht jeder rückt in eine solche Isolation ab, weil er zu sehr die Stacheln der andern verspürt hat, viele ältere Menschen tun das nur (was viel schlimmer ist!), weil sie zum Wiedernäherrücken zu faul geworden sind. Lethargie – die große Alterskrankheit!

Und dann jammert der Franzl, daß er so allein auf weiter Flur dasteht, weil mit all den anderen »nix mehr anzufangen ist«.

Auch mit dem Hansl nicht, seinem alten Spezl?

Auch mit dem Hansl nicht!

Wann er mit ihm zuletzt gesprochen hat?

Das ist schon lange her, der läßt nichts mehr von sich hören!

Und der Hansl erzählt fast mit den gleichen Worten das gleiche vom Franzl, der ebenfalls nichts von sich hören läßt.

Nein, böse sind sie nicht aufeinander. Nur allein, jeder für sich allein...

Nach dem Großen Krieg waren die damaligen Spitzenbergsteiger alle in großer Erwartung: Jeder erwartete von irgendjemand für eine Expedition zu den Weltbergen berufen zu werden. Die Vorstellungen von diesem »Irgendjemand« waren etwas nebulos... man stellte sich so eine Art »Expeditions-Lieber-Gott« vor...

Nur wenige sahen die Sachlage realistisch, Herbert Tichy zum Beispiel oder Fritz Kasparek. Sie sagten: »Expeditionen muß man selber machen!«

Eine Expedition verlangt (so wie ein Krieg) vor allem drei Dinge: Geld – Geld – und noch einmal Geld! Als Fritz Kasparek (einer der Erstbegeher der Eiger-Nordwand) einen Zeitungsmann um Bevorschussung eines Artikels über seine geplante Kordilleren-Expedition ansprach, sagte dieser: »Wenn Sie in den Kordilleren einen Sechstausender ersteigen, dann ist das für unsere Leser vollkommen uninteressant. Es ist auch uninteressant, wenn Sie dort im Dschungel eine Eingeborene vernaschen. Interessant wäre die Story erst, wenn Sie auf dem Gipfel des Sechstausenders die Eingeborene vernaschen würden!«

Kasparek ist dennoch in die Kordilleren gefahren; am 6350 Meter hohen Salcantay ist er dann durch einen Wächtenbruch tödlich verunglückt. Das war 1954.

So wie die Spitzenbergsteiger damals auf eine Berufung gewartet haben, so warten auch viele Menschen in ihrer Isolation auf ein Wunder, das sie aus ihrer Einsamkeit führt.

Sie sagen zwar: »Ich bin gerne allein! Ich brauche niemand!«

Aber: Niemand ist gerne allein! Jeder braucht jemand!

Das heißt: Es ist wunderschön, ab und zu oder auch öfter allein zu sein – aber nur dann, wenn man nicht immer und überall allein ist. Und wer so allein ist, der zieht sich immer mehr in sein geistig erbautes Schneckenhaus zurück.

Dem älteren Menschen fällt es schwer, einen ersten Schritt zu einer Annäherung zu tun oder ein erstes Wort zu sagen. Er will nicht aufdringlich sein...

...und so ziehen sie weiterhin allein durch Wälder und über Wiesen und durchs Bergland – diese Einzelgänger – und hätten doch recht gerne des öfteren einen Menschen neben sich, mit dem sie auch ein bisserl plaudern könnten.

Es gibt aber keinen »Einsamkeits-Schutzengel«, der einen Menschen behutsam bei der Hand nimmt und aus der Einsamkeit hinausführt. Es muß jeder die ersten paar Schritte selber tun.

Als in den Alpinzeitschriften Suchanzeigen für Bergtouren-Partner veröffentlicht wurden, erschien das als ideale Lösung für ein altes Altersproblem. Doch – im Verhältnis zur großen Masse der Einzelgänger – haben diese Anzeigen noch immer Seltenheitswert. Die Senioren scheinen auch davor eine Scheu zu haben... »I bin ja kein Waschmittel, das sich den Leuten anbietet!« hatte einer gesagt.

Dabei ist es so einfach, eine solche Anzeige zu verfassen, etwa so:

> Bergsteiger (Altersangabe) aus Dingsbums sucht Partner(in) aus ebenfalls Dingsbums oder Umgebung für gemeinsame Wochentagswanderungen oder leichte Bergtouren. (Adresse oder Chiffre)

Als seinerzeit die ersten Heiratsanzeigen in den Zeitungen erschienen sind, war dabei noch die Formulierung üblich »Suche auf diesem ungewöhnlichen Weg...« Das ist bei Heiratsanzeigen in unserer Zeit, in der die Menschen immer mehr auseinanderrücken, nicht mehr üblich; dieser »ungewöhnliche Weg« ist nimmer ungewöhnlich.

Ich denke, wenn sich sogar Ehepartner fürs Leben per Inserat finden, dann wird sich doch auch noch ein Wegpartner für eine Sonntagswanderung auf den Zapfenkogel finden lassen!

Früher haben die Leute mehr miteinander geredet. Jetzt nennt man das Kommunikation – und mit der gibt es bekanntlich Schwierigkeiten.

Früher haben auch die Bergsteiger mehr miteinander geredet, weil sie einander noch mehr brauchten. Jeder wußte etwas, was der andere nicht wußte. Die Alpinliteratur war noch nicht so umfangreich, die Führerwerke noch nicht so perfekt...

Auf dem Sellajoch war einmal unser Ernst von einem dort parkenden Auto nicht wegzubringen. Er hatte damals einen besonderen Tick: Er versuchte alle Städtenamen auf den Kennzeichentafeln deutscher Autos zu entziffern. HH = Hansestadt Hamburg. Klarer Fall!

Kein klarer Fall war hingegen das Auto mit dem Zeichen BUL. »Herrschaftsseitn, was kann BUL nur heißen?«

»Vielleicht heißt das Kaff BULIN und ist ein Vorort von Berlin? Und jetzt gib die depperte Raterei endlich auf und komm!« knurrte Schwanda.

Da kamen die Besitzer der Autos und klärten Ernst auf, was BUL heißt (BU = Burg und L ist der Name eines Ortes, den ich inzwischen vergessen habe). Die Leute aus BUL waren ebenfalls Kletterer und hatten an diesem Tag Pech gehabt. Sie wollten die Grohmannspitze-Südwand durchsteigen, waren gut bis in die halbe Wand gekommen...

»Aber dann ist's auf einmal sauschwer geworden!« Ein Verhauer!

»Nach der Beschreibung waren wir aber richtig. Jetzt glauben wir, daß man dort nach rechts queren muß!«

Das war hochinteressant für uns, weil wir am nächsten Tag ebenfalls die Grohmannspitze-Südwand gehen wollten!

Die Südwand der Grohmannspitze wurde erstmals im Jahre 1908 von den Führern Antonio Dimai und Joseph Summermatter mit den ungarischen Baronessen Ilona und Rolanda Eötvös durchstiegen und bald wegen ihrer Schlüsselstelle zu einer der berühmtesten Dolomitenkletereien. Diese Schlüsselstelle ist ein Zickzackquergang, der (Zick!) aus einer Hangelleiste und (Zack!) aus einer abschüssigen Rampe besteht. Nach dem Zickzackquergang befindet sich der Kletterer über Überhängen und, so sagte man seinerzeit, an einem Punkt, von dem aus ein Rückzug nicht mehr möglich ist. Man nannte diesen Zickzackquergang daher die »Menschenfalle« und erzählte bald grimmige Schauermärchen von ihr. In Wirklichkeit ist diese »Menschenfalle« eine prachtvolle Kletterstelle.

Natürlich wollten wir uns in der Wand nicht so verhauen wie unsere Vorgänger. Wir kletterten nach der Beschreibung »durch Verschneidungen und über Felsstufen immer links haltend bis zu grauroten Felsen«.

Ein schöner Stand. Über uns eine steile Wand. Text der Beschreibung: »Nun direkt 20 m über eine senkrechte gelbe Wand hinauf, dann auf schmalem, ausgesetztem Gesims 10 m nach rechts und über eine Wandstufe auf ein zweites, schmales Band...«

Der Turnerkletterschluß, eine höchst primitive und noch am Beginn unseres Jahrhunderts übliche Abseilart. Illustration aus der im Jahre 1909 erstmals erschienenen Lehrschrift von Franz Nieberl, »Das Klettern im Fels«.

In der Wand über uns steckten zwei Mauerhaken und hoch oben an einem Überhang baumelte eine rote Bandschlinge im Wind. Nach der Beschreibung hätte ich pfeilgerade über die Wand hinaufklettern müssen, und ich wäre auch hinaufgeklettert, wenn, ja wenn wir nicht die Leute aus BUL getroffen hätten... »Jetzt glauben wir, daß man dort nach rechts queren muß!«

Fritzerl und ich querten nach rechts. Schwanda und Ernst waren jedoch der Meinung, daß wir »hier noch richtig« wären und die BUL-Leute sich viel höher in der Wand verhaut hätten. Schwanda kletterte also gerade über die Wand hinauf.

»Na, alter Spezl? Stößt's dir schon vom Sterben auf?« rief er mir zu, nachdem er in den ersten Haken eingehängt hatte.

Ich hätte ebenfalls schon ganz gerne mein Seil in einen Mauerhaken eingehängt. Laut sagte ich aber: »Prima geht's!«

Ich war jedoch zu tief. Wenn es da irgendwo weiterging, dann vielleicht einige Meter höher. Ich kletterte also den Quergang wieder zurück. Schwanda rief triumphierend: »Na, kommst jetzt endlich reumütig zurückgekrochen?« – Er hatte soeben in den zweiten Haken eingehängt.

Ich stieg schräg in der grauen Plattenwand höher. Da, ein versteckter Mauerhaken in einem Felsspalt! Nach den Scheuerspuren am Fels sah ich, daß in diesen Haken schon sehr oft Karabiner eingehängt wurden. Jetzt wußte ich auch, daß ich auf dem richtigen Weg war.

»Hans!« schrie ich. »Komm zu mir! Oder willst du in deiner Wand verhungern?«

Schwanda war in seiner Wand jetzt wirklich am »Verhungern«. Viele Jahre kletterten wir gemeinsam, und ich kannte jede Bewegung und jede Reaktion meines alpinen Lehrmeisters. Wenn er nur mit einem Bein auf einem Tritt stand und das andere Bein wie ein Storch hochzog, dann bedeutete das, daß es ihm gar nicht gut ging. Schwanda sagte jedoch laut: »Da geht es eh prima aufi!«

Trotzköpfchen noch mit neunundsechzig Jahren!

Schwanda nach einer kleinen Weile: »Und wie geht's wirklich bei dir weiter?«

Ich: »Eine prato falciato!«

Das muß ich erklären: Ein wienerischer Dialektspruch für eine »glatte Sache« heißt »eine gemähte Wiese« und das heißt eben wiederum auf italienisch »prato falciato«.

Schwanda war jedoch jetzt grantig und nicht an italienischen Übersetzungen interessiert. »Heißt das, daß ich diese blödsinnige Bauernwand wieder abklettern muß?«

Wir fanden also den richtigen Weg zur »Menschenfalle«.

Ich packte den Hangelquergang. Nach ihm und vor dem Beginn der Rampe steckte ein Standhaken. Bei ihm ließ ich nachkommen.

»Wie geht's weiter?« fragte Fritzerl.

»Eine prato falciato!« sagte ich. Die Rampe vor mir sah so harmlos aus wie eine Kindergarten-Gehschule. Da wir, wie immer, in Wechselführung gingen, gehörte die Gehschule Fritzerl.

»Du…« sagte dann Fritzerl, nachdem sie so sechs, sieben Meter geklettert war. – Auch dieses »Du…« kannte ich nun nach vielen Kletterjahren mit Fritzerl. Der ungesagte Rest nach diesem »Du…« heißt nämlich: »…diese Stelle ist gar nicht so leicht!«

Tatsächlich ist die Rampe das technisch Schwierigste an der »Menschenfalle«. Über sie wieder abklettern hätte keiner von uns wollen. Da bekanntlich im Jahre 1908 die Abseiltechnik noch nicht sehr entwickelt war, verstanden wir jetzt den Namen »Menschenfalle«.

Als wir wieder zum Sellajochhaus zurückkehrten, waren die Leute aus BUL schon weg. Dafür standen jede Menge anderer Autos dort. So wie ein verständnisvoller Vater seinem Kind beim Sortieren von gesammelten Kieselsteinen hilft, so half an diesem Abend Schwanda dem Ernst bei seinen Dechiffrierversuchen. Denn: Wo wären wir jetzt – meinte Schwanda –, wenn Ernst nicht diesen blödsinnigen Fimmel hätte und gestern nicht mit den Leuten aus BUL ins Gespräch gekommen wäre?

In den zwanziger Jahren wurde in einer Alpinzeitschrift lange darüber diskutiert, wer wen am Berg zuerst grüßen soll. Ergebnis: Der Bergaufgehende soll zuerst grüßen, weil er sozusagen der Ankommende ist. Herr Knigge im Hochgebirge.

Heute wird am Berg immer weniger gegrüßt. Wahrscheinlich, weil auf manchen Wegen schon zuviele Leute herumlaufen und jeder in jedem anderen einen von den zuviel herumlaufenden Menschen sieht. Und dabei vergißt, daß auch in einer Menschenmasse jeder einzelne ein Mensch ist.

Nun: Es gibt in den Alpen genug Gipfel und Winkel, wo ein Bergsteiger noch die Einsamkeit genießen kann. Wer aber im August in die Drei-Zinnen- oder Rosengartengruppe der Dolomiten fährt, der muß eben auf einen Rummel gefaßt sein, gegen den eine Fußgängerzone an einem Einkaufssamstag noch eine Oase der Stille ist. Und an den berühmten Vajolettürmen wird an manchen Tagen in mehr als einem Dutzend verschiedener Sprachen geredet und gerufen – so wie einst am Turm von Babylon.

Deshalb sind wir, um den Delagoturm über seine scharfe Südwestkante zu erklettern, schon sehr zeitig in der Früh aufgebrochen.

Als erste Seilschaft erreichten wir den schmalen Gipfel. Wir waren aber nur zehn Minuten allein, dann kam schon ein Bergführer mit einem Ehepaar aus Bologna herauf.

Ein Ehepaar aus Wien und ein Ehepaar aus Bologna genossen gemeinsam den Gipfel.

Und dann begann das Ehepaar aus Bologna zuerst ganz leise in holprigem Deutsch zu singen »... errlige Berge, sonnike Öhhen«...

Das Ehepaar aus Bologna war aber dann ein bisserl enttäuscht, weil das Ehepaar aus Wien nicht aus voller Kehle mitgesungen, sondern nur mitgesummt hatte.

Das Ehepaar aus Wien hatte aber nur deshalb nicht mitgesungen, weil es den Text von des deutschen Bergsteigers allerliebster Schnulze nicht kannte.

Sozusagen zur Versöhnung begann aber dann das Ehepaar aus Wien in italienischer Sprache das berühmte italienische Bergsteigerlied »La Montanara« zu singen. Diesmal sang nicht, sondern summte nur das Ehepaar aus Bologna mit...

So wie wir nicht den Text der deutschen Bergsteigerschnulze auswendig kannten, ebensowenig kannte das Ehepaar aus Bologna den Text ihres berühmten italienischen Bergsteigerliedes...

Stimmen unter uns. Die nächste Seilschaft war im Kommen. Nur wenige Minuten hatte die Verzauberung gedauert, daß wildfremde Menschen ihre Freude, ihr Glück miteinander teilten, indem sie mehr schlecht als recht ein Liedl sangen oder summten.

Als wir wieder am Fuß des Turmes standen, glich die Delagokante einer Ameisenstraße und auf dem Gipfel herrschte bereits Platznot.

Das Ehepaar aus Bologna haben wir nie wieder gesehen, aber sooft wir ein Bild der Vajolettürme sehen, denken wir an die Begegnung mit diesen zwei Menschen.

Vor einigen Jahren haben wir einen Berg richtig belagert, den Pflerscher Tribulaun (3096 m) in den Stubaier Alpen. Beim Aufstieg zur Tribulaunhütte hatten wir noch einen strahlenden Sonnentag, am nächsten Tag regnete es, am übernächsten lag vor der Hütte Neuschnee. Wir fuhren nach Süden zu Ausweichzielen. Als wir zurückkamen, lag am Tribulaun noch immer Schnee. Die Freunde fuhren nach Hause, Fritzerl und ich wollten in der Tribulaunhütte auf besseres Wetter warten.

Auch an diesen Schlechtwettertagen kamen immer wieder Gäste in die Hütte. Sie kamen zur Tür herein, schimpften oder fluchten über das Sauwetter, schälten sich aus den Regenumhängen und setzten sich dann an den Tisch, wo schon Leute saßen. An diesen Schlechtwettertagen rückte man auch zusammen, wenn an dem Tisch nur noch wenig Platz war (obwohl alle anderen Tische frei dastanden). Es war wie in alten Zeiten.

An diesen Schlechtwettertagen haben wir viele Bergsteigergeschichten, Krankheitsgeschichten, Familiengeschichten, Berufsgeschichten usw. gehört.

Einmal erzählte einer einen Witz. Am Nachmittag erzählte ein anderer den gleichen Witz – aber als Friesenwitz. Am nächsten Vormittag kam ein Wiener und erzählte diesen Witz als Burgenländerwitz. Jetzt wußten wir es schon, daß dieser Witz vor zwei Tagen von einem Moderator im Fernsehen erzählt worden war. Was zeigt, daß Fernsehen wohl allgemein nivelliert, aber doch noch kleine individuelle Spielräume freiläßt.

An unserem dreizehnten Urlaubstag konnten wir endlich den Tribulaun ersteigen. Das Wetter war wieder gut geworden. Am Abend waren dann auch schon etwa zwei Dutzend Gäste in der Hütte.

Und mit dem Schönwetter war wiederum der heutige und allgemein übliche Zustand hergestellt. An einer Tischecke saßen zwei Leute, an der anderen – mit Abstand, versteht sich – ebenfalls zwei. In einem Winkel saß ein Mensch wie verloren, in einem anderen saßen drei. Und man redete nicht mehr von Nachbar zu Nachbar.

Kommunikation. In Krisenzeiten rücken die Leute zusammen. Warum nicht immer?

Ist Wandern noch Herrn Müllers Lust?

Auf dem romantischen Friedhof von Weidling/Klosterneuburg (bei Wien) ist der Dichter Nikolaus Lenau begraben. Neben Lenaus Grab steht das in seiner Art einzigartige Grabmal des berühmten Orientalisten und Begründers der österreichischen Akademie der Wissenschaften Joseph Freiherr von Hammer-Purgstall (1774–1856). Wie ein Pascha ruht dieser in seinem Grab, das einer steinernen Bettstatt gleicht und Inschriften in zehn Sprachen trägt: Arabisch, Deutsch, Englisch, Französisch, Griechisch, Italienisch, Lateinisch, Persisch, Spanisch, Türkisch.

So originell wie das Grabmal ist auch die Geschichte seiner Entstehung. Hammer-Purgstalls Übersetzungen orientalischer Poesie hatten nicht nur Goethe zu seinem »Westöstlichen Diwan« angeregt, sie hatten auch das Wohlgefallen des Botschafters von Persien gefunden: Er schenkte dem Gelehrten einen kostbaren Schal und einen turkmenischen Hengst. Den Schal bekam Frau Hammer-Purgstall, das edle Roß... tja, was sollte der Gelehrte damit anfangen?

Er verkaufte es um 100 Dukaten dem Fürsten Liechtenstein, und um das

Geld bestellte er im Jahre 1820 bei einem Steinmetz in Weidling sein Grabmal...

>Die Seele kam als Nachtigall zum Erdenhort,
Als Schmetterling flog sie zur Welt, zur andern, fort.«

steht darauf in türkischer Sprache und Schrift. Und in persischer Schrift und Sprache heißt es:

>Wie hat, so oft der Frühling kam zurück,
der Fluren Grün mir Lebensmut versüßet!
Im Frühling geh vorbei, o Freund, und blicke
Auf's Grün, das frisch aus meinem Staube sprießet!«

Das Gravieren der komplizierten fremdsprachigen Inschriften mit den verschiedenartigsten Schriftzeichen bedurfte einer ständigen Überprüfung durch den Gelehrten, und dazu wanderte dieser stets zu Fuß von der Wiener Innenstadt über den Kahlenberg ins Weidlinger Tal. Was ein recht weiter Weg und über den Kahlenberg außerdem ein Umweg ist.

Einmal traf er beim Wiener Schottentor einen Freund, der ihn fragte, wohin er gehe. Worauf Hammer-Purgstall antwortete: »Zu meinem Grabmal, um demselben durch die für die Gesundheit nötige Bewegung so lang wie möglich zu entfliehen!«

Daß Bewegung gut für die Gesundheit sei, ist also keineswegs erst eine Erkenntnis aus unseren Tagen. Auch Johann Gottfried Seume hatte nach seinem berühmten »Spaziergang nach Syrakus« (von Leipzig aus!) im Jahre 1802 geschrieben, daß einer, der in neun Monaten eine solche Wanderung macht, sich noch einige Jahre vor dem Podagra schütze...

»Man bebt zurück, und doch wird man unwiderstehlich angezogen zum Rande des Abgrunds, um hinabzusehen in die grundlose Tiefe. Im Kampfe der Furcht und der Neugierde sah ich hier manchen Zuflucht suchen bey der Mutter Erde und nur an dieser hinkriechend es wagen hinabzublicken in die Tiefe, welche die rothen Schattierungen der Kalkfelsen, als triefen sie vom Blute der Erfallenen, noch gräßlicher mahlen.« – Mit einer solchen Gipfelschau-Schilderung wollte der Wiener Universitätsprofessor Joseph August Schultes (1773–1831) seine Landsleute zu einer »Lustreise nach dem Schneeberge überreden«...

Das im Jahre 1802 erschienene Büchlein »Ausflüge nach dem Schneeberge in Unterösterreich« (ein Klassiker der Wanderliteratur) des Professors hat jedoch trotz seiner Horrordarstellung seinerzeit viele Landsleute dazu animiert, von Wien aus zu Fuß auf den Schneeberg zu wandern. Was im-

Exquisite Tourenziele findet auch der älter gewordene Bergsteiger in den Alpen
noch mehr als genug... zum Beispiel die Via dell'Amicizia über dem Gardasee
(wenn er sich noch genügend Armkraft für die Bewältigung der vielen
Leitersprossen bewahrt hat).

merhin eine Wegstrecke von etwa 80–90 Kilometer (bergauf und bergab) ist.

Diese Wanderung wird auch heute noch gerne gemacht, weil sie ein Erlebnis besonderer Art ist: Man verläßt eine Großstadt und geht und geht, und zuletzt ist man dort, wo noch oder schon wieder Schnee liegt, wo Gemsen herumspringen und man sich auf dem Fadensteig auch ab und zu am Fels festhalten muß – kurzum, man ist auf eigenen Füßen ins Hochgebirge gekommen.

Einmal habe ich diese »Große Schneebergwanderung« als Vereinsführungstour ausgeschrieben. Sieben Leute, sieben kleine Negerlein, die trafen sich in Rodaun, Endstation der Wiener Straßenbahn.

»Also... i bin heuer in einer Hochform!« sagte einer der Teilnehmer. »Im Sommer haben wir am Großvenediger alle Führerpartien überholt!«

Das beeindruckte Frau Grete sehr, eine schon etwas weißhaarige Frau. »Ich geh halt mit euch, solange ich kann!«

In Heiligenkreuz machten wir Mittagsrast. Mit Staunen sah ich, was der Venedigermann so alles verschlang... Leberknödelsuppe, Bauernschmaus, Kaiserschmarrn... »Bei einer solchen Strapaze verlangt der Körper auch etwas!« sagte er.

Nachher gab der Körper jedoch nichts mehr her. Matt wie eine Blindschleiche, zwei Tage vor dem Winterschlaf, kroch unser Freund dahin.

»Die Strümpf von heute sind nichts mehr wert! Und mit Blasen auf den Füßen kann sogar der konditionsstärkste Mann nicht marschieren!« sagte er und verschwand in Weißenbach-Neuhaus im Bahnhof, um mit dem nächsten Zug nach Wien zurückzufahren.

Mit ihm verabschiedete sich noch einer der Teilnehmer... »Man kann doch den Kameraden nicht allein nach Wien zurückfahren lassen!« Wir Kameraden der Berge!

Zu fünft zogen wir weiter. Es begann zu regnen. In einem kleinen Landgasthof im Steinwandgraben wollten wir die Nacht verbringen.

»Ich liebe diese alten Landgasthöfe!« sagte Karl. »Das sind noch richtige Oasen der Stille!«

Karl ist ein Naturschwärmer, der die Stille über alles liebt. Wenn Karl von der Waldesruh schwärmt, wird sogar seine Stimme so still und leise, daß man ihn kaum versteht.

Karl war begeistert von dem stillen Landgasthof... die alten Holztische; eine Uhr, die noch ticktackticktack machte; zwei friedlich ihre Pfeife rauchende Bauern in einer Ecke. Wir aßen und tranken eine Kleinigkeit, traten dann für einige Minuten vor das Gasthaus...

»Hier ruht noch Pan!« flüsterte Karl ergriffen.

Auf dem Wiederband in der Watzmann-Mittelspitze-Ostwand.
Eine leichte Kletterei, eine wohl längere, aber nicht allzulange Tour und –
alles in allem – eine der schönsten Bergfahrten in den Nördlichen Kalkalpen.

Am nächsten Morgen klopfte ich um sechs Uhr früh an Karls Tür. Der brachte seine Augen kaum auf, schaute aus wie ein Faschingsprinz am Aschermittwoch.

»Was ist los?« fragte ich erstaunt.

»Die Hölle war los!« sagte Karl grimmig.

Ich wußte nicht, wovon Karl redete. Ich hatte herrlich geschlafen wie ein Murmeltier.

Der Höllenlärm hatte um zehn Uhr abends begonnen und erst um fünf Uhr früh geendet. Es war der sechste Dezember, und in dem stillen Landgasthof hatte um zehn Uhr abends ein Krampusrummel begonnen. Autos waren gekommen und wieder abgebraust. Man tanzte, man sang. Der Krampus war gekommen und hatte die schlimmen und laut kreischenden Mädchen verdroschen... »Hier ruht noch Pan!« Pan Karl hatte die ganze Nacht kein Auge zugetan!

An diesem Tag wankte Karl wie ein zerrissenes Traumbüchl auf zwei Haxen durch die Gegend. In Gutenstein beschlossen dann er und seine Frau, ebenfalls die Tour abzubrechen. Wieder schloß sich ein Teilnehmer den Heimkehrern an.

Frau Grete und ich waren übriggeblieben. Wir gingen weiter. Auf dem Schneeberggipfel sagte die weißhaarige Frau: »Hoffentlich sind die anderen jetzt nicht bös auf mich, weil ich so weit gegangen bin!«

Ich habe von Frau Grete viel gelernt: das Lockersein, diese innere Gelassenheit... »Ich geh halt mit euch, solange ich kann!« Als Fritzerl und ich 1984 zu Fuß durch die Alpen von Wien bis nach Nizza gezogen sind, habe ich oft an diese Frau gedacht.

»Ich gehe einmal zu Fuß heim!« beschloß im Sommer 1967 der in Eibiswald (ganz unten im Süden Österreichs) geborene und in Gmünd (ganz oben im Norden Österreichs) lebende Bildhauer Carl Hermann. Er war dann von dieser Wanderung so begeistert, daß er zum Initiator und Schöpfer des Nord-Süd-Weitwanderweges wurde. 1970 fand die Eröffnung statt.

Das Wandern war wieder modern geworden. Die Freßzeit nach den Hungerjahren des Zweiten Weltkriegs und die Motorisierung hatten ihre Spuren hinterlassen – die Menschen waren zu dick und zu faul geworden. »Fit – mach mit!« wurde zur neuen Parole.

Das Wandern war also modern geworden. Wandertage mit Start und Ziel, Urkunden oder Pokalen für die stolzen Bezwinger einer Wegstrecke von zehn oder zwanzig Kilometer. Weitwanderwege mit Kontrollstellen, Stempel, Weitwanderbüchln und Weitwanderabzeichen und sogar – etwas besonders Kurioses – mit Weitwanderdenkmälern!

Einerseits konnten die Initiatoren des organisierten Wanderns nunmehr stolz darauf sein, so viele Leute »in Bewegung gesetzt« zu haben, andererseits haben sie ein Wandern verursacht, das mit Wandern ebensowenig gemein hat wie der Storch mit dem Kinderkriegen der Frauen: ein Wandern, bei dem der Alltagsstreß in die Freizeit übertragen wurde.

Konkretes Beispiel: Dieser Nord-Süd-Weitwanderweg (NSWW). Er beginnt auf dem bizarren Granitblockgipfel des Nebelsteins (1015 m) dicht an der tschechoslowakischen Grenze, und führt dann durch Landschaften, von denen jede einzelne so ganz anders ist als alle anderen: das Waldviertel – die Wachau – das Voralpenland – die weiten Höhen der Zentralalpen – das freundliche Hügelland bei Eibiswald an der jugoslawischen Grenze, wo der Weg endet. Das Besondere an ihm ist das Kontrasterlebnis, das sich voll und ganz dem bietet, der diesen Weg in einem Zug begeht.

Wegstrecke: 500 km. Die vorgeschlagenen 18 Tagesetappen sind für Leute mit weniger Urlaubszeit in vier Teilstrecken unterteilt. Eine Statistik zeigt, daß die meisten NSWW-Wanderer es jedoch vorziehen, den ganzen Weg in einem Zug zu begehen, wobei sie im Durchschnitt 17 bis 21 Tage unterwegs sind.

Jedoch: Wer im hügeligen und gebirgigen Österreich 500 Kilometer in 18 Tagen zurücklegen will (und diesen Ehrgeiz haben die meisten Wanderer), dem bleibt keine Zeit für Sehenswertes links und rechts vom Wegrand, der will – um im Weitwanderer-Jargon zu reden – »durchkommen«. Das Schauen, Genießen – das bleibt auf der Strecke.

Ort der Handlung: Traunstein im österreichischen Waldviertel. Eine Kontrollstelle des Nord-Süd-Weitwanderweges ist der Gasthof Huber.

Ein Wanderer kommt in die Gaststube und sagt zu den darin sitzenden Bauern statt »Guten Tag!« sehr stolz: »I bin der erste von allen, die heut früh losgezogen sind!«

Frau Wirtin: »Wollen's nur einen Stempel oder auch was zum Trinken?«

Nach einer halben Stunde treffen dann auch die anderen Weitwanderer ein. Jeder greift zuallererst nach dem Stempel, bevor er sich auf die Bank fallen läßt und sein Bier oder seine Würstel bestellt.

Es dauert einige Zeit, bis nicht nur die Muskeln, sondern auch die Gemüter der Wanderer wieder lockerer geworden sind...

Einer sagt: »Gestern abend habe ich drei Blasen auf dem rechten Fuß gehabt, heut in der Früh waren's nur noch zwei. Hoffentlich geht das so weiter!« Ein anderer murmelt selig: »I bin also die zweieinhalb Stunden in nur zweieinviertel Stunden gegangen!«

Der »NSWW-Führer« berichtet über den Ort: »Traunstein liegt wunderschön am Osthang des Wachtsteines. Eine ganz eigene Landschaft, fast unberührt, liegt vor uns und zählt wohl zu den schönsten des Nord-Süd-Weitwanderweges. Der Wachtstein: ein grandioser Granitaufbau. Hier müssen wir uns ein wenig Zeit nehmen, und sehen vom Gipfel Felder, Weideland, dahinter Waldsäume und wie von Gottes Hand verstreute Granitblöcke. Bemerkenswert ist der Franzosenstein, Fotomotiv. Außerdem erblicken wir von Osten nach Westen das Waldviertler Hochplateau, die lebende Landschaft bis Arbesbach und im Süden und Südwesten den mächtigen Weinsberger Wald. Im Osten das flache Land um Ottenschlag, dahinter den Jauerling mit den Donaubergen. Die Ruhe ist hier die Königin und der Wald der Kaiser.«

Ergänzend sei dazu bemerkt, daß die moderne Traunsteiner Kirche eine Sehenswürdigkeit ist, zu deren Besichtigung die Kunstfreunde von weit her angereist kommen. Außergewöhnlich ist auch die Entstehungsgeschichte. Nachdem die alte Kirche aus dem 14. Jahrhundert schon zu klein und zu baufällig geworden war, entschloß sich die ganze Gemeinde unter Anleitung ihres Pfarrers eine neue zu bauen. Dieser Pfarrer Josef Elter hat sich seit damals zu einem berühmten Bildhauer entwickelt und in Traunstein sind viele Werke von ihm zu sehen (auch der Brunnen vor dem Gasthaus ist von ihm).

Der »Franzosenstein« ist eines der faszinierendsten Felsgebilde des Waldviertels: Er gleicht einem Brotwecken, der vom Rande eines Tisches abzurutschen droht. Während des Franzosenkrieges soll eine ganze Kompagnie Franzosen mit Seilen versucht haben, das Blockmonster von seinem Podest herabzuziehen... vergebens!

Für die Besichtigung der Kirche, des »Franzosensteins« und für eine Besteigung des »Wachtsteins« wird man etwa 45 Minuten benötigen. Aber unseren NSWW-Wanderern war das alles vollkommen schnuppe...

Eine Frau: »Schaut's einmal hinaus aus dem Fenster. Da ist ein Brunnen mit einer modernen Plastik. Wie die in dieses Kaff gekommen ist?« – Fast keiner an dem Tisch schaut zum Fenster hinaus.

»Packen wir's wieder?« Die Weitwanderer schultern seufzend ihre Rucksäcke und gehen der Markierung nach, die aus dem »Kaff« wieder hinausführt...

Hektik auf allen Weitwanderwegen...

Als wir auf unserer Alpendurchquerung ins Montblanc-Gebiet kamen, da fiel uns auf, daß alle Begeher des bereits 1951 geschaffenen Montblanc-Rundwanderweges (»Tour du Mont Blanc« oder »Giro del Monte Bianco«) frühmorgens mit den Hendln aufstehen und dann – meist ohne Frühstück – losrennen, als hätten sie silberne Löffel gestohlen.

Ein Münchner klärte uns auf. Der Montblanc-Rundwanderweg ist zum Wander-Hit geworden, aber leider sind die Unterkünfte für diese Massen noch immer viel zu kleine Hüttln. Wer zuerst kommt, der kriegt noch ein Bett oder ein Lager, wer später kommt, der kann (wenn's gut geht) auf einem oder unter einem Tisch im Gastraum schlafen.

»Am Anfang wollten wir den Krampf net mitmachen. Wir san ja Individualisten. Aber wenn du dann die andern siagst, die alle schon dahocken und grinsen, weil sie noch was zum Schlafen derwischt haben, und du selber mußt dich wieder auf den Boden hinflacken – dann wirst' sauer! Nach drei solchen Nächten haben wir den Individualismus aufgegeben und jetzt rennen wir genau so wie alle anderen Deppen...«

In dem 1978 erschienenen »Lexikon Europäische Fernwanderwege« wird als Motto ein Ausspruch des Dichters Jean Paul (1763–1825) zitiert: »Jede Reise verwandelt das Spießbürgerliche und Kleinstädtische in unserer Brust in etwas Weltbürgerliches und Göttlichstädtisches.«

Über »Erholungskunde« erschien bereits im Jahre 1913 ein Beitrag in einer alpinen Zeitschrift. Der Verfasser empfahl darin »im Zeitalter der hundertpferdigen Automobile« als geistige Erholungsgymnastik einen »Kilometerfletcherismus«...

Damals war die Lehre des amerikanischen Schriftstellers Horace Fletcher (1849–1919) groß in Mode: »Jeden Bissen sorgfältig kauen, um die Nahrung besser zu nützen«.

Unter »Fletcherismus« verstand man aber mehr: »Das Beste aus dem Leben und aus allen Dingen herausholen mit wenigstmöglicher Anstrengung, quasi die Sahne von allem und jedem abschöpfen.«

»Kilometerfletcherismus« bedeutet also im übertragenen Sinne ein intensiveres Genießen von jedem Kilometer des Unterwegsseins. Lang ist's her, als das empfohlen wurde...

Die Kilometer werden noch immer gefressen!

Bei einem Vortrag des Weltenbummlers und Achttausender-Erstersteigers Herbert Tichy hatte die Organisation vollkommen versagt. Der Saal war für die Zuhörerschar viel zu klein, der Dia-Projektor viel zu lichtschwach... jedes Bild schaute so dunkel aus, als wäre es fünf Minuten vor Mitternacht fotografiert worden. Dann kam die völlige Finsternis, weil die Lampe des Projektors endgültig erloschen war. Klar, bei dieser Organisation gab's auch keine Reservelampe.

Herbert Tichy erzählte dann ohne Bilder von seinen Wanderungen in Nepal. Zu seiner Zeit waren sie noch ein Abenteuer. Keine der heute von den Reisebüros angebotenen »Abenteuerreisen«, keine der jetzt vielgebuchten Trekkingtouren, bei denen nunmehr bereits ein Klosettzelt für den Dreck der Trekkingreisenden von Trägern mitgetragen wird.

Herbert Tichy erzählte vom Unterwegssein in einem noch unerschlossenen Ödland, erzählte von den Menschen in diesem Land, von Bauern, Sherpas und Heiligen, aber auch von Flußübergängen die – seiner Meinung nach – wesentlich gefährlicher waren als die Ersteigung eines Achttausenders. Herbert Tichy erzählte... und dieser Vortrag ist für mich zu einer bleibenden Erinnerung geworden, die noch von keiner der heute üblichen volltechnisierten Dia-Shows überboten werden konnte.

Ich habe Herbert Tichy näher kennengelernt, als wir (er als Autor, ich als Buchhersteller) gemeinsam an dem 1968 im Schrollverlag erschienenen Buch »Himalaya« arbeiteten. Kurz vor dem Erscheinen des Buches gab es ein etwas seltsames Telefonat:

»Herbert, kannst du nächste Woche zu uns in den Verlag kommen? Eine Kleinigkeit wäre noch zu besprechen.«

»Ginge das noch diese Woche?«

»Geht auch. Warum?«

»Weil ich nächste Woche schon in Nepal bin!«

»Wie lange?«

»Das weiß ich doch jetzt noch nicht! Vielleicht ein Monat, vielleicht ein Jahr. Wie es sich ergibt, wie es mich freut...«

Damals war Herbert Tichy sechsundfünfzig Jahre alt. Der Bergschriftsteller Kurt Maix hatte Tichy einmal den »Wanderer zwischen Staub und Sternen« genannt. Obwohl er 1954 als erster Mensch auf dem 8125 Meter hohen Cho Oyu stand, war Tichy immer dagegen, ein Bergsteiger genannt zu werden... »Ich weiß nicht, ob dieses immer nur Aufisteigen auch den Mensch höher bringt?«

Sein Himalayabuch schloß er mit den Worten: »Am Cho Oyu erlebten wir – vielleicht weil wir zu dritt waren – keine Phantomgefährten, wir genossen das Glück einer Sicht ohne Grenzen. Ich meine nicht nur den Blick auf die anderen Gipfel und auf Tibet hinunter, sondern eine friedliche Einheit mit den Dingen, aus denen unsere Welt jetzt bestand. Sturm, Kälte und das Kommen des Abends waren keine Feinde mehr – nur ein Teil des Ganzen. Der Himmel, dem wir uns so mühsam näher gekämpft hatten, schenkte uns das Erlebnis einer Harmonie, wie wir sie vorher nie gekannt hatten.«

Der Wanderer Herbert Tichy hat aus jedem Kilometer, und der »Nichtbergsteiger« Herbert Tichy hat aus jedem bezwungenen Höhenmeter stets nur das Beste herausgeholt.

Der Werner ist ein lieber Kerl, das sagt jeder. Und das ist schlimm, denn bekanntlich wird jeder »ein lieber Kerl« genannt, über den nichts Besseres zu sagen ist...

Der Werner ist wirklich ein lieber Kerl – aber er nervt alle seine Freunde und Bergkameraden durch seinen Ordnungsfimmel...

»Das ist doch nicht in Ordnung!« ist sein Lieblingsspruch. Braucht er für einen Hüttenzustieg länger als die angegebene Zeit, dann kann er sich ganz schrecklich darüber aufregen, weil die im Führer angegebene Zeit nicht in Ordnung ist. Ist's in einer Schutzhütte um Punkt zehn Uhr nicht still wie in einem Grab, dann fängt der Werner mehr oder weniger laut zu räsonieren an, weil doch laut Hüttenordnung ab zehn Uhr Hüttenruhe zu herrschen hat. Tauchen am Himmel bloß einige Haufenwolken auf, dann gerät für Werner schon die Welt aus den Fugen, weil doch der Wetterbericht Schönwetter vorausgesagt hat. Und hat einmal auf einer Bergtour alles, aber wirklich alles geklappt, dann kann sich der Werner auch nicht recht freuen... denn, daß alles in Ordnung war, daran kann doch etwas nicht in Ordnung sein? Wenn Werner auch nur einen Tagesausflug unternimmt, dann hat er dafür seinen genauen Zeitplan (boshafte Leute sagen, daß Werner in dem Plan sogar die Pinkelpausen berücksichtigt hat).

Ich war mit Werner noch nie auf Urlaub, aber nach Augenzeugenberichten soll der schriftlich festgehaltene Urlaubzeitplan Werners den Umfang eines Manuskripts haben für ein Standardwerk, in dem Anleitungen zum Selberbasteln einer Atombombe gegeben werden.

Wie gesagt: Der Werner ist ein lieber Kerl.

Aber auch das soll gesagt werden: Wenn ein Mensch älter wird, dann wird er – ihm selber meist unbewußt – ebenfalls ein wenig zu einem solchen Werner. Das große Unbekümmertsein weicht einem gewissen Bedürfnis nach Ordnung, aus der Lust am Abenteuer wird eine Vorliebe für einen normalen Verlauf jeglicher Tätigkeit in geregelten Bahnen. Und wenn das so ist, so ist es auch notwendig, diese innerliche Wende zur Kenntnis zu nehmen.

Wer nicht gerne eine Nacht auf einer Bank in einer Schutzhütte verbringen will, der sollte – nur als Beispiel – keinen der Dolomiten-Weitwanderwege im August begehen (weil da fast ganz Italien Urlaub macht, und jetzt auch immer mehr Italiener Freude am Wandern finden). Wer nur gerne unter einem blauen Himmel wandert, so wie ihn die Bergfotografen gepachtet haben, der muß sich vorher über die Großwetterlage informieren (und wenn es dann Eisschränke hagelt bei einem angekündigten Schönwetter, dann weiß er, warum er auf die Wetterpropheten schimpft...).

Nach einem Dolomitenvortrag klagte mir ein älterer Herr sein Leid.

Die Drei Zinnen... das seien auch seine Lieblingsberge. In seiner Jugendzeit hatte er nicht nur die Große Zinne erstiegen, sondern auch die Kleine. Jetzt verbringe er seinen Urlaub in Osttirol (»Schon seit siebzehn Jahren!«), und der Höhepunkt dieses Urlaubs ist eine Wanderung hinauf zur Drei-Zinnen-Hütte... »Und dort kann ich mich nicht genug sattsehen an diesen herrlichen Felsbergen!« Aber leider, leider... das vorletzte Mal und vor allem das letzte Mal ist ihm der Aufstieg vom Fischleinboden hinauf zur Zinnenhütte schon sehr schwer gefallen. Drei Stunden oder dreieinhalb Stunden steiler Anstieg, das geht jetzt nicht mehr... »Und so werde ich die Drei Zinnen wohl nie mehr wieder sehen!«

Dem Mann kann geholfen werden!

So dachte ich zumindest. Ich empfahl ihm, bis zur Auronzohütte hinaufzufahren, weil es von dieser über eine breite Kriegsstraße leicht in einer Stunde auf den Paternsattel zu wandern ist... und dort habe er sie dann groß und hoch und steil vor sich, die Drei Zinnen.

Das wolle er nicht, sagte der Mann.

Er ist immer in Sexten zu den Drei Zinnen aufgebrochen, auch schon damals, als er sie erstiegen hat. Dieser Weg ist so schön, diesen Weg kennt er schon. Einen anderen Weg, nein, einen anderen Weg will er jetzt in seinen alten Tagen nicht mehr gehen.

Dem Mann konnte nicht geholfen werden.

Wenn es einst ums Wandern ging, dann wurde immer Goethe zitiert:

»Zum Sehen geboren,
zum Schauen bestellt...«

Einer von uns Vereinstourenführern hatte einen besonderen Tick: Jede seiner Wanderungen führte zu einem Aussichtsplatz. Dort baute er sich vor den Teilnehmern auf, deutete in die Tiefe (wobei er so tat, als hätte er höchstpersönlich alles da unten geschaffen) und sagte: »Da schaut's abi!« – Weshalb alle Leute von unserem Verein diesen Führer nur noch den »Abischauer« nannten.

Er war noch ein Kind jener Zeit gewesen, in der eine »schöne Aussicht« viel bedeutet und überall Aussichtswarten gebaut worden sind und es als Ehrensache galt, alle Gipfel benennen zu können, die von einem erstiegenen Klapf aus zu sehen waren. Für unseren »Abischauer« hat aber das Ausschauen noch mehr bedeutet. Einmal sagte er es: »Wenn ich von irgendwo abischau, dann weiß ich, wie klein ich eigentlich dort unten bin!«

Diesen Ausspruch habe ich nicht vergessen... vom höheren Standpunkt, von der »höheren Warte« sich selber einzuordnen in das All!

Den Monte Argentario wollten wir allerdings aus anderen Gründen ersteigen. Schon mehr als drei Jahrzehnte streifen Fritzerl und ich im Land der Etrusker herum (wir haben sogar dort – in Tarquinia – geheiratet), und schon immer wollten wir auf diesen Berg hinauf, der als Riesenklotz eine der Mittelmeerküste vorgelagerte Halbinsel bildet. Er ist zwar nur 635 Meter hoch – das aber in »echter Seehöhe«. In allen Reiseberichten wird die Aussicht gerühmt, die man von seinem Gipfel auf die Küste zwischen Livorno und Rom haben soll. Also auch auf jene Küste, an der sich einst die Häfen der Etrusker befanden... Talamone, Orbetello, Ansedonia, und im Hinterland die Städte Rusellae, Marsiliana und Vulci. Das alles wollten wir einmal von oben überschauen.

In dem kleinen Fischerhafen Port' Ercole (Hafen des Herkules!) fragten wir in unserem kleinen Albergo nach dem Weg auf den Monte Argentario.

Ganz einfach, sagte man uns, immer der Autostraße entlang...

Genau das wollten wir nicht. Wir wollten einen Fußweg gehen.

Madonna, Madonna... es gibt keinen Fußweg auf den Monte Argentario!

Also suchten wir eine kleine Bauernosteria, in der am Nachmittag ältere Männer gerne ihr Glas Wein trinken. (In Italien haben wir es uns schon lange abgewöhnt, in einem Touristen-Informationsbüro nach einer Information zu fragen.)

Wo ist ein Fußweg auf den Monte Argentario?

So an die zwanzig Männer schauten uns alle zuerst erstaunt an, erwachten allmählich aus ihrem Nachmittagsschlummer, kombinierten dann messerscharf, daß wir Fremde sein müßten und erklärten uns, daß wir nur über die Straße auf den Monte kämen. Wohl gäbe es einige Pfade durch den dichten Macchiadschungel, aber wir würden nie und nimmer den zum Gipfel führenden finden, würden uns bestimmt im Urwald verirren. Außerdem gäbe es darin noch viele Wildschweine...

Aber dann sagte ein schon weißhaariger Mann bedächtig, daß wir vom »Podere Annunziata« aus gehen müßten, wenn wir...

Eine Minute später war in der Bauernosteria die Hölle los! Denn der Weg über den »Podere Annunziata« sollte angeblich nicht der beste Weg sein, jeder der Männer wußte nun einen besseren, und von allen Seiten schrie man auf uns ein... da sollten wir hinauf... nein, nicht da, sondern dort. Und schließlich nannte dann ein Wegerklärer den anderen »stupido« und fast wäre es in der stillen kleinen Bauernosteria wegen uns zu einer Schlägerei gekommen...

»Podere Annunziata« – hinter diesem einsamen Bauernhaus begann für uns das Abenteuer, dort verschluckte uns der Macchiadschungel. Wohl schien die Sonne aus einem wolkenlosen Himmel – uns war sie entschwunden, in düsterem Dämmerlicht stapften wir dahin. Wohl gab es schmale Wege – aber welcher ist der richtige?

Natürlich wählten wir zuerst immer die steil bergan und gipfelwärts führenden Pfade, aber das war nicht immer zielführend. Denn – schwuppdiwupp – machte ein solcher Bauernpfad einen jähen Knick und führte wieder steil bergab. Natürlich wählten wir zunächst immer die breitesten und am meisten ausgetretenen Wege. Was ebenfalls oft ins Nichts führte... der breite Weg wurde jäh zum schmalen Pfad und endete dann bei einem Holzstoß oder einer Wildschweinsuhle.

Wir hätten uns nicht gewundert, wenn plötzlich ein Tiger durchs Gebüsch gesprungen wäre. Wir fühlten uns in eine andere Welt versetzt.

»Glaubst, finden wir da noch aufi?« fragte Fritzerl.

»Wir müssen! Hinunter finden wir von da ja auch nicht mehr!« beruhigte ich sie.

Hin und her, kreuz und quer zogen wir durch den Dschungel. Wir sind noch nie in einem Urwald gewesen, wir werden auch nie in einen richtigen Urwald kommen. Das war das Urwalderlebnis unseres Lebens.

Natürlich haben wir doch noch aus dem Dschungel herausgefunden. Aber es war dann alles anders, als wir es uns vorgestellt hatten... auf dem Hauptgipfel unseres Berges eine Militärstation, auf dem Nebengipfel eine Radiostation – und Aussicht gab es keine.

Keine Wolke am Himmel, dafür über Land und Meer eine dichte Dunstschicht. Keine Schau auf die Buchten, die einst von den Schiffen der Etrusker angesteuert wurden, kein Blick von höherer Warte auf das Land der Etrusker. Jahrzehntelang hatten wir von der Aussicht vom Monte Argentario geträumt, und als der Traum endlich Wirklichkeit geworden war, hatte er sich in Dunst aufgelöst...

Von einem Urwald haben wir nicht geträumt. Von ihm reden wir noch immer, wir werden ihn nie vergessen. So ist das beim Wandern... irgendwas gibt's immer, was man mit nach Hause bringt.

Auf einer Vortragsreise des Alpenvereins hatte ich einen vortragsfreien Tag, und an diesem bin ich in den Teutoburger Wald gewandert. Ich bin einfach nur so drauflosgezogen, und um die Mittagszeit machte ich Rast auf einer Bank. Ein ebenfalls einsamer, älterer Wanderer kam und setzte sich zu mir.

Wir plauderten, da sagte der Mann etwas, was mich aufhorchen ließ: »Ich muß bald wieder gehen, habe noch einen weiten Rückweg vor mir. Ich bin nämlich heute früh mit der Absicht weggegangen, nicht weit zu gehen...«

Genauso geht's mir auch! Immer wenn ich in den Wienerwald gehe mit der Absicht nicht weit zu gehen, dann wird der Rückweg zu einem kleinen Gewaltmarsch. Paradox: Man geht viel weiter, wenn man nicht weit gehen will.

Der Mann vom Teutoburger Wald: »Wenn aber bei einer Vereinstour eine Gehzeit von dreieinhalb Stunden angegeben ist, dann macht das in mir den Laden dicht. Mann, so weit sollst du laufen?«

Ich gehe ebenfalls am liebsten ziel- und zeitlos in den Wienerwald.

Der Mann vom Teutoburger Wald: »Und doch gehe ich fast jeden Tag und bei jedem Wetter in den Wald. Nicht, weil ich von zu Hause weglaufe! Ich habe eine liebe Frau, mir ist nicht langweilig, wenn ich zu Hause bin. Aber ich brauche das Gehen im Wald, das Atmen im Wald... sonst fühle ich mich nicht wohl!«

In einer noch im vorigen Jahrhundert erschienenen Zeitschrift der »Naturfreunde« habe ich den Satz »Wandern macht frei!« gelesen. Wahrscheinlich war das damals auch etwas politisch gemeint, aber tatsächlich kann Wandern von vielem frei machen. Kleine Ärgernisse, kleine Wehwehchen... ein bisserl gehen, und sie sind weg! Dabei habe ich allerdings feststellen müssen, daß Gehen im ebenen Gelände nicht die gleiche Wirkung hat wie das Bergaufgehen. Sicherlich hat dabei die intensive Durchatmung auch ihre besondere Wirkung.

Der Mann vom Teutoburger Wald: »Meine Freunde fragen mich oft, ob das nicht langweilig sei... immer dieselben Wege, immer dieselben Bäume, sogar: immer dieselben Grashalme...?

Das werde ich Wienerwaldwanderer ebenfalls oft gefragt. Aber ist eine Landschaft am Vormittag nicht ganz anders als am Nachmittag, und im Frühling nicht ganz anders als an einem Nebeltag? Warum wird es einem Schrebergärtner nicht langweilig, immer nur bei seinen paar Bäumchen und Blümchen zu sein? Mein Hausgarten ist der Wienerwald.

Rund siebenhundert Kilometer sind der Teutoburger Wald und der Wienerwald voneinander entfernt. Herrn Müllers Wanderfreuden sind da und dort die gleichen...

Ein 1974 erschienenes Reisebuch, das nicht weniger originell ist als Jules Vernes »Reise um die Erde in achtzig Tagen«, hat den Titel »Reise um Wien in achtzehn Tagen«. Untertitel: »Aufzeichnungen eines Fußgängers«. Autor: Adalbert Muhr, ein bekannter österreichischer Schriftsteller, Jahrgang 1896. Muhr unternahm eine Fußwanderung, wie sie vor ihm noch niemand unternommen hat. Er zog rund um Wien, wobei er sich vom Wiener Stephansturm nie mehr als 30 Kilometer weit entfernt bewegte. Dabei legte er eine Wegstrecke von rund 300 Kilometer zurück.

300 Kilometer... Wäre unser Wanderer von Wien aus direkt 300 Kilometer nach Westen gewandert, so wäre er bis nach Bayern gekommen. Wäre er nach Norden gewandert, so hätte er durch die ganze Breite der Tschechoslowakei auch noch Polen erreicht. Bei einer 300-Kilometer-Wanderung nach dem Osten wäre er tief in Ungarn eingebrochen. 300 Kilometer nach Süden, der Wanderer hätte in Jugoslawien seine Fußwanderung beenden können. Adalbert Muhr wanderte 300 Kilometer rund um seine Heimatstadt... »Ein konzentrisches Unterwegs, ohne Eile, um zu erleben, was im

Entschwinden begriffen ist, ja um mich selber im Nachsommer meines Lebens noch einmal zu erleben und besser kennen zu lernen, ein Zeithaben in einer Zeit, die keine hat. Eine Flucht aus der Jedermannstadt in das Niemandsland.«

Was Muhr von seiner Umwanderung Wiens erzählt, ist wesentlich amüsanter zu lesen als viele der Weltreise- und Expeditionsbücher unserer Zeit. Er erzählt Erlebnisse, die man nur im Gehen finden kann, niemals im Fahren, er berichtet von einer Fülle sehenswürdiger Sehens-Unwürdigkeiten, an denen der Motorisierte husch-husch vorbeifährt. Welcher Reisende kennt heute noch das Glück des Entdeckens – auch wenn es oft nur Kleinigkeiten sind, so wie dieses in krausem Beamtenkauderwelsch verfaßte Inventarverzeichnis in einer Bahnhofsstation:

Anzahl	Bestimmungswort	Schlagwort	Nähere Bezeichnung
1 (ein)	Sessel	Sitz	hart
2 (zwei)	Bänke	Sitz	hart
1 (ein)	Napf	Spuck	Email
1 (ein)	Ofen	Heiz	Eisen

Muhr schreibt dann: »Ich setze mich so auf den Ein-Sessel-Sitz-hart, daß ich, auf den Ofen-Heiz-Eisen schielend, in den Ein-Napf-Spuck-Email spucken kann.«

Wer denkt da nicht an Eichendorffs »Taugenichts« mit dem ewigen Sonntag im Gemüte?

Unser Autor war um die Sechzig, als er diese Wanderung unternahm und nachher mit seinem Buch bewies, wie groß das Erlebnis auch abseits der bekannten und berühmten, markierten und beschilderten Wanderwege sein kann. Ein Gulasch aus der Dose mag gut sein, ein hausgemachtes ist aber besser. Die Möglichkeiten für originelles und individuelles Wandern sind unbegrenzt.

Als Muhr seinen Bekannten den Plan von der Umwanderung Wiens mitteilte, fragten sie: »Sie haben es wohl mit der Romantik?«

»Nein, mit der Lebensnotwendigkeit!« hatte er darauf geantwortet.

Herr Schütz ist über neunzig Jahre alt, braucht einen Stock zum Gehen, »weil die Füß halt schon so schwach sind«. Früher ist er oft und gern und weit gewandert.

Jetzt geht Herr Schütz nur noch an jedem Morgen und an jedem Nachmittag um den Häuserblock, ganz gleich, ob es nun regnet, stürmt oder schneit, »damit die Füß nicht das Gehen verlernen!«

An einem wunderschönen Tag im Frühling traf ich Herrn Schütz etliche Straßen weiter von unserem Häuserblock. Ich war erstaunt.

»So alt bin ich doch noch nicht!« sagte Herr Schütz. »Wenn die Füß gut beinand sind, dann schwärme ich schon noch ganz weit aus...«

Mountainbike und »Bäckerradl«

Zu meinem 15. Geburtstag bekam ich im Jahr 1938 von meinen Eltern ein Fahrrad geschenkt. Damit fahre ich auch heute noch.

Heute ist mein Fahrrad bereits das, was man seinerzeit ein »Bäckerradl« genannt hat. Als einst noch die Bäckerlehrlinge frühmorgens die warmen Semmeln zu den Kunden brachten, waren sie auf so uralten Fahrrädern unterwegs, daß sie diese bedenkenlos irgendwo abstellen konnten ohne abzusperren – gestohlen hat sie niemand, diese »Bäckerradln«.

Nachdem ich mit dem Bergsteigen begonnen hatte, wurde mein Fahrradl Mittel zum Zweck. Am Samstag nach Arbeitsschluß (ein Uhr mittags) fuhr ich damit zum Peilstein (30 km), zur Hohen Wand (50 km), zur Rax (90 km) – und am Sonntag abend nach dem Klettern wieder zurück.

Damals hat noch kein Mensch davon gesprochen, daß Radfahren sehr wohltuend fürs Herz und für den Kreislauf sei. Auch die Brüder Franz und Toni Schmid waren im Jahre 1931 zur Erstbegehung der Matterhorn-Nordwand nur deswegen mit dem Fahrrad von München nach Zermatt gefahren, weil sie kein Geld für die Bahn hatten. Das Fahrradl war einst das Verkehrsmittel aller Bergvagabunden.

Als der heute fast schon legendäre Fischer Franzl (der in dieser Zeit die Oberraintalhütte im Wetterstein bewirtschaftete) einmal mit dem Radl die Sellajochstraße hinunterbrauste und dabei sogar ein Auto überholte, rief er dem darinsitzenden Herrn fröhlich zu: »Gelt, da schaugst, Bauer!«

In Canazei erfuhr er, daß der Bauer der König von Belgien, Albert I., gewesen ist. (Übrigens: König Albert I. war ein begeisterter Bergsteiger; 1934 ist er an einem Klettergartenfelsen im Alter von 59 Jahren tödlich abgestürzt.)

Heute weiß ich, daß diese Bombenkondition, die wir damals hatten, nicht nur allein in unserer Jugendkraft lag, daß wir sie auch dem vielen Radfahren verdankten.

Mit dem Fahrradl bin ich noch immer gern unterwegs. Natürlich kann ich mit meinem »Bäckerradl« (mit nur einem Gang) keine großen Steigungen derpacken. Da muß ich das Rad schieben. Und dabei habe ich etwas höchst Erstaunliches festgestellt: Bei dieser Kombination Treten-Fahren und Gehen-Schieben wird man nicht so schnell müde. Fährt man acht Stunden lang mit dem Rad, dann tut der Hintern weh. Geht man acht Stunden lang, dann brennen die Fußsohlen. Nach acht Stunden Radfahren und Radschieben spürt man überhaupt nix und ist auch nicht müde (weil – so hat mir das ein Arzt erklärt – dabei jeweils immer andere Muskeln beansprucht werden).

Eine große Stunde habe ich mit meinem »Bäckerradl« vor einigen Jahren erlebt. Nachdem ich in meinem 1982 erschienenen »Waldviertelbuch« das Fahrrad als ideales Fortbewegungsmittel für dieses Land gepriesen habe, lud man mich dort zur Eröffnung eines Radwanderweges ein.

Als ich mit meinem »Bäckerradl« beim Start eintraf, hielt man das zunächst für einen gelungenen Gag der Veranstalter, für eine Oldtimer-Schau... »Schau, mit sowas sind die Leute früher einmal gefahren!«

Im Vergleich mit den Burschen in ihren enganliegenden Radfahrerhosen und Radfahrerleibchen und mit den Radfahrermützen und Radfahrerhandschuhen sah ich Oldtimer-Radbesitzer in Kniebundhose und Anorak etwas deplaziert aus, ganz abgesehen von den Maschinen (keiner nannte sein Fahrradl ein Fahrradl!), die sie hielten... leichte, rassige Flitzer mit mindestens zwölf Gängen.

Festliche Musik, festliche Reden... dann ging's los!

Hui – weg war der Haufen.

Fritzerl (ihr Radl hat immerhin drei Gänge) und ich zockelten hinten nach.

Doch der neue Radwanderweg war stellenweise ein Bauernweg, führte über schlammigen Boden, über schottrige Feldwege und im Wald über viele Wurzeln dahin. Und da waren die flotten Burschen mit ihren rassigen Flitzern eindeutig im Out... Reifenpannen, sonstige Pannen, manche trugen sogar ihre kostbaren Maschinen. Freundlich grüßend fuhr ich auf meinem schweren, klobigen »Bäckerradl« an allen vorbei und kam – ohne daß ich das gewollt habe – als einer der ersten ins Ziel.

»Radfahren ist gesund!« – dieser Slogan hat das Radfahren wieder gesellschaftsfähig gemacht.

Umschlagbild einer im Jahre 1902 erschienenen Kampfschrift, in der die Behinderung »des freien Verkehrs der Fußgänger« durch die Radfahrer und Automobilisten angeprangert wird. Betroffen lesen wir in dem Kapitel »Das Fahrrad als Feind der Bildung und Gesittung« die Feststellung: »Liegt doch in der großenteils vorgebeugten Haltung der Radfahrer eine empfindliche Beleidigung unserer zarteren ästhetischen Gefühle und unseres natürlichen Schönheitssinnes, welche es nicht zulassen wollen, daß wir durch den Anblick solcher Gestalten fortgesetzt an jene Theorie erinnert werden, welche die Abstammung des Menschen mit jener des Affen in nahe Beziehung bringt.«

Doch vor noch nicht allzulanger Zeit galt ein Radfahrer so ziemlich als das Letzte der Menschheit. »Habt ihr nicht einmal so viel Geld, daß ihr euch wenigstens ein Moped kaufen könnt?« haben uns Landbewohner öfters mitleidig gefragt.

»Radfahren ist gesund!« – Auch fürs Radl wird jetzt mit feschen Madln Werbung gemacht; die Fotos zeigen diese zumeist in sexy-engen Badeanzügen (aber so wie auf den Fotos würden die Damen bestimmt nicht mehr lächeln, wenn sie damit nur zehn Kilometer weit geradelt wären!). Überhaupt wird in der Radl-Euphorie unserer Tage das Radlfahren nur von seiner allerschönsten Seite gezeigt.

Fast keiner der heutigen Sonntagsradler hat Werkzeug und einen Reserveschlauch mit, fast keiner der fröhlichen Optimisten kann selber einen Schlauch wechseln – obwohl der Patschen (oder Plattfuß) zum Radlfahren gehört so wie der Gegenwind und sich sonderbarerweise stets dann einstellt, wenn man überhaupt nicht damit rechnet...

Etwa vierhundert Kilometer waren wir einmal kreuz und quer durch das Bergland südlich von Rom geradelt (in den Monti Simbruini, -Ernici, -Lepini, -Ausoni). Weder auf den steilen Paßstraßen noch auf den Maultierpfaden, die wir auch gefahren sind, hatten wir eine Panne gehabt. Stolz wie römische Imperatoren auf ihrem Triumphzug fuhren wir in Rom ein. Und da, nur noch zehn Minuten von der Stazione Termini entfernt, wo unsere Radfahrt zu Ende war und wir die Räder im Zug verfrachten wollten – da ein Krampfschrei Fritzerls: »Charly, ich hab einen Patschen!« Auf dem Gehsteig einer der großen noblen Geschäftsstraßen Roms habe ich dann das Hinterrad abmontiert und das Loch zugepickt. Madonna, gab das einen Menschenauflauf von Zuschauern! Sogar zwei Polizisten sind dann noch gekommen und haben das seltene Schauspiel genossen...

»Radfahren ist gesund!« Es ist auch wohltuend für ältere Menschen – wenn es nicht in ein stures Kilometerstrampeln ausartet. Aber in einem unterscheidet sich das Radfahren doch von allen anderen sportlichen Tätigkeiten: Es läßt sich im Alter kaum noch erlernen! Wer in der Jugend geradelt ist und dann dreißig, vierzig Jahre nicht mehr, der braucht bei einem neuen Radlerfrühling nur kurze Zeit, bis er wieder fest und sicher im Sattel sitzt. Wer noch nie in seinem Leben mit einem Fahrradl gefahren ist, der braucht lange, bis er es erlernt hat, und wenn er es dann auch erlernt hat, wird er immer ein bisserl unsicher sein.

Vor kurzem traf ich bei einer Radbummelei einen (nun auch schon pensionierten) höheren Ministerialbeamten, mit dem ich seinerzeit öfter zu tun gehabt hatte. Nicht einmal im Traum wäre es mir gekommen, diesen etepeteten Paragraphenreiter einmal auf einem Fahrradl zu sehen. In seiner Jugend, so erzählte er mir, sei er oft mit dem Fahrrad gefahren. (Ich hatte mir auch nie vorstellen können, daß dieser Mann einmal jung gewesen ist.)

Ein Stück Weg fuhren wir gemeinsam dahin. Dann bekam ich eine Rüge verpaßt... »Wenn Sie so langsam fahren, dann werden Sie nie etwas an Gewicht verlieren, lieber Herr Lukan!«

»Ich will ja nichts an Gewicht verlieren!«
»Warum fahren Sie dann mit einem Rad?«
»Weil's mich freut!«
»Na so was! Gibt's das auch?«

Radwanderer bekommen leichter Kontakt zur Landbevölkerung...
Bei unseren vielen Radtouren durch das Land der Etrusker wurden wir als Radfahrer wohl als etwas verrückte Leute angesehen, aber trotzdem sofort herzlichst akzeptiert. Sogar die Grabräuber – die tombaroli – erzählten uns vollkommen ungeniert, was sie alles in dem zuletzt heimlich geöffneten Etruskergrab an Grabbeigaben gefunden haben. (Übrigens: Aus den Gesprächen mit den Grabräubern haben wir so manches über die Begräbnisbräuche der Etrusker erfahren, was in keinem Buch der Gelehrten zu lesen ist.) Und dann sind wir einmal im Auto eines Freundes ins Land der Etrusker gefahren – und alles war anders. Die Menschen, die wir diesmal trafen, waren wohl sehr höflich, aber wir waren Fremde für sie.
Das gleiche erleben wir auch bei unseren Fahrten in Österreich. Wenn wir mit dem Radl unterwegs sind, dann erzählen uns die Leute viel mehr... aus ihrem Leben und was ihnen noch die Großmutter oder der Großvater erzählt haben und auch viele glaubwürdige und unglaubwürdige Geschichten aus der Vergangenheit.
Radwanderer bekommen leichter Kontakt zur Landbevölkerung...
Darum machen wir auch unsere Erdstall-Erkundigungsfahrten grundsätzlich nur per Fahrrad.
Erdställe: Das sind von Menschen angelegte unterirdische Gangsysteme, deren Eingänge sich zumeist in Bauernhäusern befinden, aber auch (vereinzelt) in der Landschaft (da vor allem in Schluchten). Die Kammern in den Erdställen sind selten so groß, daß sie mehreren Personen als Aufenthalt gedient haben konnten; die gewundenen und verzweigten Gänge sind oft so niedrig, daß sie nur auf dem Bauch kriechend bezwungen werden können. Kammern, Gänge und Schliefröhren sind aber sehr sorgfältig aus dem Löß oder Flins herausgehauen worden. Es gibt Erdställe in Ungarn, in der Tschechoslowakei, in Österreich und in Deutschland (dort werden sie auch »Schrazzellöcher« genannt), in Frankreich, Spanien, Belgien, England und Irland.
Nachdem man anfangs die Entstehung der Erdställe in prähistorischer Zeit vermutete, wird heute allgemein die Meinung vertreten, daß sie aus dem Mittelalter stammen. Die Frage nach dem Sinn und Zweck dieser künstlichen Höhlen war vom Anbeginn der Forschung das »Erdstallproblem« – und dieses ist noch immer ein Diskussionsthema. Zwei Meinungen stehen einander gegenüber:
- Die Erdställe waren Zufluchtsorte.
- Die Erdställe waren Kultstätten.
Bei unseren Erdstall-Erkundigungsfahrten besteht das »Erdstallproblem« vor allem darin, in einen Erdstall hineinzukommen, wenn sich sein Eingang

in einem Bauernhof befindet. Bauern empfangen Fremde in der Küche oder in der Stube, sie haben es aber nicht gerne, wenn diese im Gehöft herumstreifen. Es ist schwer, von ihnen die Erlaubnis zu bekommen, aus dem Keller in den Erdstall hineinzukriechen.

Als Radfahrer bekommt man aber diese Erlaubnis leichter als Leute, die mit dem Auto vorfahren. Darum machen wir unsere Erdstall-Erkundigungsfahrten stets per Fahrrad.

In Röschitz (im niederösterreichischen Weinviertel) bekamen wir die Erlaubnis sofort. Und als wir wieder aus dem besonders schönen Erdstall herausgekrochen kamen, sagte der alte Weinbauer: »So schnell wollen wir aber jetzt nicht wieder auseinandergehen. Ein Glasl Wein trinken wir noch zusammen.«

Als wir im nächsten Frühjahr wieder kamen, trug die Frau Schwarz, der Mann war im Winter gestorben. Lange plauderten wir mit ihr, dabei merkten wir, wie sehr sich die Einstellung des bäuerlichen Menschen zum Tod von der des Stadtmenschen unterscheidet... »Ob's ein bisserl früher ist oder später – er kommt!« sagte gelassen die Frau.

Und wieder wollten wir den Erdstall von Röschitz besuchen, doch das Hoftor war verschlossen, und in dem Haus war es totenstill. Wir gingen zu den »jungen Leuten«, die wir inzwischen auch kennengelernt hatten. Ja, die Mutter ist jetzt auch gestorben. Ohne Bedenken gaben sie uns den Schlüssel zu dem versperrten Haus... wir könnten in dem »schiachen, finstern Loch« drinbleiben, solange wir wollten.

Seither besuchen wir die »jungen Leute« beim Vorbeifahren in Röschitz selbst dann, wenn wir nicht in den Erdstall hineinwollen. Reiseerinnerungen sind schön, aber schön ist es auch, wenn man auf Reisen Freunde gewinnt.

In Röschitz sind wir sozusagen in eine Freundschaft hineingeradelt...

Vor einigen Jahren wollten wir die Trasse des alten Römerweges im Wiener Schneeberggebiet erkunden. Wir waren wiederum mit dem Fahrradl unterwegs, und weil wir mit unseren Radln fast schon verwachsen sind, haben wir erst auf dem halben Berghang bemerkt, daß es eigentlich ein Blödsinn war, sie diesmal mitzunehmen. Weil wir sie aber nun schon mithatten, schoben wir sie geduldig wie Ochsen weiter den steilen Berg hinauf.

Oben, auf der etwa tausend Meter hoch gelegenen Mamauwiese, fuhren wir dann fröhlich auf dem breiten Kuhweg dahin.

Zwei Wanderer kamen uns entgegen, blieben stehen, schauten uns so entgeistert an, als wären wir zwei solche von den grünen Wesen mit den gro-

Unterwegs in Österreich, in einem Land der Kontraste. Oben: Aufbruch im Morgenlicht zu einer Dachstein-Ersteigung. Unten: Im Schilfgürtel am Neusiedler See (man beachte das Fahrradl des müden Radlfahrers – es stammt noch aus dem Jahr 1938, und sein Besitzer würde es um nichts gegen ein modernes tauschen wollen).

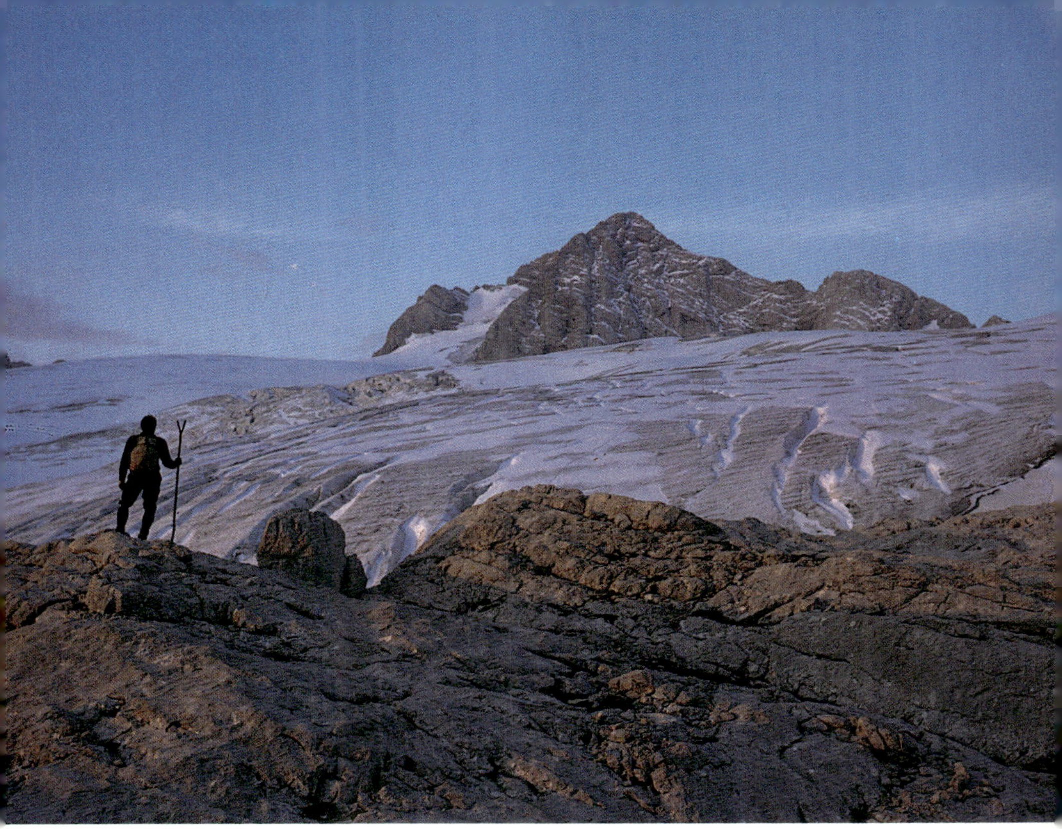

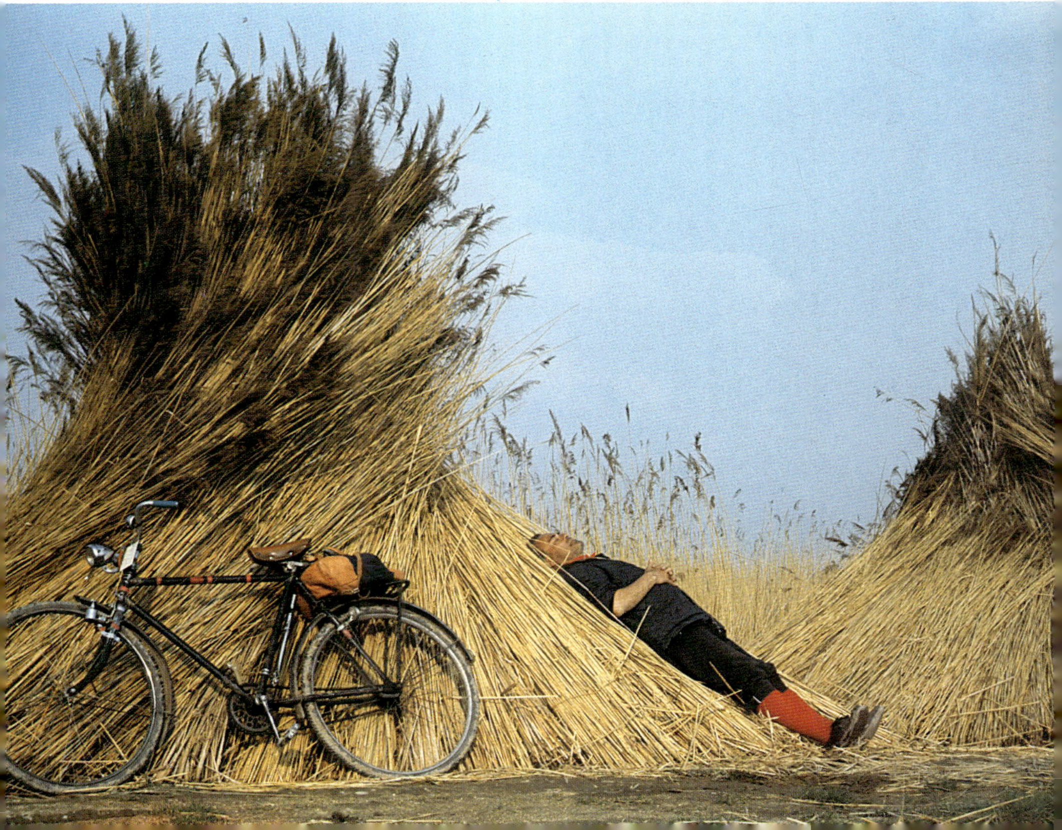

ßen Köpfen aus dem Weltall... »Ja, gibt's denn das? Radlfahrer auf der Mamauwiese?«

»Bittschön, wo ist da die Bundesstraße 17?« fragte ich betont unschuldig.

»Leutl! Da habt ihr euch aber ordentlich verfahren!« rief entsetzt einer der Wanderer, erklärte uns dann aber ganz genau, wie wir am besten zu der etwa dreißig Kilometer entfernten Bundesstraße (weit da draußen im Flachland) kämen.

»Plemplem!« hörten wir noch den anderen Wanderer sagen, als wir wieder weiterfuhren. »Total plemplem!«

Das war sicherlich die erste Befahrung der Mamauwiese mit Fahrradln!

Damals war ein Radler abseits der Straßen im Gebirge noch so etwas Abstruses wie etwa ein Mensch mit geschulterten Ski an einem Südseestrand. Heute kurven auf den Hochalmen mehr Radfahrer herum als dort Kühe wiederkäuen. Heute gibt es die »Mountainbikes«...

Das sind robuste Bergfahrräder mit 18 Schaltgängen, die zu einem sportiven Statussymbol geworden sind so wie die Ski oder das Surfbrett auf dem Autodach. Wer ein »Mountainbike« fährt, der hat auch Vollgas in den Wadeln.

Inzwischen ist dieses Bergfahrrad zum Streitobjekt geworden. Die Wanderer beklagen sich über die Radlerrowdys (die es sicherlich gibt, aber ebenso sicherlich gibt es für Wanderer und Bergradler – mit gutem Willen beiderseits – Ausweichmöglichkeiten). Beklagt wird auch die Beunruhigung des Wildes durch die Radlfahrer (Ankläger sind die edlen Waidmänner, welche mit ihren Jeeps in die Wälder donnern, um die Tiere niederzuknallen). Tatsächlich ist die Lärmentwicklung der »Mountainbiker« gewaltig, ihr Keuchen und Schnaufen beim Bergauftreten ist unüberhörbar...

Denn trotz aller Schaltungen und Übersetzungen ist auf Steilstrecken das Hineintreten in solche Räder noch immer eine ganz arge Schinderei! Dabei wird oft das Leistungsvermögen des Radls und die eigene Kondition überschätzt.

Für ältere Menschen bringt ein solches Bergradl wohl einige Erleichterungen auf Bergrouten, die er bisher mit seinem Normalradl gefahren ist. Aber – wehe! – er verläßt diese und wagt sich damit auf steilere Bergwege... dann wird's sofort zum Folterwerkzeug aus einer Trimm-dich-fit-Kraftkammer und weg – pfutsch! – ist die ganze Radlerfreude.

»Na, wie läuft's?« fragte ich einen schon etwas älteren Mountainbiker auf dem Kahlenberg. Es war der zweite oder dritte Tag nach Weihnachten. Das Fahrradl war funkelnagelneu, der Fahrradanzug war funkelnagelneu, das Christkindl ist brav gewesen.

Oben: Der Franzosenstein am Nord-Süd-Weitwanderweg durch Österreich. Eine Kompagnie Franzosen hatte im 19. Jahrhundert vergeblich diesen Waldviertler Wackelstein von seinem Postament kippen wollen. Auch der Autor dieses Buches hat es nicht geschafft. Links unten: Im Ganglabyrinth eines Erdstalls. Rechts unten: Mit dem Fahrradl unterwegs im ältesten Italien (Zyklopenmauer in Ferentino).

»Wie läuft's?« fauchte der Mann grimmig und mit hochrotem Kopf. »Gar nix läuft! Jetzt hat's zwar einen englischen Namen, das Radl – aber treten mußt du noch immer wie ein Depperter!«

»Ich bin eine Frau – und das ist etwas ganz anderes!«

Die Verschneidung ist eine von den zwei Schlüsselstellen des Richterweges (Schwierigkeitsgrad IV) am Wiener Schneeberg. Wenn Fritzerl und ich diesen Weg in Wechselführung gehen, dann ergibt es sich immer, daß sie diese Stelle führt. Für den weiten Spreizschritt beim Ausstieg hat sie ihren eigenen Schmäh (ein winziger Zwischentritt soll das sein)...

»Gut hast du das gemacht, Madel!« rief ihr von unten ein Kletterer zu.

»Danke für die Blumen! Aber ein Madel bin i nimmer!«

Fritzerl ist damals soeben sechzig Jahre alt geworden. Weil sie so klein und zart ist, hält man sie aus der Entfernung oft für ein junges Mäderl.

Fritzerl war auch schon als junges Mädel eine gute Kletterin, aber einen Richterweg hätte sie damals nie und nimmer als Seilerste gehen dürfen. Der Mann ging voran, die Frau hinten nach. Und wenn der Mann auch der allergrößte Murkser im Fels war und liebendgern die Führung an eine bessere Frau abgetreten hätte – er konnte das nicht tun, er hätte dabei sozusagen sein Gesicht verloren. Das war auch noch nach dem Zweiten Weltkrieg so.

Fritzerl war nie eine Emanze; ich war nie das, was man heute einen »Macho« nennt. Als Ehepartner und als Seilschaft sind wir lange Zeit in der »normalen« Reihenfolge geklettert – ich voran, Fritzerl hinten nach.

Nur manchmal – zum Beispiel in einem engen Kamin – schlüpfte das kleine Fritzerl voran. Fritzerl ging auch dann voran, wenn ich auf einem Standplatz so angebandelt oder verklemmt war, daß der Standplatzwechsel zu umständlich gewesen wäre.

Als Seilerster zu gehen ist schön. Man tut sich leichter, weil man konzentrierter klettert. Als Seilzweiter steigt man oft saudumm irgendwohin (bist ja gesichert!) und tut sich dann schwerer. Als Fritzerl das erkannt hatte, wollte auch sie möglichst oft als Seilerste gehen. So ergab sich bei uns die Wechselführung.

Die Schlagworte dazu hören wir jetzt von anderen Leuten...

»Eine Frau als gleichberechtigte Partnerin des Mannes!«

»Eine Frau, die auch am Berg ihren Mann stellt!«

»Das neue Rollenbild der Frau – auch am Seil!«

Bei uns war alles viel simpler. Wir haben es miteinander erlebt, wie sich gewisse Entwicklungen von selber ergeben.

Ein schöner Nachmittag in der Silvretta. Vor der Saarbrücker-Hütte standen einige Leute und beobachteten (»Gott sei Dank, ich bin es nicht, der jetzt durch den weichen Gletschersumpf dahinhatschen muß!«) die vom

Berg zurückkommenden Bergsteiger. Ich war einer von diesen Voyeuren.

Eine Dreierseilschaft kroch schon auf dem Zahnfleisch dahin. Keiner konnte in der breiten Spur auf dem Gletscher noch seine matten Füße heben, stolperte daher über jeden Eisbrocken und sank oft in die Knie.

»Das sind g'wiß die drei alten Madeln, die heut aufs Seehorn wollten!« sagte einer der Mit-Voyeure. So, wie er sich gab, war er einer von den alten rad- (und auch stets rat-)schlagenden Bergsteigerpfauen.

Tatsächlich waren am Vortag drei Frauen über Fünfzig in die Hütte gekommen, um am nächsten Tag gemeinsam das Große Seehorn (3121 m) zu ersteigen. Er, der alte Bergpfau, hatte sie natürlich davor gewarnt... »Das ist kein Berg für Frauen!«

Und jetzt zeigte es sich, daß er wieder einmal recht gehabt hatte! »Aber hinter den drei Weibern kommt noch eine Dreierseilschaft nach, das sind Gute, wie man sieht! Die können helfen, wenn's notwendig ist!«

Groß war dann die Überraschung, als die zwei Seilschaften zur Hütte kamen. Die Guten – das waren die drei Frauen. Und die Matten – das waren drei gestandene Mannsbilder, die zuallererst einige Schnäpse und Bier brauchten, bis sie so halbwegs wieder da waren.

Viele Frauen haben sich nach dem Zweiten Weltkrieg am Berg selbständig gemacht, mußten selbständig werden. Und wann immer und wo immer von den Opfern des Krieges gesprochen wird... auf jene Frauen wird stets vergessen, die ihn wohl als junge Mädchen überlebt haben, aber nachher allein leben mußten, weil so viele junge Männer aus dem Krieg nicht mehr heimgekommen sind. Es bleibt aber auch die Frage offen, wie weit es heute um die Gleichberechtigung der Geschlechter stünde, wenn es diese allein- und auf sich selbst gestellten Frauen nicht gegeben hätte.

»Von der Krinoline zum sechsten Grad« ist der Titel eines 1967 erschienenen Buches über bergsteigende Frauen. Die Autorin Felicitas von Rezniček (Tochter des bekannten Komponisten Emil Nikolaus von Rezniček) ist seit ihrer Jugend eine begeisterte Bergsteigerin, heute eine kultivierte Dame altösterreichischer Art, die auch in heftigen Diskussionen über das Frauenbergsteigen vor allem noch immer durch ihren Charme überzeugt. Etwa so: Es gibt sehr schlechte Bergsteigerinnen, es gibt aber auch sehr gute Bergsteigerinnen.

Es gibt sehr gute Bergsteiger, es gibt aber auch sehr schlechte Bergsteiger.

Es gibt jedoch keine gute Bergsteigerfrau, die bisher wegen dieser schlechten Bergsteiger zu der Schlußfolgerung gekommen wäre, daß Bergsteigen kein Männersport sei! Frau von Rezniček schließt ihr Buch mit dem Zitat: »Seid galant zu den Männern!«

Anno 1898 unternahm der Österreichische Touristenklub eine »Vereinspartie« auf den Kleinen Buchstein im Gesäuse. Zu dieser Zeit galt dieser Zacken noch als einer der »gefährlichsten Berge der Ostalpen« (erste Ersteigung 1877; als dann im Jahre 1885 der berühmte Markgraf Pallavicini auf der Spitze stand, war das erst die siebte Ersteigung).

Diese »Vereinspartie« war also eine kühne Tat. Doch als wahre Sensation wurde nachher im Vereinsblattl vermerkt, daß außer neun Männern auch »eine wettergebräunte Dame in männlicher Verkleidung« an diesem Unternehmen teilgenommen hatte. Mit einem wahren Hymnus über die »Teilnahme von Frauen an beschwerlichen, gefährlichen alpinen Taten« schloß der Bericht:

»Abgesehen davon, daß der Anblick des Starken, das sich in einem Wesen mit dem Zarten paart, ästhetisch gewürdigt werden muß, erinnert auch die Teilnahme an rauhen männlichen Unternehmungen an die längst entschwundene Heldenzeit unseres Volkes, deren Barden nicht nur die von allen Völkern gepriesenen Eigenschaften des Weibes besangen, sondern auch noch die Stärke und den Mut der deutschen Frau priesen – Mut und Stärke des deutschen Weibes, das gerade in den Alpen walkürenhaft dem römischen Erbfeind selbst noch in der erstürmten Wagenburg entgegentrat. – Ich glaube, allen männlichen Teilnehmern der schneidigen Clubpartie aus der Seele zu sprechen, wenn ich sage, daß uns die Teilnahme einer Vertreterin des schwachen Geschlechtes großes Vergnügen bereitete, und daß solche Vorkommnisse aus alpinistischen, nationalen und sozialen Gesichtspunkten für den Club schmeichelhaft sind und sich noch recht oft wiederholen mögen.«

Sie wiederholen sich – diese Vorkommnisse! Gott sei Dank wiederholen sie sich!

In unserer Zeit ist Mittwoch der Seniorentag. Die meisten Wochentagswanderungen werden von den alpinen und anderen Vereinen an einem Mittwoch geführt. An einem Mittwoch um neun Uhr früh treffen sich bei der Wiener Straßenbahnendstelle Rodaun viele kleinere und größere Gruppen von Senioren.

Die Frauen sind in der Überzahl (Verhältnis etwa 10:2). Und wenn es regnet, dann warten die Frauen meist vergebens darauf, daß noch einige Herren aus der Straßenbahn steigen... Die Frauen haben ihre Wettermäntel und Schirme – und wesentlich mehr Unternehmungsgeist!

»Ich bin eine Frau – und das ist etwas ganz anderes!« hatte in unserer Jugendzeit die etwas ehrgeizige Monika immer gesagt, wenn sie eine Kletterstelle gut derpackt hatte und gelobt werden wollte. Das gleiche hatte sie aber auch als Entschuldigung gesagt, wenn sie ins Murksen gekommen war.

Auch die etwas älter gewordenen Frauen sind ganz anders als die etwas älter gewordenen Männer. Sie sind nicht nur unternehmungsfreudiger, sie sind auch anpassungsfähiger...

Fast keiner der älteren Herren geht mit einem Stock. Die Frauen schon. Warum, das hat mir eine der Frauen ganz sachlich erklärt: »Wenn ein Mannsbild auf einen glatten Stein oder auf eine nasse Wurzel tritt und ausrutscht – dann passiert meist nix. Rutscht eine Frau aus, dann gibt's gleich eine Zerrung, Verstauchung oder Weißgottsonstwas. Wir müssen aus einem weniger widerstandsfähigen Material geschaffen sein. Und weil wir das zur Kenntnis nehmen, darum gehen wir mit einem Stock!«

Diese Frauen mit dem großen Unternehmungsgeist könnten eigentlich eine eigene Frauenwandergruppe gründen. Aber das wollen sie nicht. Ihnen ist es lieber, wenn – auch wenn's nur an Schönwettertagen ist – einige Herren mitwandern.

Da wird dann auch von etwas anderem geredet...

Was?

»Ach... die Männer erzählen, wie sie früher einmal die ganze Welt auf den Kopf gestellt haben und ihre Firma oder das Amt niemals ohne sie hätte existieren können... das ist so amüsant!«

»Die stärksten Gedanken des Mannes entstehen in den Gesprächen mit einer Frau: noch immer will er für sie den Drachen töten!« hatte der Dichter Herbert Eisenreich einmal geschrieben.

Aus dem alten Wien ist ein Ausspruch der Fürstin Pauline Metternich berühmt geworden. Nachdem an ihrem 60. Geburtstag ein Gratulant galant bemerkte, daß sechzig Jahre doch kein Alter seien, hatte sie darauf geantwortet: »Ja, für eine Kathedrale!«

In der Steinzeit des Bergsteigens waren die Herren noch sehr dagegen, daß auch Frauen Berge besteigen. Sie gaben sich besorgt um das Wohl der Damen, fürchteten, daß die gewaltigen Anstrengungen in deren lieblichen Antlitzen Spuren hinterlassen und sie überhaupt in Mannweiber verwandeln würden. Ich persönlich glaube allerdings, daß diese alten Schlawiner eher daran interessiert waren, die Bergwelt als ihre alleinige Domäne zu bewahren, aus der sie dann als strahlende Helden zu ihren Hausfrauen heimkehren wollten.

So empfand jedenfalls auch Pierre Baron de Coubertin (1863–1937), der von Sportlern fast schon heiliggesprochene Wiederbegründer der Olympischen Spiele, welcher die Frauen von diesen Spielen ausschließen wollte. Ihre Rolle sollte vornehmlich die sein – wie bei den alten Turnieren – »die Sieger zu bekränzen«.

Daß Bergsteigen keineswegs häßlich macht, beweisen heute alle jene Frauen, welche ihr bisheriges Leben lang auf Berge gestiegen sind. Ihre Gesichter sind noch immer glatt (das macht die frische Luft) und ihre Gebärden sind noch immer geschmeidig und elegant (das bringt die viele Bewegung).

Daß diese Frauen noch immer auf Berge steigen können, beweist auch, daß das Bergsteigen wohl etwas Besonderes und Einmaliges ist. Eine leidenschaftliche Tennisspielerin wird als Sechzigjährige kaum noch ihren Tennisarm schwingen können, auch eine einstige Skikanone oder Superleichtathletin wird sich an keine großen Sprünge mehr wagen. Aber eine sechzigjährige Bergsteigerin kann noch immer, trotz altersbedingter Behinderungen und innerhalb ihrer Grenzen, auf ihre Berge steigen. So zeigt sich, daß das von unseren alpinen Groß- und Urgroßvätern als »reiner Männersport« vereinnahmte Bergsteigen in Wirklichkeit auch ein idealer »Damensport« ist.

»Ich komme!« rief die junge Frau mit heller Stimme zu ihrem Mann im Fels hinauf.

Der Mann: braungebrannt und stets ein sonniges Grinsen im Gesicht. Moderner Sportlertyp. Kaum hatte er einen etwas schwierigeren Meter nach oben derpackt, posierte er auch schon als strahlender Sieger.

Die Frau: brandneu schick gekleidet und ebenfalls braungebrannt. Aber nur dann etwas matt lächelnd, wenn der Siegermann zu ihr hinunterschaute.

»Schön ist's an so einem schönen Tag zu klettern!« sagte ich auf einem Standplatz zu der jungen Frau.

»Für ihn vielleicht!« sagte sie und nickte nach oben.

»Nachkommen!« rief oben der Mann.

»Ich komme!« rief wiederum die Frau mit heller Stimme.

Wie lange wird sie aber noch nachkommen, die junge Frau? Wie lange in einer langen Ehe?

Die Rosl und der Ludwig sind ein langes Eheleben miteinander froh geklettert.

Er – ein Hüne von Mann, fesch und charmant.

Sie – ein eher kleines Weiberl, still und bescheiden.

Doch wenn die Rosl sagte: »Du, Ludwig... ich glaub, wir waren schon lange nicht mehr im Gesäuse. Meinst du nicht auch, daß wir wieder einmal den Großen Buchstein-Westgrat machen sollten?« – Also, wenn das die Rosl sagte, dann legte der Ludwig sofort los: »Buchstein-Westgrat! Klar! Den packen wir! Den reißen wir nieder!«

Geführt hat dann den Buchstein-Westgrat natürlich die Rosl! Die stille, bescheidene Rosl war nämlich eine gute, sogar eine sehr gute Kletterin.

Einmal waren wir im Neuland in der Loswand an der Rax. Ich keuchte und fluchte an einem Überhang...

Rosl (wie immer still und bescheiden): »Charly, ich glaub, es nützt nichts, wenn du dich an dem Überhang verbeißt! Meinst du nicht auch, daß es rechts von ihm leichter geht?«

»Roslweg« habe ich dann auch diese Erstbegehung genannt.

Die Rosl und der Ludwig waren jede freie Stunde am Berg unterwegs. Auch als Siebzigjährige hatten sie keine Scheu davor, noch immer die Klettergärten der Jungen aufzusuchen...

Und wenn dann die beiden Alten eine Weile den Jungen zugeschaut und sie ehrlich bewundert hatten, dann sagte die Rosl: »Du, Ludwig, ... ich glaub, heut könnten auch wir das Große Dreieck probieren. Meinst du nicht auch?« Worauf der Ludwig sofort noch um einige Zentimeter größer wurde und sagte: »Großes Dreieck! Klar! Packen wir! Das reißen wir nieder!«

Eines Tages sind die Rosl und der Ludwig einkaufen gegangen (nur ums Eck in die Eisenhandlung um ein Vorhängeschloß für den Keller). Und da ist plötzlich die Rosl zusammengebrochen und war auf der Stelle tot.

Nach einer geraumen Zeit lud ich den Ludwig zum Klettern ein, aber er wollte nicht. Sein Leben lang ist er mit seiner Rosl geklettert, und Felsen und Rosl und die Rosl und die Felsen, die waren für ihn eins... »Aber jetzt bin ich so etwas wie ein Alleingeher in einer Wand, in der etwas ausgebrochen ist. Da geht's nicht mehr weiter wie bisher. Klar? Das kann ich Alleingeher nie mehr derpacken! Verstehst du mich, Charly, verstehst du mich...?«

Romeo und Julia...

Ludwig und Rosl...

Liebe und Liebesgeschichten gibt's auch noch bei alten Leuten!

Im Verlag hatten wir eine Kollegin, bei der wir ganz genau wußten, wann sie mit ihrem Mann einen Ehekrach gehabt hatte: Da kam sie besonders schön frisiert und hautgepflegt und aufgemascherlt ins Büro... »Wenn ich daheim einen Wickel (Dialektwort für Streit oder Ärger) hab, dann brauch ich das!« sagte sie.

Auch die Kathi Steiner hat den ganzen Tag lang oft ihren Ärger – sie ist die Bewirtschafterin der vielbesuchten Hofpürglhütte im Gosaukamm. Da gibt es Gäste, die zur Mittagszeit – dalli, dalli – ihr Essen haben wollen; da ist das Personal, das manchmal nicht einsehen will, warum immer alles nur dalli, dalli gehen muß. Und die Kathi muß allein den ganzen Betrieb schupfen; ihr Mann (ein Bergführer) ist schon vor Jahren verstorben.

Wenn die Kathi frühmorgens in die Küche kommt, dann ist sie so aufgemascherlt, als ob sie in die Staatsoper gehen würde... schön frisiert, diskret geschminkt, schneeweiße Bluse, blitzsauber. Und obwohl sie dann untertags überall, wo es notwendig war, selber zugepackt hatte, schaut die Kathi um zehn Uhr abends noch immer blitzsauber aus. Wie sie das hinkriegt, ist mir ein Rätsel.

Frauen brauchen in besonderen Situationen die Körperpflege, die sogenannte Schönheitspflege, Frauen brauchen das zu ihrem Wohlbefinden. Wenn ältere Frauen ganz besonderen Wert auf ihr Aussehen legen, dann ist das nicht pure Eitelkeit, sondern auch Lebensnotwendigkeit. Das ist bei uns so, das ist auch anderswo so...

Im Bergland Bulgariens war es; an der Ostkante des Zlia Zab (das heißt »Schreckenszahn«) sind Fritzerl und ich (wie immer) in Wechselführung geklettert.

Nachher trafen wir unten in der Scharte eine ältere Bulgarin, die uns beim Klettern zugesehen hatte und ganz begeistert davon war, daß auch eine Frau als Seilerste ging. »Championissa« nannte sie Fritzerl, griff in ihren Anorak und überreichte ihr spontan ein Fläschchen Rosenöl.

Rosenöl... damit waren so meine gewissen Vorstellungen verbunden wie etwa Harem, Bauchtanz, schwüle Nächte; jedenfalls nicht die, daß in Bulgarien Frauen durchs Gebirge ziehen mit Rosenöl in der Brusttasche.

Obwohl ein heftiger Sturm über die Scharte blies, benetzte Fritzerl sofort ihre Schläfen mit dem kostbaren Parfum.

Dann sagte sie etwas...

»Was ist?« schrie ich in den Sturm.

Fritzerl und ich wollten auf einer Almwiese rasten. Da kamen die Kühe und mit ihnen die Fliegen. Den Kampf gegen die großen Kühe gewann ich, den Kampf gegen die winzig kleinen Fliegen verlor ich... Illustration von ELES für mein 1970 erschienenes Buch »Verrückt nach den Bergen«.

»Ob du etwas riechst?« schrie jetzt auch Fritzerl.

»Wie kann ich was riechen, wenn ich in dem Sausturm kaum was hör?«

Wenn mein Fritzerl vor einem Bergurlaub nicht zum Friseur gehen würde und wenn sie nicht im Waschzeug auch ihre Tuben mit irgendwelchen Salben hätte, dann würde sie, davon bin ich fest überzeugt, um einen Schwierigkeitsgrad schlechter klettern. Um noch einmal die Monika zu zitieren, »eine Frau – das ist etwas ganz anderes!«

»Reden wir nicht immer über Krankheiten!«

»Es liegt ein widerspruch darin, daß alle menschen alt zu werden wünschen, sie doch nicht alt sein wollen.«

Jacob Grimm (1785–1863), einer der berühmten Brüder Grimm in seiner »Rede über das Altern«

Im Sommer 1974 fand im Wilden Kaiser ein originelles Bergsteigertreffen statt: Aus Deutschland und Österreich trafen sich die prominenten Überlebenden aus der sogenannten »Heroischen Zeit des Alpinismus« (also der zwanziger und dreißiger Jahre) ...Peter Aschenbrenner und Lucke Hansei, der fast schon zur Legende gewordene Expeditionsleiter Paul Bauer, Otto Eidenschink und der Erstbegeher schwierigster Dachstein- und Hochschwabkletterei, Adolf Bischofberger, und viele andere. Anderl Heckmair und Hans Schwanda waren die Organisatoren.

Wäre Leo Maduschka (der immer noch in den Vorstellungen der »Junge Mensch im Gebirg« ist) nicht 1932 in der Civettawand gestorben und hätte er an diesem Treffen teilgenommen, dann wäre er ebenfalls schon ein grau- oder weißköpfiger oder glatzerter sechsundsechzigjähriger Herr gewesen.

Anderl Heckmair las auch die Entschuldigungsschreiben vor, welche alle die Alt-Heroen geschickt hatten, die aus Krankheitsgründen nicht kommen konnten. Häufig wurden Bandscheiben- oder Gelenksleiden genannt. Was Hans Schwanda ätzen ließ: »Also, gar so g'sund scheint das Bergsteigen doch nicht zu sein!«

Einen »Jungbrunnen« hat man die Berge genannt, »Erhebung und Gesundheit« (Guido Rey in seinem Buch »Alpinismo acrobatico«) will man aus ihnen davontragen...

Leider trägt man auch noch anderes aus ihnen davon.

Älter gewordene Bergsteiger leiden zumeist an den Abnützungserscheinungen in den Kniegelenken – die Folge von jahrzehntelangem Bergsteigen mit schweren Rucksäcken und munterem Über-Stock-und-Stein-zu-Tale-Springen in den früheren Lebensjahren.

Daß dieses wüste Bergabspringen einmal böse Folgen für die Knie haben wird, das hat jeder der heute älteren Bergsteiger schon seinerzeit von den damals älteren Bergsteigern gesagt bekommen, aber... wer hat das schon ernst genommen?

Die Jungen von heute sind nicht mehr so stur. Sie gehen längere Auf- und Abstiege mit Skistöcken. Diese entlasten die Kniegelenke, und wie sehr sie das tun, das haben wir auf unserer Alpendurchquerung gemerkt, wenn uns an Abenden nach besonders grimmigen Steilan- und Steilabstiegen jede Muskelfaser in den Armen weh tat.

Viele der jetzt älter gewordenen Bergsteiger bleiben stur. Sie verbinden mit einem Stock noch immer die Vorstellung von Gebrechlichkeit und Hinfälligkeit. Ein Stock? »So alt bin ich noch nicht, daß ich mit einem Stock gehen muß!«

Da gehen sie dann lieber überhaupt nicht mehr, wenn die Schmerzen in den Knien zu arg geworden sind.

Als ich auf den Sechziger zuging, bekam ich ebenfalls diese Schmerzen. Zu meinem Glück entdeckte ich damals die »Hiaslschmier«...

Bei den Vorarbeiten zu meinem (1986 erschienenen) »Voralpenbuch« hatte ich von einem Bauerndoktor erfahren, der um die Jahrhundertwende eine lokale Berühmtheit war und in dessen Ordination (in einem Bauernhof oberhalb der Roßbachklamm bei Hainfeld, Niederösterreich) an Sonntagen von weither die Leute kamen, um sich dessen nach alten Rezepten hergestellte und aus Heilkräutern und bestimmten Fetten bestehende Extrakte und Salben zu holen. Mathias Zöchling hieß der Mann, und für die Leute war daher jede seiner Salben eine »Hiaslschmier«.

Der Bauerndoktor hatte aber auch schon seit langer Zeit Knochenbrüche durch aus Rinde gebildete und mit seiner »Hiaslschmier« versehene steife

Verbände geheilt. Das interessierte natürlich den Schöpfer der modernen Unfallchirurgie, Univ. Prof. Lorenz Böhler (der die Technik der Knochenbruchbehandlung durch Ruhestellung entwickelt hatte). Der Universitätsprofessor suchte also den Bauerndoktor auf, und als er wieder weggegangen war, soll der Hias anerkennend gesagt haben: »Ich glaub, der Mann versteht auch ein bisserl was von der Sach!«

Der Bauerndoktor ist nun schon lange gestorben, aber ein Enkel von ihm (so sagte man mir) soll noch immer seine Praxis ausüben.

Natürlich konnte ich nicht zu diesem hingehen und sagen: »Bittschön, ich schreib ein Buch, erzählen Sie mir alles über die Hiaslschmier!«

Fritzerl und ich kamen als Patienten (die wir tatsächlich waren). Franz Zöchling, der Enkel des berühmten Bauerndoktors, ist ein stiller und bescheidener Mann, der in einem blitzsauberen Bauernhof lebt. Nachdem wir ihm erzählt hatten, wo uns älter gewordene Bergsteiger vom vielen Bergsteigen der Schmerz drückt, sagte er zunächst einmal, daß unsere Wehwehchen gar nichts Besonderes seien. Alles wird nach langem Gebrauch einmal hin und... »Neue Knie kann ich euch nicht machen!«

Er mixte uns eine »Hiaslschmier«. Aus etlichen kleinen Fläschchen tat er einige Tröpfchen, aus größeren Flaschen etwas mehr in eine Flasche, die er uns übergab. Mit dem Öl sollten wir tagtäglich die Knie einreiben.

Nur wenige Schilling verlangte er für diese »Hiaslschmier«, den Selbstkostenpreis. Das Rezept dafür hat schon der berühmte Großvater von seinem Großvater übernommen. Und am Kräutersammeln beteiligt sich auch heute noch die ganze Familie. Das – neben der Arbeit am Bauernhof – empfindet aber keiner der Zöchlings als Belastung, denn »wenn schon so was in einer Familie ist, dann muß es auch fortgesetzt werden!«

Fritzerl und ich zogen weiter durchs Voralpenland, bergauf und bergab, und weil wir nun schon das Fläschchen »Hiaslschmier« hatten, rieben wir auch das nach Kräutern und Harz duftende Öl auf unsere Knie.

Am vierten Tag, wir stiegen über den Rauhen Kamm vom Ötscher ab, wollte ich es nicht länger verheimlichen: »Fritzerl, auch wenn du mich für einen Spinner hältst – mir tun heute die Knie nimmer so weh!«

»Dasselbe wollt ich dir schon gestern sagen. Aber ich hab mir dann gedacht, vielleicht ist's nur eine Einbildung!«

Seither holen wir uns zwei- bis dreimal im Jahr aus dem stillen Halbachtal die »Hiaslschmier«. Und die Knie tun uns heute fast nicht weh – und das nach etlichen Lebensjahren, die inzwischen dazugekommen sind.

Die Ärzte unter unseren Bergkameraden sind darüber verschiedener Meinung... »Natürlich haben gewisse Kräuter eine Heilwirkung!«

»Wenn ihr die Knie mit einem gewöhnlichen Öl einreiben würdet, hätte das die gleiche Wirkung. Die Massage ist das Entscheidende!«

»Das Entscheidende ist euer Glaube an diese Hiaslschmier...«

Uns ist es eigentlich piepschnurzegal, was hilft...

Beherrschend steht der Traunstein neben der Autobahn Salzburg–Linz. Ein

Koloß, ein Riesenberg – so scheint es zumindest. In Wirklichkeit ist der Zapfen gar nicht so hoch – Seehöhe 1691 Meter. Allerdings hat der Traunsee an seinem Fuß eine Seehöhe von nur 422 Meter, und weil jeder Traunstein-Anstieg am See beginnt, muß jeder Traunstein-Ersteiger einen Höhenunterschied von fast 1300 Meter überwinden. Steigt er an einem Tag hinauf und wieder hinunter, dann spürt er das in den Füßen. Wenn daher an Sommer-Spätnachmittagen Leute leicht hatschend über die Uferstraße dahinziehen, dann weiß jedermann: »Die kommen vom Traunstein!«

Der Südwestgrat an diesem Traunstein ist eine der genußreichsten Klettereien der Nördlichen Kalkalpen. Eine steile Kante, bei der man tatsächlich an der scharfen Schneide oft mit einem Fuß links und mit einem Fuß rechts von ihr in eisenfestem Fels (Schwierigkeitsgrad III) dahinklettert. Und unter den Füßen – der See! Ich kenne keine andere Kletterroute, welche so unmittelbar über einem Seespiegel dahinführt, wo sich der Kletterer in hellem Fels nur zwischen Himmel und Wasser bewegt.

An diesem Grat kletterten Fritzerl und Inge unter uns als zweite Seilschaft. Scharf hoben sich die zwei Frauen von dem dunklen Wasser des Sees ab. Dabei konnte ich besonders gut sehen, wie sicher und graziös Inge kletterte... Inge mit den zwei künstlichen Hüftgelenken!

Natürlich gibt es Leiden, bei denen auch eine »Hiaslschmier« nichts mehr nützt. Und weil recht viele älter gewordene Menschen an solchen Leiden leiden, weil ich aber davon nichts verstehe, habe ich Inge – Frau Medizinalrat Dr. Ingeborg Frank – gebeten, für dieses Buch ihre Krankheits- und Wiedergenesungsgeschichte niederzuschreiben. Das ist sie:

»Nachkommen!« ruft mein Berggefährte.

Nachkommen...

Ich erwache aus meinen Gedanken. Die Freude aufs Klettern ist etwas mit Angst gemischt. Wie wird es mir das erstemal nach meiner zweiten Hüftoperation (Endoprothese) beim Klettern ergehen? Es sind einige Monate her seit dem Eingriff und dem mühsamen Gehen auf zwei Stöcken.

Die Gedanken vor der Operation waren von der Sehnsucht erfüllt, wieder ohne Schmerzen gehen zu können. Als dies erreicht war und ich mich ohne Stock wieder auf meine Beine verlassen konnte, gingen die Gedanken zu den Bergen. Die Möglichkeit, wieder klettern zu können oder Ski zu laufen, erschien mir aber noch unvorstellbar.

Ich erinnerte mich an die Tage und Wochen nach der ersten Operation des linken Hüftgelenkes vor acht Jahren, damals war ich 57 Jahre alt. Wie hatte ich es zuwege gebracht, die arg geschwächten Muskeln wieder zu stärken?

Ich fuhr etwa zwei Wochen nach der Spitalsentlassung mit in den Winterurlaub und habe auf nicht vereisten Wegen meine Gehübungen durchgeführt. Gelegenheit zum Schwimmen gab es im Nachbarort. Da ich schon Auto fahren konnte, war täglich eine Stunde Schwimmen mit Bewegungsübungen unter Wasser im Programm.

Bald konnte ich mit einem Stock gehen, und sechs Wochen nach der Spitalsentlassung nahm ich meine Tätigkeit als praktischer Arzt wieder auf. Die Stöcke waren bereits überflüssig. Meine täglichen Turnübungen führte ich weiterhin durch. Die vom Orthopäden empfohlene Umstellung auf Skilanglauf versuchte ich noch in demselben Winter. Bald wurde mir klar, daß die Tourenski mir mehr Halt und Sicherheit vermittelten. Der Versuch auf Ski mit Fellen eine Forststraße langsam bergauf zu gehen und auf Fellen wieder hinunter zu gleiten gelang mir gut. Ich dachte viel darüber nach, wie mir der Skilauf möglichst gefahrlos gelingen könnte. Zu harten Schnee wollte ich meiden, natürlich auch vielbefahrene Pisten, langsam wollte ich fahren, am besten hinter einem Kameraden, der das Gelände erkundet. Zu Ostern versuchte ich das erstemal, auf wenig geneigten Hängen abzufahren.

Anfang Mai unternahmen wir die erste Skitour. Es ging zum Kleinen Wildkamm in den Mürzsteger Bergen. Der Anstieg ging auch ohne Spitzkehren, die ich nicht mehr ausführen kann, sehr gut. Am Gipfel überkam mich ein neues Lebensgefühl. Nach zehn Jahren mit Schmerzen ein beschwerdefreier Anstieg. Nun mußte doch auch die Abfahrt bei gutem Firn gelingen.

Nach diesem Erlebnis lockte auch der Fels! Der Kanzelsteig auf der Hohen Wand. Beglückt konnte ich feststellen, daß mir das Steigen im Fels ganz leicht fiel. Durch das Anhalten mit den Händen waren die Beine entlastet! Bald konnten wir Steige bis zum dritten Schwierigkeitsgrad gehen. Als wir Ende Mai den Stadlwandgrat emporstiegen und ich sah, daß auch längere Zustiege wieder zu bewältigen sind, wurden Sommerpläne geschmiedet. Gesäuse und Wilder Kaiser planten wir. Als wir über den Ostgrat zum Hochtor stiegen, waren dann alle Depressionen, die in so vielen Schmerztagen entstehen, überwunden. Die Erlebnisse in den Bergen, mein neues Lebensgefühl, das wiedergewonnene Gipfelglück gaben mir auch wieder Kraft für meinen anstrengenden Beruf.

So vergingen die nächsten vier Jahre – bis die rechte Hüfte zu schmerzen begann. Sie war schon bei der Operation der linken röntgenologisch nicht mehr in Ordnung gewesen. Die Jahre bis zum Einsetzen der Endoprothese rechts waren wieder schmerzvoll.

Mit 65 Jahren entschloß ich mich und wählte diesmal, da ich schon in Pension war, das Frühjahr zur Operation. So konnte ich 14 Tage nach dem Eingriff schon mit kurzen Wienerwald-Spaziergängen beginnen. Zwei Monate später gelang es mir schon 700 Höhenmeter zu überwinden. Hinauf mit einem Stock, beim Abstieg nahm ich noch zwei Stöcke. Daneben absolvierte ich eine Unterwassertherapie. Die täglichen Turnübungen wurden zur Selbstverständlichkeit. Im Herbst begann ich mit Versuchen in den Kletterschulen. Ich mußte meine Technik etwas ändern, da das Anheben der Beine und das Spreizen nicht mehr so weit möglich war wie früher. Gute Beobachtung und etwas Geschicklichkeit lassen diese Behinderung überwinden. Nach diesen Übungen ging es wieder auf die Hohe Wand, Rax und Schneeberg. Die Freude, wieder auf leichte Klettersteige zu gehen, ist groß. Das Hochsteigen im Fels macht wieder richtig Spaß. Auch den Skilauf habe ich wieder aufgenommen.

Seither sind drei Jahre vergangen, und jeder Tag, den ich in den Bergen verbringen kann, macht mich dankbar und glücklich, daß es diese Operationsmethode gibt, die mir meine Beweglichkeit und damit mein Lebensglück und auch das Bergerleben wiedergegeben hat.«

Vor einigen Jahren trafen wir uns wiederum in der Hohen Tatra mit dem bekannten tschechoslowakischen Bergsteiger Zdeno Zibrin (Eiger-Nordwand, Matterhorn-Nordwand, Jorassespfeiler – ein »Meister des Sports« in seinem Land).

Begrüßung. Wie geht's?

»Nicht mehr so gut!« sagte Zdeno. »Die ersten Kreislaufbeschwerden zeigen sich bereits.«

Tja, und dann ist der Zdeno eine Woche lang gerannt wie ein Büffel und geklettert wie ein junger Klettergott.

»Also, dein Kreislauf scheint ja jetzt wieder in Ordnung zu sein!« sagte ich beim Abschied.

»Nix ist in Ordnung! Wenn ich jetzt sechs Stunden lang gehe, muß ich ein bissl rasten, und wenn ich zwölf Stunden gehe, bin ich nachher schon ein bissl müde!«

Über den Kreislauf scheint es europaweit Mißverständnisse zu geben. Da werden simple Alterserscheinungen als Herz-Kreislauf-Beschwerden bejammert oder wirkliche Herz-Kreislauf-Beschwerden als Alterserscheinung einfach negiert.

Tatsächlich sterben recht viele Menschen alljährlich an Herz- und Kreislauf-Versagen im Gebirge. In der Presse ist wenig darüber zu lesen, Todesstürze geben bessere Schlagzeilen. Auch bei den Abstürzen aus »unerklärlicher Ursache« führte oft ein organischer Defekt zu einer im Steilfels tödlich werdenden Konzentrationsschwäche.

Dazu ein Arzt (der ebenfalls Bergsteiger ist): »Ein solches Versagen des Organismus hat vorher seine Anzeichen, die nur manche Menschen nicht zur Kenntnis nehmen wollen. Ich kenne aber auch Fälle, wo sich Leute bis zum Kollaps fit gefühlt haben.«

Nicht mehr fit fühlen kann sich ein älter gewordener Bergsteiger aber auch aus anderen Gründen...

Gustl war einer der Hochbegeisterten, ein Bergsteiger, der »den Bergen verfallen war« (Gustl liebte die pathetischen Töne). Aber auch solche Bergsteiger verfallen im Verlauf der Jahre in die Bequemlichkeit. Kurzum: Der Gustl wurde immer rundlicher und kam beim Bergaufgehen heftig ins Schwitzen und Schnaufen.

Gustl: »Das Alter klopft an die Tür. Jetzt wird es Zeit, für immer Abschied von den Bergen zu nehmen!«

Der Gustl wäre nicht der Gustl gewesen, wenn er diesen Abschied nicht mit viel Trara inszeniert hätte. Mit seiner Frau erstieg er irgendeinen Klapf in Osttirol, und von dessen Gipfel hat er »mit Tränen in den Augen noch einmal zum Großglockner geschaut!«.

Nach diesem »Abschied von den Bergen« ist der Gustl (zu seinem Glück) krank geworden und mußte ins Spital. Nichts Schlimmes. Aber jedenfalls bekam er eine Diät verpaßt, und als er wieder nach Hause kam, war er um einige Kilo leichter.

Da fühlte sich der Gustl zu seiner großen Überraschung als ein »ganz neuer Mensch«. Der »Berg rief ihn wieder«, und der nun dünnere Gustl kam beim Bergaufgehen auch nimmer ins Schwitzen und Schnaufen.

Seit Gustls »Abschied von den Bergen« ist nun auch schon einige Zeit verstrichen. Er ist noch immer im Gebirge unterwegs, er ißt jetzt nur weniger...

Gesunde Ernährung...

Sie soll das Wichtigste für jeden Sportler (also auch Bergsteiger) sein. Aber was ist eine gesunde Ernährung?

Darüber hat es schon zu verschiedenen Zeiten verschiedene Meinungen gegeben.

Mir haben seinerzeit noch die alten erfahrenen Bergsteiger gesagt, daß ein Bergsteiger zum Bergsteigen eine »richtige Unterlag« braucht. Also Speck, Wurst, Käse. Auch Anderl Heckmair hat bei der Erstbegehung der Eiger-Nordwand noch eine geselchte Schweinshaxe mitgenommen.

Meine Bergsteigerzeit begann leider ohne »richtige Unterlag«. In der Kriegs- und Nachkriegszeit sind wir mit knurrendem Magen durch die höchsten und (damals) schwierigsten Wände gestiegen. Ein Stückl Brot... mehr hatten wir nicht als Tourenproviant, und das auch nicht immer.

Nachher kam die Freßzeit... Markus Schmuck verriet einmal »Hermann Buhls Geheimnis«. Buhl hatte vor großen Touren »vorgegessen«, damit er sich dann unterwegs nimmer mit der leidigen Essensfrage befassen mußte und nur aufs Klettern konzentrieren konnte. Schmuck beschrieb ausführlich, was der binsenschlanke Buhl vor einer Begehung der Laliderespitze-Nordverschneidung alles in sich hineingestopft hatte. Ein Kletterer von heute würde nach dieser Freßorgie wahrscheinlich kaum noch einen Meter vom Boden abheben können.

Und weil schon von Geheimnissen die Rede ist... Eugen Guido Lammer wußte schon lange, bevor der erste Achttausender bezwungen wurde, um das Geheimnis, wie ein solcher Gipfel erreicht werden kann! Der berühmte Draufgänger und Verfasser des »Jungborn« (der nach einem 200-Meter-Sturz am Matterhorn schrieb: »Ich habe den grausen Flug mit bewußten Sinnen getan und kann euch künden, Freunde: Es ist ein schöner Tod. Ein Nadelstich schmerzt mehr als der Absturz!«) hat recht lange gelebt, von 1863–1945. Als der Vorstand unserer Bergsteigergruppe Hans Barobek einmal Lammer besuchte, hatte ihm der alte Herr das Geheimnis verraten: »Zitronen braucht man! Hätten die Deutschen 1934 am Nanga Parbat Zitronen mitgehabt, dann hätten sie auch den Gipfel erreicht!« (Woraus zu ersehen ist, daß nicht alles, was alte Leute sagen, auch eine tiefe Weisheit sein muß.)

Mit dem Beginn der Nachkriegs-Freßzeit begannen sich wiederum die Wissenschaftler mit der Ernährung zu befassen. Zucker sei wichtig für den Sportler, weil er schnell zu neuen und unbändigen Kräften verhilft. Folge: Alle Bergsteiger zogen nur noch mit Traubenzucker und anderem Süßzeug los. Um den total verpickten Magen wieder halbwegs in Ordnung zu bringen, habe ich dann auch immer Essiggurken auf Touren mitgenommen.

Das war gleichzeitig auch die Steak-Zeit. Schnell abgebratenes, innen noch blutrotes Fleisch und grüner Salat – das geht ins Blut, das gibt Saft und Kraft!

In dieser Zeit haben wir aber auch bereits den ersten »Körndlfresser« getroffen. Er war ein hagerer junger Mann, dieser Otto, der uns am Vorabend einer Vereinsklettertour in der Schutzhütte sehr drastisch beschrieb, wie sehr wir mit unserer ungesunden Nahrung den Körper vergifteten. Er erzählte von Magensäften und unverdauten Faulstoffen und vom Gedärme… und uns hat begreiflicherweise dann die Wurst und der Käs nimmer geschmeckt. Bereitwillig ließ er uns alle von seinen Körndln und Flocken und getrockneten Apfelspalten kosten. Die wahre Kraftnahrung!

Jedoch am nächsten Tag – im Lechnermauernkamin – kam der Otto nicht ums Verrecken über den Überhang hinauf und mußte von uns total vergifteten Leuten mit den Faulstoffen im Leib – hauruck! – hochgezogen werden. Die wahre Kraftnahrung?

Damals haben wir also über das »Körndlfutter« noch unsere Witze gerissen. Damals hat sich aber auch mit einemmal herumgesprochen, daß Wassertrinken auf Bergtouren nicht schädlich sei. Das war etwas ganz Neues!

Denn schon seit uralten Zeiten hat es geheißen (und kluge und weise Doktoren und Professoren haben das immer wieder bestätigt), daß ein Bergsteiger auf einer Tour nur wenig oder gar nichts trinken soll. Wer sagen konnte, daß er »den ganzen Tag nix zum Trinken braucht«, der galt als ein wahrer, harter Bursch. Weniger Harten wurde geraten, das lästige Durstgefühl durch das Lutschen von Dörrzwetschkenkernen (weil das den Speichelfluß anregt) zu unterbinden. Jetzt also: Viel trinken!

Viel, erstaunlich viel hat sich auch innerhalb weniger Jahrzehnte in der Meinung geändert, was ein Bergsteiger essen und trinken soll.

Gesunde Ernährung – ich habe von Fachleuten erfahren wollen, was das ist, also nicht von Ärzten, welche heute dies und morgen das empfehlen. Meine Fachleute waren Menschen über Achtzig, die noch immer im Wald und am Berg unterwegs sind.

Das Ergebnis dieser lockeren Befragung war, daß fast keiner der noch immer rüstigen Alten nach starren Prinzipien lebt. Keiner bekannte sich als strenger Vegetarier, keiner schwärmte von Schnitzel oder Backhendl. Es schmeckte ihnen (das so gesunde) Müsli ebenso wie eine (so höchst ungesunde) Buttersemmel. »Ich esse alles, worauf ich gerade einen Gusto habe!« sagte fast jeder. Aber auch das: »Ich esse nicht sehr viel!«

Prinzipien hatte nur einer der Befragten: Von diesem chemischen Glumpert, den Kalorien, von denen hielt er gar nix!

»Der große Umweg zum Biancograt« war der Titel des Vortrages, den ich an einem Samstagabend in Grein an der Donau halten sollte. Einen Tag vor dem Vortrag rief mich der Vortragsreferent an und fragte, ob ich diesen Vortrag auch noch am Sonntagnachmittag, in einem kleinen Ort oberhalb von Grein, wiederholen wolle. Ich wollte.

Der kleine Ort schien nur aus alten Leuten zu bestehen, die fast alle auf Stöcke gestützt zu meinem Vortrag kamen. Aber sie waren recht lieb und freundlich...

»Grüß Gott, Herr Doktor!«

»Grüß Gott, Herr Professor!«

Ich wunderte mich zwar über diese Begrüßung, legte dann aber mit Begeisterung los. »Der große Umweg zum Biancograt« ist wirklich originell gewesen. Der berühmte Biancograt war zwar unser Haupturlaubsziel, aber vorher hatten wir noch die Piz-Palü-Nordwand gemacht und dann waren wir – durch die Wetterlage – gezwungen gewesen, Ausweichziele zu suchen und hatten den Gran Paradiso und den Monte Viso erstiegen.

Große Begeisterung nach dem Vortrag.

Aber da hatte sich auch schon herausgestellt, daß bei der Organisation dieses Vortrags etwas schiefgegangen war. Für diesen schönen Sonntagnachmittag war in dem kleinen Ort ein ganz anderer Vortrag angekündigt gewesen, einer mit dem Titel »Rheumatismus und seine Bekämpfung« – und zu diesem Vortrag waren eigentlich alle Rheumatiker von weit und breit aus der Umgebung gekommen.

Das Interessanteste nach diesem Vortrag aber war für mich die Reaktion der Besucher auf diesen Organisationsfehler: Etliche der alten Frauen und Männer sagten mir nachher, daß sie jetzt die Schmerzen, welche sie den ganzen Vormittag geplagt hatten, fast nicht mehr spürten.

Klarer Fall: Wer den ganzen Vormittag daran denkt, nachmittags zu einem Rheumatismus-Vortrag zu gehen, der ist so sehr auf sein Leiden eingestellt, daß er es auch spürt. Mein Vortrag hatte diese Rheuma-Konzentration unterbrochen.

Tätig sein, Erlebnisbereitschaft, Nicht-immer-nur-ans-Kranksein-denken... das alles kann eine Krankheit wohl nicht heilen, es kann sie aber leichter ertragen lassen.

»Sie sollten bald wieder zu uns kommen, Herr Doktor!« rief mir zum Abschied eine Frau zu.

Klettern im Sandstein kann für alle Kalk- und Urgesteinskletterer zu einem neuen und faszinierenden Klettererlebnis werden. Wir genießen dieses Erlebnis auf dem Schusterweg am Falkenstein (Schwierigkeitsgrad drei). Auch Bernd Arnold – der Superkletterer, der in diesem Gebiet bis in die höchsten Schwierigkeitsgrade vorgestoßen ist – empfahl uns diesen Weg als einen der schönsten seiner Bergheimat...

Leopold Rosenmayr, Professor für Soziologie und Leiter des Ludwig-Boltzmann-Instituts für Sozialgerontologie in Wien, führt in seinem Buch »Die späte Freiheit« eine beängstigend lange Liste von altersbedingten Veränderungen an:

• Anstieg der Hypertonie, welche Schlaganfälle begünstigt;
• Zunahme der Zuckerkrankheit;
• Zunahme von Lungenemphysemen;
• Zunahme von Osteoporose, die an Knochenbrüchen bei Alten Schuld trägt;
• Beeinträchtigung von Sinnesorganen (Sehen, Hören);
• Arteriosklerose (Verengung der Blutgefäße);
• Häufung der Arthrosen (Gelenkkrankheiten);
• Vergrößerung der Prostata, Mißbildungen im Uterus;
• Zunehmende Stoffwechselstörungen.

Als Trost zitiert der Autor einen anderen Autor, der festgestellt hat: »Altern ist ein biologischer Vorgang, der zwar mit mehreren Krankheiten mehr oder weniger intensive Wechselwirkung zeigt, aber per se (an sich) keine Krankheit ist.«

Altern ist also keine Krankheit! Trotzdem verbringen viele ältere Menschen einen großen Teil ihrer »Späten Freiheit« in den Wartezimmern von Ärzten. Ein beliebter alter praktischer Arzt im zehnten Wiener Gemeindebezirk sagte zu den Leuten, die besonders jammerten: »Wenn ein Mensch über sechzig in der Früh aufwacht und es tut ihm nix weh – dann ist er bereits im Himmel!«

Wann immer und wo immer älter gewordene Bergsteiger zusammenkommen, kreist das Gespräch bald über kleinere oder größere Wehwehchen. Und wann immer und wo immer älter gewordene Bergsteiger über ihre Wehwehchen reden, da ist gewiß einer dabei, der dann sagt: »Reden wir nicht immer über Krankheiten!«

Es reden aber nicht nur älter gewordene Bergsteiger gerne über ihre Wehwehchen. Das tun auch junge.

Ederl, mein Seilpartner der Jugendzeit, war eine solche Krampfhenne. Wir haben ihn den »Eisernen Eduard« genannt, weil das Wort »Eisern« sein Lieblingswort war. Sauschwere Tour – »eisern« wollte Ederl mithalten. Lausiger Standplatz... »Charly, du kannst beruhigt fliegen, ich halte dich eisern!«

»Eisern« war Ederl allerdings nur an den Wochenenden beim Klettern.

Der Falkenstein im Elbsandsteingebirge, im Jahre 1864 mit künstlichen Hilfsmitteln erstmals erstiegen, der Geburtstagsberg der Elbsandsteingebirge-Kletterer. Und heute? Wer den innigen Wunsch verspürt: »Auf diesem Zapfen will ich oben gewesen sein!« – der ist nicht alt, so jung oder so alt er auch sein mag.

Am Montag litt er bereits an irgendwas (»Du, die Wurst von gestern muß nicht mehr frisch gewesen sein. Mich drückt's im Magen!«).

Am Dienstag schmerzte ihn die rechte Schulter.

Am Mittwoch war's die linke (»Das muß ein Wanderleiden sein!«).

Am Donnerstag war es immer am allerschlimmsten. Da hätte man glauben können, daß der Ederl dem Totengräber nur noch mit allerletzter Anstrengung von der Schaufel heruntergefallen sei.

Am Freitag hatte der Ederl mit Vorliebe gerne Kopfschmerzen.

Am Anfang unserer Seilpartnerschaft bin ich auf Ederls Krankheitsgeschichten noch voll eingestiegen, habe ihn bedauert, aber auch immer im stillen befürchtet: jetzt ist das Wochenende wieder versaut, weil du keinen Partner hast.

Jedoch am Wochenende hatte ich wieder meinen Partner! Ederl war dann immer ganz groß da... eisern!

Einmal flog dem Ederl in einer Steilwand ein ganz kleines Steinchen auf den Kopf (ich weiß nicht mehr, habe ich es losgetreten oder war es das Seil).

Ederl stand jedenfalls weiterhin still und eisern auf dem Standplatz.

Erst nach einer Weile fragte er: »War das ein Stein?«

Es war ein Stein.

»Aaaauah!« schrie der Ederl jetzt so laut, als hätte ihm soeben ein Riesenstein den Schädel zertrümmert.

Ederl war für alle Leiden dieser Welt sozusagen stets auf Abruf empfangsbereit.

Er ist später nach Amerika ausgewandert. Als er wieder Heimaturlaub machte, kam ich zu dem Treffen der alten Bergspezln aus irgendeinem Grund um zwei Stunden zu spät...

»Hab' ich etwas versäumt? Was hat der Ederl von Amerika erzählt?« flüsterte ich.

»Nix hast versäumt. Der Ederl hat bisher nur von seinen Krankheiten erzählt!«

Natürlich ist der Ederl auch in Amerika nicht nur als Hypochonder hochaktiv geworden, sondern an allen Wochenenden auch als Kletterer, Wildwasserfahrer und Skiläufer... eisern!

Nein! Man soll wirklich nicht immer über Krankheiten reden. Aber so ganz verschweigen – so wie Rumpelstilzchen seinen Namen – soll man es auch nicht, wenn es einem mit zunehmendem Alter einmal da und einmal dort zwickt. Das soll man vor allem gegen sich selber nicht, denn es bringt nur um die sogenannte »Katzenfreude«, wenn es einem dann wieder besser oder sogar noch besser oder sogar wieder sehr gut geht...

Ein uralter Witz. Einer bittet seinen Freund für einen Urlaub lang seine Katze zu versorgen. »Und, bittschön, mach dem Viecherl täglich eine kleine Freud'! Das ist's von mir so gewöhnt!«

Bei der Rückkehr hört er schon vor der Wohnungstür ein jämmerliches Katzengeschrei, und dann sieht er, wie der Freund seine Katze am Schwanz haltend durch die Luft wirbelt...

»Was machst du? Ich hab' dir doch gesagt, du sollst dem Tier jeden Tag eine kleine Freude machen!«

»Da bin ich doch gerade dabei! Was glaubst du, was das Viech für eine Freud' hat, wenn ich's wieder auslasse!«

Die »Katzenfreude«!

»Mit Zähnen und Krallen müssen wir die Freuden des Lebens festzuhalten versuchen, welche das Alter ja doch eine nach der anderen uns entreißt...«, hatte schon der französische Philosoph Michel de Montaigne (1533–1592) gesagt.

Die große Wende

Unzählige Male war ich einer von denen gewesen, die sich in der Firma zur Verabschiedung einer Kollegin oder eines Kollegen versammelt hatten, welche den – wie es so heißt – »wohlverdienten Ruhestand« antraten.

Der Chef sagt dann stets, daß alle den scheidenden Mitarbeiter sehr vermissen werden; dieser wiederum sagt, daß er jederzeit bereit sei, seinem Nachfolger mit Rat und Tat zur Seite zu stehen (in meinen sechsundvierzig Dienstjahren habe ich es allerdings kein einziges Mal erlebt, daß ein Nachfolger auf dieses Angebot zurückgekommen ist). Jeder gibt sich betont lustig, aber wirklich lustig ist ein solcher Abschied nicht.

Ja, dann war eines Tages ich derjenige, der verabschiedet wurde.

Nachher beim großen Händeschütteln sagte eine Kollegin zu mir: »Gelt, Herr Lukan, jetzt im Ruhestand – da müssen Sie auch nimmer auf die Berg hinaufsteigen?«

Vom Ruhestand haben auch die meisten Leute, die ihn antreten, falsche Vorstellungen.

Höchst euphorisch reagieren sie auf die Frage, was sie nunmehr mit der vielen Freizeit machen werden... lange schlafen, endlich einmal ausspannen, sich mehr den Blumen im Heim widmen (das sagen die Frauen), öfter ein gutes Buch lesen, auf Reisen gehen...

Das zeigt eigentlich erschreckend, wie wenig die Ruheständler auf den letzten Abschnitt ihres Lebens innerlich vorbereitet sind. Denn schlafen, Blumen gießen und auch lesen oder reisen sind ganz bestimmt nicht lebensabendfüllend.

Die Folge ist ein Zustand, wie ihn der berühmte Franz Molnár über sein Exil in Amerika geschildert hat... um halb neun stehe er auf, gehe ins Badezimmer, frühstücke, lese die Zeitung... »no, und was dann noch passiert, spielt schon keine Rolle mehr«.

Franzl Resl, der große Erzähler, hat den Ausspruch eines Pensionisten festgehalten: »Ich geh' schon immer vormittags spazieren, damit ich nachmittags frei bin!«

Der Eintritt in den wohlverdienten Ruhestand ist der zweite große Wendepunkt im Leben eines arbeitenden Menschen. Der erste war sein Eintritt in die Schule (was er natürlich als Kind nicht mitbekommen hat). Mit dem Ruhestand jedoch beginnt für den denkenden Menschen ein vollkommen neuer Lebensabschnitt, der auch eine ganz andere, neue Einstellung zum Leben verlangt.

Noch einmal Franz Resl. Er erzählt von der Begegnung zweier alter Herren von anno dazumal... »Sind Sie auch schon in Pension?« fragte der eine den anderen. »Nein, nein! Das ging ja gar net. Erstens bin ich allein auf den Posten eingearbeitet, und zweitens seh' ich schon schlecht, hören tu ich fast gar nichts mehr und d'Füß lassen auch schon aus – sagen Sie mir, was tät ich denn in der Pension?«

Nicht so lustig empfand ich es, als einer meiner Freunde (ein sehr erfolgreicher Vertreter oder Repräsentant, wie man heute sagt) ernsthaft feststellte: »Wenn du einmal in den Ruhestand getreten bist, dann bist du nichts mehr, dann existierst du nicht mehr, dann bist du nur noch eine Null!«

Nur noch eine Null?

Obwohl man sich jetzt selber ganz für sich alleine hat?

»Gib dem Leben einen Sinn!« – Ein guter Rat des Psychologen Viktor E. Frankl. Womit er natürlich nicht gemeint hat, daß der Mensch an seinem Lebensabend bei der Teilnahme an einem der jetzt so beliebten Hobbykurse diesen Sinn finden kann. Hinterglasmalerei ist sicherlich etwas Schönes – aber nur und immer wieder einen heiligen Florian oder das Jesuskindlein zwischen Ochs und Esel hinzupinseln?

Bewußter leben! Intensiver leben!

Wie lebt man bewußter! Wie lebt man intensiver?

Der Römerkaiser Marc Aurel empfahl so zu leben, als wäre jeder Tag der letzte. Das klingt etwas makaber – aber so lebt man eigentlich gar nicht schlecht. Man genießt mehr, man schaut und beobachtet mehr, man interessiert sich für vieles (und es gibt viel Interessantes zu sehen oder zu erleben!), man unterwirft sich aber nimmer Zwängen und tut nur noch das, was Freude macht...

»Gib dem Leben einen Sinn!« Ich verstehe das gar nicht so hochgestochen, ich finde auch viel Sinn darin, etwas Unsinniges zu tun.

Einem Menschen, der die schönste Zeit seines Lebens mit Arbeit verbringt, erscheint alles als unsinnig, was sich nur schwer in der geregelten Freizeit unternehmen läßt. Sinnvolle Freizeit! Eine Wochenendfahrt ins Gebirge erschien mir zum Beispiel sinnvoller, als eine Fahrt mit der Stammersdorfer Lokalbahn...

Und doch ist eine Fahrt justament mit dieser Eisenbahn jahrzehntelang einer meiner großen Wunschträume gewesen. Eine Fahrt ins Blaue, nur um des Eisenbahnfahrens, eine Fahrt zu den grünen Hügeln und durch die weiten Felder des niederösterreichischen Weinviertels... Jeder meiner Spezl hätte mich für verrückt gehalten, wenn ich das einmal vorgeschlagen hätte!

Dabei war diese Bahn ein Kuriosum. Eine Bahn ohne jegliche Verbindung mit dem Eisenbahnnetz Wiens. Sie führte vom Weinhauerort Stammersdorf am Wiener Stadtrand hinaus ins Land und dabei weit an allen Ortschaften vorbei. Denn damals, als sie gegen das Ende des vorigen Jahrhunderts erbaut worden ist, waren die Landbewohner wegen des Funkenflugs noch gegen eine Eisenbahn.

In letzter Zeit wurde immer öfter über die Einstellung dieser Bahn diskutiert, 1988 wurde sie beschlossen. Allerhöchste Zeit für mich, einen alten Traum zu erfüllen, bevor der letzte Zug abfuhr.

Im Stammersdorfer Bahnhof waren Fritzerl und ich die einzigen Fahrgäste. »Der Zug wird bald kommen!« sagte die Frau an der Kasse. Bald rumpelte er auch in den Bahnhof herein. Oben im Weinviertel mußte es am frühen Morgen geregnet haben – die Waggons (es waren nur zwei) tropften noch. Kein Fahrgast stieg aus, nur das Zugpersonal (ein Lokführer, ein Zugführer, ein Schaffner). Wir stiegen ein.

Alles war anders als sonst. Keine gepäckbeladenen Fahrgäste suchten noch einen Platz. Stille auch auf dem Bahnsteig. »In einer Minute sollten wir abfahren!« sagte Fritzerl.

Ich schaute auf die von tausenden, zehntausenden Fahrgästen abgesessenen, glattpolierten Holzbänke. »Ich hab noch einen Sitzplatz bekommen!« ist vor noch nicht allzu langer Zeit der Inbegriff einer komfortablen Bahnreise gewesen. Jetzt hatten wir einen ganzen Zug für uns allein.

Stimmen von draußen… »Sei doch nicht so ein Hektiker, Poldl! Ich habe noch nicht ausgeraucht!« sagte jemand. Erst nach einer Weile fuhr der Zug ab.

»Also, ihr seid das!« sagte der Schaffner, als er zu unserem Abteil kam. Es war ihm schon gemeldet worden, daß diesmal zwei Fahrgäste im Zug saßen. »In Hagenbrunn wollt ihr schon wieder aussteigen? Da sind vergangene Woche in den Abendzug Richtung Wien sechs Leute zugestiegen!« erzählte er uns. Das Ereignis der Woche.

Langsam zockelte das Züglein durch die Landschaft. Grüßend hoben die Leute in den Weingärten oder auf den Feldern die Hand. Lokführer, Zugführer und Schaffner winkten zurück. Wir ebenfalls.

»Hagenbrunn.« – Eine Tafel auf zwei morschen Holzpfosten, kein Stationsgebäude, kein Bahnsteig, nicht einmal eine Wartebank. Von den Trittbrettern des Waggons sprangen wir hinab in fette Brennesseln. »Auf Wiedersehen, meine Herrschaften!« rief uns der Schaffner noch zu.

Auf Wiedersehen? Aber da setzte sich der Zug schon wieder rumpelnd in Bewegung, fuhr weiter durch die Felder, wurde kleiner, immer kleiner und verschwand dann hinter einem Hügel.

So war unsere Fahrt mit der Stammersdorfer Lokalbahn im Jahre 1988. Wir reden immer noch davon. Was ist dagegen ein Abend im Burgtheater? So schön und unvergeßlich kann etwas vollkommen Unsinniges sein…

»Reisen Sie! Reisen ist ein schöner Zeitvertreib!« wird den Ruheständlern immer wieder empfohlen.

Zeitvertreib – eines der grausigsten Worte der deutschen Umgangssprache! Die Zeit vertreiben, einen Teil der Lebenszeit einfach nur so vertreiben?

Der Herr mit der Glatze, Teilnehmer einer Romreise, wurde bald zum großen Ärgernis des Reiseleiters. Es war auch keine gewöhnliche Romreise (ganz Rom per Bus in zweieinhalb Stunden), sondern eine der sogenannten Studienreisen. Also eine Reise, bei der auch viele Jahreszahlen und berühmte Namen genannt werden... Studienreise!

Aber jedesmal, wenn der Reiseleiter mit seinen Ausführungen zu Ende war, meldete sich dann still und bescheiden der Herr mit der Glatze... »Wenn ich mir erlauben darf, will ich Sie, meine Reisegefährten, noch darauf hinweisen, daß...«

Tja, und dieses »daß« war dann stets wesentlich interessanter und amüsanter als das, was der Reiseleiter erzählt hatte. Worauf die Teilnehmer dieser Romfahrt den Herrn mit der Glatze nur noch den »Professor« nannten.

Klar, daß der Reiseleiter bald stocksauer wurde. »Wenn einer ohnehin schon zehn- oder zwanzigmal in Rom war, warum fährt er dann noch mit uns mit?«

Irrtum! Der »Professor« war zum erstenmal in der Ewigen Stadt. Aber er war ein Pensionist, der nicht zum Zeitvertreib reiste, sondern von einer Reise mehr wollte als nur fünf, sechs Tage unterwegs sein. Und so hatte er sich schon ein halbes Jahr lang vorher gründlich auf diese Romreise vorbereitet, hatte Berge von Büchern aus den verschiedensten Bibliotheken entliehen, hatte sich vom Reisebüro einen Stadtplan geholt, hatte ein halbes Jahr lang vollbeschäftigt in Rom-Vorfreude gelebt.

Übrigens: Vor seinem Eintritt in den Ruhestand ist der »Professor« Postbeamter gewesen.

In den fünfziger Jahren hielt Toni Hiebeler in unserer Bergsteigergruppe einen Vortrag über Kletterfahrten im Rätikon, und am darauffolgenden Tag zeigte ich ihm ein bisserl etwas von Wien. Am Abend schleppte ich ihn auf einen Stehplatz in die Staatsoper.

Damals ging es auch noch auf dem Stehplatz vornehm zu. Jedenfalls: In seiner Kniebundhose und in dem Bauernjanker konnte der Toni in der Wiener Oper nicht auftreten. Ich borgte ihm einen dunklen Anzug. Der war natürlich dem Toni, er war um einen Kopf größer als ich, etwas zu klein.

Es wurde Verdis »Simon Boccanegra« gespielt. Nach dem ersten Akt großer Applaus. Toni stand steif und starr wie ein Zinnsoldat neben mir. Es war sein erster Opernbesuch...

»Gefällt's dir nicht?« fragte ich ihn.

»Oooh, sehr!«

»Ja, warum klatschst du dann nicht?«

»Weil ich – wenn ich klatschen könnt, wie ich wollt – diesen engen schönen Anzug in Fetzen zerreißen würde!«

Damals sind wir Freunde geworden.

Etliche Jahre später war der Toni bereits ein international berühmter Bergsteiger (Eigerwand im Winter, Civettawand im Winter) und als Alpinjournalist einsame Spitzenklasse (die, meiner Meinung nach, seither und bis heute noch von keinem anderen Redakteur erreicht worden ist). Irgendwann und irgendwo (ich weiß jetzt gar nicht mehr, war's in Wien, in München oder beim Bergfilmfestival in Trient) fragte ich ihn: »Toni, was wirst du Aktivbolzen einmal machen, wenn du alt geworden bist?«

»Darüber mache ich mir doch jetzt noch keine Gedanken!« sagte er spontan. Aber gleich darauf: »Blödsinn! Natürlich mache ich mir jetzt schon darüber Gedanken. Das tut doch jeder Mensch...«

»Also, was wirst du machen?«

»Ganz bestimmt werde ich dann etwas machen, was ich mein ganzes Leben lang noch nicht gemacht habe!«

»Was?«

»Wenn ich das jetzt schon wüßte, dann würde es mich als alter Mann bestimmt nicht mehr interessieren. Das muß etwas ganz anderes sein, etwas Neues, etwas ganz anderes!«

Toni Hiebeler hat das Neue, Ganzganzandere nicht mehr erleben können. 1984 ist er mit seiner Frau Traudl bei der Arbeit für ein neues Buch mit einem Helikopter tödlich verunglückt.

Etwas Neues, etwas ganz anderes anzufangen... hat ein älterer Mensch überhaupt noch den Schwung dazu?

Der Mag. Dr. Kurt Bors hatte ihn!

Nachdem er als Professor an einer höheren Schule in den Ruhestand getreten war, suchte er ein neues Betätigungsfeld. Und das hat er dann auch im wahrsten Sinne des Wortes gefunden.

Es war aber nicht leicht gewesen, dieses zu finden. Der Professor ist sein bisheriges Leben lang als Bergsteiger unterwegs gewesen – eine Schreibtischarbeit kam für ihn nicht in Frage. Ein Schrebergärtner wollte er aber auch nicht werden... nur umgraben...

Graben! Das war's! Der Professor kontaktierte Archäologen.

Die Ur- und Frühgeschichte ist ein weites Feld, an dem die Frühgeschichte am Rande liegt, weil sie nicht so spektakulär ist. Ein bronzezeitliches Gräberfeld ist für einen Archäologen wesentlich interessanter als ein mittelalterlicher Ort, der irgendwann und durch irgendwelche Umstände von Menschen verlassen wurde und verfiel. »Wüstungen« werden solche abgekommenen Orte genannt. Die Archäologen waren bereit, den Professor zum »Wüstungsforscher« auszubilden.

So mußte er zunächst wieder auf die Schulbank, um das archäologische ABC zu erlernen... wie unterscheidet sich ein frühmittelalterliches Keramikbruchstück von einem römischen und das wiederum von einem eisen- oder bronzezeitlichen?

Jetzt betreibt der Professor schon etliche Jahre lang emsig »Feldforschung« (wie das in der Fachsprache heißt). Die Felder sind freilich nicht immer Felder; oft sind die »Wüstungen« von dichtem Gestrüpp oder Jungwald überdeckt. Der Professor beißt sich durch. Die schöne Jahreszeit verbringt er draußen in der Natur, im Winter studiert er alte Urkunden, arbeitet an der Auswertung der Funde und schreibt für Fachzeitschriften Berichte über seine Arbeit. Eine neue (wenn auch versunkene) Welt hat sich ihm aufgetan, er ist glücklich als »Wüstling«.

»Ich bin ganz bestimmt nicht der beste Kletterer der DDR, aber sicherlich der dickste!« – so hatte sich uns Achim vorgestellt, bevor wir im Elbsandsteingebirge zum Klettern losgezogen sind.

Im Elbsandsteingebirge spreizen die Kletterer nicht nur gerne von einem Turm zum andern – sie springen auch. Es gibt sogar eine eigene Sprungskala mit vier Schwierigkeitsgraden. Und als wir vor einem weit auseinanderklaffenden Riesenspalt standen und fragten, wie man da hinüberkomme, da sagte Achim seelenruhig: »Ach, ganz einfach, da hüpfen wir hinüber!«

Und das tat er dann auch.

Unser dicker, gutmütiger und immer gut aufgelegter Achim sprang leichtfüßig wie eine Gazelle und sanft wie ein Gummiball über den Riesenspalt hinweg. Nie hätten wir ihm das zugetraut! (Uns auch nicht! Wir haben daher eine Umgehung gemacht.)

Achim: »Wir Dicken haben nicht nur einen Bauch, wir haben auch Füße!«

Der dickste Kletterer der DDR hat uns dann auch zu dem besten Kletterer der DDR geführt – zu Bernd Arnold.

Wir trafen den Kletterstar in seiner kleinen Druckerei, in einem kleinen Dorf nahe bei Dresden, im blauen Arbeitsmantel mit dem Winkelhaken in der Hand vor einem Setzkasten. Das war im Juni 1989, also noch vor dem großen Umbruch in diesem Land…

Bernd Arnold, Jahrgang 1947, zählt schon seit Jahrzehnten zu jenen Kletterphänomenen, deren Leistungen unfaßbar erscheinen. Der »Sachse vom zehnten Schwierigkeitsgrad« ist unter den Kletterern der ganzen Welt fast schon zur legendären Gestalt geworden. Man würde daher erwarten, einen vom Bergsteigen lebenden, gutverdienenden Profi zu treffen. Doch in der DDR war damals noch alles anders. Klettern war keine Olympiade-Disziplin, also konnte ein Kletterer auch kein Staatssportler oder Profi sein. So traf ich einen Berufskollegen von mir…

Auch ich bin noch als Lehrling im blauen Arbeitsmantel mit dem Winkelhaken in der Hand vor einem Setzkasten gestanden. Aber das ist schon lange her und die technische Entwicklung im Graphischen Gewerbe hat bei uns in den letzten Jahrzehnten solche Fortschritte gemacht, daß ich am Ende meiner Berufszeit fast nicht mehr gewußt habe, wie ein Setzkasten ausschaut. Jetzt stand ich wieder vor einem und einem noch echten Handsetzer davor. In Bernd Arnolds Druckerei sah ich auch noch Tiegeldruckpressen, »Tiegeln«, die schon seinerzeit und zu meiner Zeit als so veraltet galten, daß man sagte, mit solchen Druckpressen habe schon der alte Gutenberg seine Visitenkarten gedruckt.

Bernd Arnolds Uralt-Druckerei war für mich wie ein Lied aus vergangenen Zeiten.

Von meinem 14. Lebensjahr bis zu meinem Eintritt in den Ruhestand habe ich im Druckgewerbe die Entwicklung vom Setzkasten bis zum Computersatz miterlebt, war ein Fachmann. Würde ich aber heute, nur wenige Jahre nach meiner Pensionierung, wieder in meinem Beruf arbeiten wollen, müßte ich neuerdings zum Lehrling werden. Der Fortschritt!

Bernd Arnolds Uralt-Druckerei machte mir wieder bewußt, wie notwendig es eigentlich ist, daß ein Mensch nach einer bestimmten Zeit auch aus der Arbeitswelt ausscheidet. Denn nur eine gewisse Strecke kann er mit dem Fortschritt gehen, dann aber, dann kommt er allmählich nicht mehr mit. Wer noch vor einem nach Druckerschwärze riechenden Setzkasten aus Holz gestanden ist, für den ist dann das Kunststoffgehäuse eines Computers zu glatt.

Der Bergsteiger Bernd Arnold kann erst aktiv werden, wenn er den Winkelhaken weggelegt und den »Tiegel« abgeschaltet hat.

Ob er jeden Tag klettere?

Nicht jeden Tag.

Alle, die den Spitzenkletterer näher kennen, erzählten uns, daß er sehr sensibel sei. Wenn er das Gefühl hat, daß ihn an diesem Tag »der Berg nicht will«, dann bleibt er einfach unten...

»Manchmal setze ich mich nur irgendwo hin und schaue!« sagte er zu uns.

Ob er dafür seine gewissen Plätze habe?

Keine bestimmten Plätze... »In der Natur ist es überall schön!«

Manchmal macht der stille, bescheidene Mann in seiner Druckerei Überstunden und druckt für seine Freunde Kärtchen mit Worten zum Nachden-

Eine der Spruchkarten des sächsischen Spitzenkletterers Bernd Arnold.

Die Erde ist vollkommen.
Sie kann nicht verbessert werden.
Wer sie verändern will
wird sie zerstören.
Wer sie besitzen möchte
verliert sie.

Konfutse, 527 v. Chr.

ken – so wie diese: »Gib acht, daß du das, was du mit dem Munde sagst, auch im Herzen glaubst, und daß du das, was du mit dem Herzen glaubst, durch Taten unter Beweis stellst.«

Wir haben jahrzehntelang mitsammen gearbeitet, der Herr Stieglitz und ich. Er war Vertreter einer Papierfabrik. Als Papier nach dem Krieg noch knapp war, haben wir Verlagsleute ihn so empfangen wie den Weihnachtsmann. Ein guter Engel war er auch später...

Er war korrekt. Nachdem eine neue große Papiermaschine aufgestellt worden war, gab es »Anfangsschwierigkeiten«. Herr Stieglitz litt Höllenqualen. Einerseits sollte er Papier verkaufen, andererseits fühlte er sich seinen »alten Kunden« verpflichtet... also warnte er sie vor baldigen Lieferterminen, denn solche Aufträge müßte er auf die neue Maschine legen, und bei dieser könne er keine Garantie für eine sorgfältige Ausführung übernehmen.

Herr Stieglitz war auch korrekt und ehrlich, als er sich vor seinem Eintritt in den Ruhestand verabschiedete.

Nein, er freue sich gar nicht darauf, er fürchte sich sogar davor. Er hat sein Leben lang mit so vielen Leuten Kontakt gehabt, jetzt wird er allein sein. Er hat nach einem Terminkalender gelebt, jetzt wird sein kleines schwarzes Büchl für immer zugeklappt bleiben.

Ich murmelte etwas vom Spazierengehen oder Wandern...

Herr Stieglitz ist sein Leben lang mit seiner schweren Vertretertasche jeden Wochentag zu Fuß unterwegs gewesen (mit dem Auto fahren wäre in der Innenstadt sinnlos gewesen). Im Sommer hat er furchtbar geschwitzt, im Winter gefroren. An den Wochenenden hatte er geruht, im Urlaub ebenfalls. »Ich bin nie hinausgekommen in die Natur. Wie kann ich jetzt noch eine Beziehung zu ihr bekommen?«

Wie kann ein älterer Mensch noch eine Beziehung zur Natur bekommen?

Immer sind es die simpelsten Fragen, die am schwersten zu beantworten sind...

1955 waren wir auf Kreta und haben den Berg Ida (2498 m) erstiegen. Das war damals noch ein Abenteuer. Denn es gab weder eine genaue Karte von dem Bergland, noch eine Beschreibung. Aber es sollten sich dort – so sagte man uns immer wieder – noch massenhaft Banditen herumtummeln. Wir haben uns sozusagen bis zum Gipfel des Götterberges durchfragen müssen. Von Banditen sind wir nicht abgemurkst worden; wir haben unterwegs nur liebenswerte, gastfreundliche Menschen getroffen.

Von Vorica am Ida sind wir dann auf Eseln nach Phaestos geritten. Unterkunft fanden wir dort im Gästehaus beim sogenannten Königspalast. Das Gästehaus war nur ein Haus, darin keine Betten, kein Mobiliar. Auf dem Steinboden konnten wir unsere Schlafsäcke ausbreiten. Aber Alexandros war da...

Alexandros war der Hüter des Gästehauses und der Ausgrabungsstätte und als er erfuhr, daß wir vom Berg Ida kämen, sah er uns mit großen

Augen ehrfurchtsvoll an. Er sei noch nie oben gewesen. Ob wir auch über Schnee gegangen wären? Er habe in seinem bisherigen Leben den Schnee am Berg Ida nur von unten gesehen, selber habe er noch niemals Schnee in seinen Händen gehalten. Was ist eigentlich Schnee? Wie ist er?

Wie ist eigentlich Schnee? Eine simple Frage. Aber versuchen Sie einmal, lieber Leser, eine Antwort zu formulieren für einen Menschen, der noch nie mit Schnee in Kontakt gekommen ist! (Bei uns gab es außerdem noch ein Verständigungsproblem: Alexandros und auch wir radebrechten nur einige Brocken Englisch.)

An den Schnee vom Berg Ida mußte ich denken, als ich versuchte, Herrn Stieglitz zu schildern, was daran schön ist, wenn man durch den Wald oder über Wiesen bummelt. Ich habe von Knospen im Frühling und bunten Blättern im Herbst gefaselt, und vom Himmel darüber, der immer anders ist... einmal mit Wolken, dann wiederum ganz blau... bla... bla...

Ich muß wirklich ein ganz lausiger Naturgefühls-Schilderer gewesen sein, denn nach einiger Zeit traf ich Herrn Stieglitz wieder in der Wiener Kärntner Straße; versonnen schaute er in die Auslage einer Buchhandlung. »Das ist meine Welt!« sagte er. »Papier, Bücher... Übrigens, ich hab's versucht, bin in den Wald gegangen... es war nix!«

Da habe ich mir dann gedacht, wie gut es eigentlich Leute haben, die durch den Wald und über Wiesen wandern, auf Berge steigen und sich darüber freuen, freuen können!

Vor Weihnachten 1946 fragte mich die Frau meines damaligen Chefs, ob ich nicht als Geschenk für Freunde oder für mich selbst etwas Ausgefallenes kaufen wolle... eine Zeichnung von Gustav Klimt oder ein Aquarell von Egon Schiele... fünfzig Schilling das Blatt!

Die Frau von meinem Chef verwaltete damals die »Neue Galerie« in der Wiener Grünangergasse für den in Amerika lebenden Besitzer. Nach dem Krieg, 1946, brauchte sie dringend Geld für eine Restaurierung der Räumlichkeiten. Der Besitzer empfahl ihr, etwas von den weniger attraktiven Galeriebeständen zu verkaufen. Als solche galten im Jahre 1946 noch die Blätter von Klimt und Schiele.

Heute werden diese Klimts und Schieles auf dem internationalen Kunstmarkt zu astronomisch hohen Summen gehandelt. Hätte ich damals einige um fünfzig Schilling pro Stück gekauft, dann wäre ich jetzt ein Millionär...

Versäumte Gelegenheit...

Ich habe mir etwas anderes gekauft!

Ich kaufte mir um viel Geld (Bücher waren in dieser Zeit Mangelware) antiquarisch das Alpenvereins-Jahrbuch 1936 mit dem Bericht über die erste Durchsteigung der Ha-He-Verschneidung im Karwendel.

Die Ha-He-Verschneidung in der Lalidererwand: Die erste Durchsteigung im Jahre 1921 durch Gustav Haber und Otto Herzog (Ha-He). Als Dr. Ing. Gustav Haber 1936 seinen Bericht über diese erste Durchsteigung herausbrachte, war es bis dahin noch keiner Seilschaft gelungen, die Tour zu wiederholen.

Über die Bezwingung der Schlüsselstelle, dem Ausstieg aus der sogenannten »Grotte«, erzählt Haber: »Vor uns liegt der merkwürdigste Weg, den wir je gegangen, die eigenartigste Kletterstelle der Alpinen Geschichte: Ein waagrechter Kamin am Dach der Grotte, fast 50 Meter lang, nach unten geöffnet. In Stemmstellung arbeiten wir uns hinaus, den Rücken an die Außenwand der Grotte gepreßt... Schrecklich ist der Schluß des Kamins ganz draußen am Ende des Grottendaches, wo sich die Kaminwände ungangbar voneinander zu entfernen beginnen... Ein Mauerhaken wird in die einzige Ritze getrieben. Doch er will nicht halten. Ich klemme ihn mit allen Kräften mit der Hand fest...«

Im Sommer 1946 hatte ich die »Ha-He« zum erstenmal gesehen, und das war keineswegs eine Liebe auf den ersten Blick gewesen. Grauslich schaut diese Verschneidung aus... nasser schwarzer Fels, brüchiger rotgelber Fels, und Überhänge, Überhänge...

Nicht schön war auch das, was von all den gescheiterten Wiederholungsversuchen erzählt wurde: Jeder der Kletterer soll heilfroh gewesen sein, als er wieder heil den Wandfuß erreicht hatte.

Ein Nimbus umgab die »Ha-He«. Das reizte mich an ihr.

Im Sommer 1947 fühlte ich mich noch nicht gut genug für diese Tour – obwohl uns in diesem Jahr immerhin die dritte Begehung der Direkten Lalidererspitze-Nordwand gelungen war. Für die »Ha-He« mußte ich noch besser werden.

Im Sommer 1948 gab es zum erstenmal die Möglichkeit, in die Dolomiten zu fahren. Das taten wir auch. Und dann Westalpen und wiederum Dolomiten und wieder Westalpen. Die »Ha-He« hatte ich nicht vergessen. Aber die Zeit ging weiter, so schnell weiter, bis ich dann zu meinem allergrößten Staunen merken mußte, daß sie mit mir oder ich mit ihr an der »Ha-He« vorübergerannt war... ich war in ein Alter gekommen, in dem ich mich für diese Kletterei nicht mehr gut genug fühlte.

Wiederum: Eine versäumte Gelegenheit...

Jeder älter gewordene Mensch trauert versäumten Gelegenheiten nach. Für viele bestand überhaupt das ganze Leben – scheinbar – nur aus »versäumten Gelegenheiten«; wenn ich einen anderen Mann, eine andere Frau geheiratet hätte, wenn ich einen anderen Beruf ergriffen hätte, wenn es damals am Montblanc nicht soviel Neuschnee gegeben hätte...

Ich habe anstatt von Kunstwerken nur ein in Leinen gebundenes Alpenvereins-Jahrbuch gekauft (das ich heute gar nicht mehr habe, weil ich es einmal irgend jemand lieh und dieser Irgendjemand mir es nicht zurückgab). Aber mit diesem Buch habe ich damals etwas für einen ganz großen Wunschtraum mitgekauft, und wenn dieser auch nicht in Erfüllung ging – der Traum war da, und es war ein schöner Wunschtraum...

Gibt es für Träume überhaupt einen Preis, der sich in Zahlen ausdrücken läßt?

Wilder Kaiser, Gaudeamushütte. Ein alter, bärtiger Bergführer war mit einer Gruppe von Leuten aus dem Flachland heraufgekommen, und nach der Rast und vor dem Abstieg hatte er dann eine kleine Rede gehalten: »Meine Herrschaften! Das Allerwichtigste ischt jetzt, daß Sie nicht aufs Zahlen vergessen. Und das Wichtigste für den Abstieg ischt: Kleine Schritte machen und schnöll gehen!«

Ich werde nie vergessen, wie dann der Haufen von etwa fünfzig Leutln über den Hüttenweg hinabzuzappeln begann, so als ob dieser eine glühende Herdplatte wäre... »Luise, schnelle Schritte sollste machen!« – »Nee, klein gehen mußt du!«

Ich habe das nicht vergessen, weil es so komisch war. Und eben deswegen habe ich auch die »kleinen Schritte« in Erinnerung behalten und erst später und im Verlauf der Zeit gemerkt, daß man damit tatsächlich Steilabstiege besser derpackt.

Jetzt – als älter gewordener Bergsteiger – mache ich die kleinen Schritte auch beim Aufstieg. Und überhaupt habe ich zu den kleinen Schritten eine besondere Beziehung bekommen...

Der älter gewordene Mensch im Ruhestand muß nicht mehr mit großen Schritten frühmorgens aus dem Haus eilen, um rechtzeitig seinen Arbeitsplatz zu erreichen. Er muß auch sonst nicht mehr allem Möglichen nachrennen und unbedingt immer auf dem laufenden sein, muß nicht mehr überall mitreden können, muß nicht überall dabei sein, muß... gar nichts muß er, was er nicht will!

»Die Freiheit, aufzubrechen, wohin ich will« nannte Reinhold Messner seine 1989 erschienene Autobiographie. Jedoch: Ist ein Spitzensportler und Spitzenbergsteiger wirklich frei? Steht er nicht unter einem Leistungszwang? Ich muß da immer an Johann Nestroy denken, der in seinem 1849 uraufgeführten Theaterstück »Judith und Holofernes« den großen Feldherrn sagen läßt: »Ich möcht mich einmal mit mir selbst zusammenhetzen, nur um zu sehen, wer der stärkere ist, ich oder ich.«

Jeder junge Mensch träumt von der großen Freiheit (von der er allerdings keine rechte Vorstellung hat). Der älter gewordene Mensch schwärmt von der inneren Freiheit (die sich allerdings nicht so leicht gewinnen läßt). Ist es nicht tragisch oder ist es nicht wundervoll, daß erst der alte Mensch seine große und innere Freiheit wirklich erreicht?

Im aus dem 12. Jahrhundert stammenden Dürnhof (bei Zwettl) im niederösterreichischen Waldviertel ist ein interessantes Museum untergebracht: Es zeigt Brauchtum und Aberglaube in Meteorologie und Medizin von der Antike bis heute. Und vor diesem Museum gibt es einen »Wünschelruten-Lehrpfad«.

»Radiaesthesie« (vom lateinischen *radius*, Strahl, und dem griechischen *asthanomai*, empfinden, also »Strahlenempfindlichkeit«) ist heute ein Modewort. Aber schon im Altertum soll man um dieses Phänomen gewußt haben. In den mit einem Stab Wasser aus der Erde schlagenden Heroen will man Wünschelrutengänger sehen und glaubt auch, daß diese bei der Bestimmung heiliger Plätze bereits die Wirkung unterirdischer Energiestrahlungen mit einbezogen haben.

Bei meiner nun schon einige Jahrzehnte dauernden Beschäftigung mit alten Kultstätten bin ich natürlich auch oft mit dem »Wünschelrutenproblem« konfrontiert worden. Während übereifrige Rutengänger bei jedem Opferstein in der Landschaft Reizzonen feststellten, haben kritische Leute dazu bemerkt, daß dies nur eine Folge von Wunschvorstellungen sei. Ich selber habe vor dem Frühjahr 1990 nie eine Wünschelrute in der Hand gehabt.

Der Mann an der Kasse des Dürnhof-Museums hatte einen ganzen Berg von solchen Zweigen zum Verborgen an interessierte Besucher. Natürlich wollte das neugierige Fritzerl mit einer solchen Rute den »Lehrpfad« begehen, und unser Sohn Martin ebenfalls. Beide sind der festen Überzeugung, daß »an der Sache schon was dran ist«.

Dieser Meinung bin ich auch. Aber wer sich schon recht lange mit sogenanntem wahrem Glauben und sogenanntem Aberglauben beschäftigt hat, wird ein sehr mißtrauischer Mensch. Und bei einem skeptischen Menschen kann einfach nicht – davon war ich felsenfest überzeugt – das »Wünschelrutenphänomen« funktionieren.

Fritzerl betrat voller Erwartung den Lehrpfad. Das Hölzl in ihrer Hand blieb unbeweglich.

Martin betrat den Lehrpfad: …»Nix rührt sich!«

»Das ist ganz klar!« sagte der Museumsmann. »Bei jedem Menschen geht's nicht. Nur bei wenigen spricht die Rute!«

Auch mir drückte er solch ein Zweiglein in die Hand, zeigte mir, wie ich es halten sollte, ganz locker, und nach oben gerichtet. Etwas lächerlich und wie ein Simsalabim-Zauberer kam ich mir dabei vor…

Und da passierte es auch schon!

Die Rute schlug nach unten aus! Und ich konnte das verflixte Hölzl noch so oft nach oben halten – flutsch – kippte es schon wieder nach unten.

»Das muß doch bei mir auch gehen!« Fritzerl wollte die Ruten tauschen. Aber auch meine Wunderrute blieb in ihren Händen unbeweglich wie ein Besenstiel im Besenkammerl, ihre hingegen fing bei mir sofort wieder zu rucken und zu zucken an… »Da ist man ein Leben lang mit so einem Kerl verheiratet und weiß nicht, was in ihm steckt!« maulte sie darauf.

Und das war auch das besondere Erlebnis dieses Tages, nämlich die Erkenntnis, daß ein Mensch auch noch im Alter Eigenschaften in sich entdekken kann, von denen er sein Leben lang nichts geahnt oder gewußt hat.

Wir saßen beim Heurigen, und das Gespräch kam (das ist beim Heurigen meist so) auf vergangene Zeiten…

Ich schwärmte von den Drei Zinnen im Jahre 1948, als wir dort drei Wochen lang weit und breit die einzigen Bergsteiger waren. Diese Stille! Schön war das.

»Aber am schönsten waren die Dolomiten doch in den dreißiger Jahren!« sagte darauf Schwanda. »Das waren noch gemütliche Zeiten!«

In diesen gemütlichen Zeiten hatten er und sein Freund Fritz Demuth (der Erstbegeher der NO-Kante der Westlichen Zinne) mit den Bergführern gewettet, daß sie sogar die dicke Köchin von der Dreizinnenhütte durch den Preußriß auf die Kleinste Zinne bringen würden. Die Köchin, die 86 Kilogramm schwere Julie, ist vorher noch nie geklettert; der Preußriß zählte damals noch zu den schwersten Dolomitentouren. Die beiden haben die Wette gewonnen. Erst um vier Uhr nachmittags (!) sind sie zu diesem Unternehmen von der Dreizinnenhütte aufgebrochen...

»Die wirklich schönste Zeit in den Dolomiten habt ihr Jungen gar nicht erlebt!« – Der Altmeister Alfred Horeschowsky (1895–1987) hatte gesprochen, jener Mann, der 1923 als erster Alleingeher die Pallavicinirinne am Großglockner durchstiegen hatte, was zugleich – nach siebenundvierzig Jahren – die dritte Begehung überhaupt war.

Für Horeschowsky war die schönste Dolomitenzeit noch jene Zeit vor dem Ersten Weltkrieg, in der ihn die reiche russische Gräfin Kasnapoff eingeladen hatte, sie durch die Einser-Nordwand zu begleiten. Damals ist alles noch anders, noch ganz anders gewesen.

Nach diesem Drei-Generationen-Geplauder beim Heurigen war mir jedenfalls eines klar: so sehr wir auch über unsere Zeit raunzen und schimpfen, so schlimm kann sie gar nicht sein, daß sie nicht für die Jungen von heute einmal zur »guten alten Zeit« werden wird.

Jetzt ist es noch unsere Zeit...

Freuen wir uns in ihr über jeden Tag!

Literatur

Alpenvereins-Jahrbuch 1936. München 1936

Arnold, Bernd: Bergsport, ein Mittel der Persönlichkeitsentwicklung. In: Tourismus. Berlin 1988

Barobek, Hans: Weg ins Licht. Wien 1943

Elbin, Günther: Briefe und Erinnerungen des Fürsten Charles Joseph de Ligne. Stuttgart 1979

Fletcher, Horace: Die Eßsucht und ihre Bekämpfung. Dresden 1911

Frankl, Viktor E.: Ärztliche Seelsorge. Wien 1979

Frankl, Viktor E.: Sport als menschliches Phänomen. In: Leistungssport 3/1982

Grimm, Jacob: Rede über das Alter. Kassel 1963

Hammer-Purgstall in Klosterneuburg-Weidling. Klosterneuburg 1959

Hermann, Carl: Der Weg ist das Ziel. Nord-Süd-Weitwanderweg. Graz 1977

Maduschka, Leo: Junger Mensch im Gebirg. München o. J.

Maduschka, Leo: Das Problem der Einsamkeit im 18. Jahrhundert. Weimar 1934

Muhr, Adelbert: Reise um Wien in achtzehn Tagen. Wien 1974

Radlinger, Lorenz: Bergsporttraining. München 1986

Resl, Franz: Das große Resl-Buch. Salzburg 1969

Reznicek, Felicitas: Von der Krinoline zum sechsten Grad. Salzburg 1967

Rosenmayr, Leopold: Die späte Freiheit. Berlin 1983

Schmidkunz, Walter: Große Berge, kleine Menschen. Zürich o. J.

Schmidkunz, Walter: Bergvagabunden. Erfurt 1937

Schopenhauer, Arthur: Parerga und Paralipomena. Leipzig 1888

Schultes, Joseph August: Ausflüge nach dem Schneeberge in Unterösterreich. Wien 1802; Neuauflage Wiener Neustadt 1982

Tichy, Herbert: Himalaya. Wien 1968

Bildnachweis

Alle Fotos im Buch stammen von Fritzi Lukan
mit Ausnahme von Seite 69: Fritz Behounek, Wien,
und Seite 160: Rudi Seifert, Dresden.